Hermannus Pfeiffer

Seemacht Deutschland

Hermannus Pfeiffer

Seemacht Deutschland

Die Hanse, Kaiser Wilhelm II. und der neue Maritime Komplex

Ch. Links Verlag, Berlin

Die **Deutsche Nationalbibliothek** verzeichnet diese Publikation in der Deutschen Nationalbibliografie; detaillierte bibliografische Daten sind im Internet über http://dnb.d-nb.de abrufbar.

1. Auflage, März 2009

Schönhauser Allee 36, 10435 Berlin, Tel.: (030) 44 02 32-0
Internet: www.linksverlag.de; mail@linksverlag.de
Umschlaggestaltung: KahaneDesign, Berlin, unter Verwendung eines Fotos von einem Containerfrachter (vorn) und einer Lithographie vom Hafen der Hansestadt Danzig um 1500 (hinten)
Satz: typegerecht, Berlin
Druck und Bindung: Druckerei F. Pustet, Regensburg

ISBN 978-3-86153-513-3

Inhalt

Vorwort

Seemacht ist politische Macht. Bereits zwei Mal in seiner Geschichte besaß Deutschland solche Seemacht: Beim ersten Mal prägte die Hanse scheinbar friedlich ein halbes Jahrtausend europäischer Geschichte, beim zweiten Mal endete das Flottenprogramm Kaiser Wilhelms II. und seines Admirals Tirpitz in der Urkatastrophe des 20. Jahrhunderts. Gegenwärtig schickt sich nun das wiedervereinte Deutschland zum dritten Mal an, als Seemacht auf der politischen Weltbühne eine Hauptrolle zu spielen.

Mit dem Amtsantritt von Kanzler Gerhard Schröder hat sich – von der bundesrepublikanischen Öffentlichkeit nahezu unbemerkt – ein Maritimer Komplex herausgebildet, in dem Politik, Wirtschaft und Militär eng miteinander vernetzt sind. Seither haben die Berliner Regierungen Entscheidungen getroffen, die Deutschland politisch und geostrategisch in eine neue Position manövriert haben.

Innerhalb eines Jahrzehnts ist Deutschland zur führenden Handelsmacht auf den Weltmeeren aufgestiegen, schon gehört deutschen Eigentümern mehr als ein Drittel aller Containerschiffe. Diese Frachtriesen bewegen auch während der aktuellen Weltwirtschaftskrise die internationalen Warenströme rund um den Globus. Von der langen Aufschwungwelle haben nicht nur Reeder, Werften und Häfen profitiert, sondern beispielsweise auch Zulieferindustrie und Logistikunternehmen – quer durch die Republik. Bundesweit hängen mittlerweile die Arbeitsplätze von drei Millionen Menschen am maritimen Sektor.

Zeitgleich hat auch die Deutsche Marine neue Aufgaben übernommen. Am Morgen des 21. September 2006 meldete der Deutschlandfunk: »Die deutsche Marine ist zu ihrem Einsatz im Libanon aufgebrochen.« Für Bundeskanzlerin Angela Merkel hat dieses erste Schaulaufen einer deutschen Flotte seit 1945 eine »historische Dimension«. Zu Recht, denn das Parlament rüstete den militärischen Friedenseinsatz mit einem »robustem Mandat« aus. Erstmals nach dem Ende des Zweiten Weltkriegs darf von deutschen Kriegsschiffen wieder scharf geschossen werden. Damit die deutsche Freiheit nicht nur am Hindukusch, sondern auch am Horn von Afrika verteidigt werden kann, hat die Politik milliardenschwere Aufträge vergeben, um die Marine mit hochmodernen Korvetten und Fregatten aufzurüsten.

Während die einen den strategischen Politikwechsel als eine kluge Antwort auf die globalen Herausforderungen des 21. Jahrhunderts feiern, warnen andere vor der riskanten Neuausrichtung, welche die Bundesbürger nicht nur finanziell teuer zu stehen kommen könnte.

Um die Chancen und die Gefahren des aktuellen Maritimen Komplexes wirklich ermessen zu können, muss man zurückblicken auf die beiden bisherigen Maritimen Komplexe in Deutschland – in der wilhelminischen Ära und in der Zeit der Hanse, die heutige Politiker als Vorbild für die Europäische Union empfehlen.

Hermannus Pfeiffer
Hamburg, im Februar 2009

Die Hanse –
Netzwerk für Handel und Krieg

»Der Schatz der Schätze ist das Meer.«
Fernand Braudel

Welthandelszentrum Brügge

In düsteren Oktobertagen braust die vernichtende Sturmflut über das flache Land, über Flandern hinweg. Bauernhöfe und Wohnhäuser, Kirchen, Schlösser und ganze Dörfer versinken in den Wassermassen. Menschen ertrinken. Niemand zählt sie. Sie hatten dieses kostbare Land mühsam dem Wasser abgerungen, weil es fruchtbaren Boden verhieß. Das Meer kann jedoch unwiderstehlich zurückschlagen, und es holt sich dann zurück, was der Mensch ihm abgetrotzt hat: Land und Leben.

Als sich die herbstlichen Fluten des Jahres 1134 zurückziehen, bleibt der Zwin zurück, ein neuer breiter Meeresarm. Er reicht tief hinein ins Binnenland und beschert Brügge jählings eine Zufahrt zum Meer. In Zukunft werden die größten Frachter der Epoche, die Koggen, die wachsende Stadt anlaufen. Der überraschende Aufstieg des unscheinbaren Provinznestes zum Welthandelszentrum und zum strategischen Eckpunkt der Hanse beginnt.

In der Brügger Vlamingstraat steht rechterhand noch immer das uralte Haus der Familie Van der Beurse. Achtlos zieht der heutige Touristenstrom an dem vergleichsweise unauffälligen Giebelhaus vorbei, das im farbigen Meer historischer Herrenhäuser und Kaufmannspaläste untergeht. Hier bot Robert van der Beurse hundertfünfzig Jahre nach der Sturmflut erstmals Warenhändlern aus drei Kontinenten einen Treffpunkt, um ihre Geschäfte abzuwickeln und Geldkurse festzulegen. Hier ist einer der Ursprungsorte des modernen Kapitalismus.

In dem Haus *Ter Beurse* wurden schon um 1280 Wertpapiere in Umlauf gebracht. Es waren Wechsel, die ein italienischer Händler, der Gewürze und Gold nach Brügge gebracht hatte, in Venedig gegen Geld einlösen konnte oder die ein Lübecker Kaufmann für seine Lieferung norwegischen Stockfisches als Bezahlung akzeptierte. Belgische Historiker haben für Van der Beurses Arbeit den anheimelnden Begriff »Hotelier-Makler« geprägt.

Von diesem Gasthaus aus begann der moderne Finanzkapitalismus seinen Siegeszug um die Welt. Flämisch wird der Familienname der Hotelier-Makler »Böhrse« ausgesprochen, und so wurde dieser multinationale Treffpunkt im Zentrum des mittelalterlichen Brügge später zum Vorbild und Namensgeber für die Börsen in Frankfurt, London, an der Wall Street und in Shanghai. Um 1400 – zur Hochzeit der Hanse – galt das »Brügger Modell« (André Vandewalle) als führendes Bank- und Handelszentrum in Europa, als Drehscheibe zwischen den Warenströmen aus dem Süden und aus dem Norden.

Vor dem Börsengebäude stehend, schaut der Reisende des 21. Jahrhunderts auf den quirligen Marktplatz einer phantastischen Stadt der fernen Vergangenheit, und unweigerlich bleibt sein Blick an einem gewaltigen und doch eleganten Bau hängen: dem *Belfort*. 366 Stufen hoch, umschlungen von der mächtigen Lakenhalle, einem Tuchhandelszentrum der Hansezeit, beherrscht der Turm mit seinem Glockenspiel das mittelalterliche Stadtbild aus langen Kanälen, bunten Schaugiebeln und engen Brandgassen. Wenige Schritte neben dem *Belfort* liefen früher die Handelschiffe in die monumentale 35 Meter hohe *Waterhalle* ein, dem überdachten Hafenbecken im Zentrum der Stadt, deren Wappen die Farben der Hanse trägt: Silber und Rot bzw. Weiß und Rot.

Majestätisch – eigentlich bürgerlich – überschattet der wuchtige *Belfort* die prächtigen Adelspaläste, Klöster und Kirchen Brügges. Der herausragende, ansonsten nahezu funktionslose *Belfort* repräsentiert die Freiheit der Stadt, die Unabhängigkeit gegenüber Aristokratie und Klerus sowie die selbstbewusste ökonomische und politische Macht der Bürger des flachen Polderlandes. Reiche Patrizier hatten diesen *Belfort* schon zu Zeiten des Robert van der Beurse erbauen lassen.

Dreißig belgische *Belforts* wurden 1999 von der Unesco zum Weltkulturerbe erklärt. Diese städtischen Glockentürme (dt. Belfried) sind eine flandrische Spezialität und stehen, wie die imposante Backsteingotik entlang der Ostseeküste, für die Befreiung der Städte von der feudalen Herrschaft, für die Macht der Fernhändler und Bürger – Symbol des Selbstbewusstseins der Patrizier. Zwei Dutzend *Belforts* stehen auch im flandrisch geprägten Nordfrankreich und ein einziger in den Niederlanden, in Sluis. Die Stadt mit den Hansefarben Weiß und Rot im Wappen wurde infolge der Flutkatastrophe von 1134 zum wichtigen Vorhafen Brügges.

Woher kam der Wohlstand der legendären Van der Beurses und der Reichtum der aus Genua zugewanderten Familie Adornes, die sich nach einer Pilgerreise bis Palästina eine eigene Jerusalemkirche in Brügge bauen ließ? Woher stammte das Vermögen der anderen Makler, Kaufleute und Bankiers, die Maler wie Pieter Pourbus, Hans Memling oder Jan van Eyck meisterlich porträtierten?

Der Wohlstand der Patrizier beruhte auf der günstigen Lage der Stadt, dem Geschick der Kaufleute, aber vor allem auf der Arbeit anderer: Mit den kunstvollen Teppichen der Knüpfer aus der Region dekorierten reiche Bürger, betuchte Adelige und Geistliche in ganz Europa die Wände ihrer herrschaftlichen Wohnräume, und die zierlichen Spitzen der Klöpplerinnen verschönten wohlhabende Damen. Das umsatzstärkste Produkt waren jedoch die feinen bunten Tuche, die im Umland von Heimarbeitern und von Arbeitern beiderlei Geschlechts in frühindustriellen Manufakturen gesponnen, gewebt und gefärbt wurden. In Brügge und seinem Umland – die Wappenschilder der Vorhäfen Sluis und Damme sowie von zwei Dutzend weiteren »subalternen Städten« sind am Brügger Rathaus angebracht – entstanden die herrlichen Stoffe für die Moden der Mondänen und Reichen.

Nirgends habe diese erste Industrie einen so stürmischen Aufschwung wie im mittelalterlichen Flandern genommen, notierte der belgische Wirtschaftshistoriker Henri Pirenne. Später hat ein englischer König flandrische Weber und Walker abgeworben, um die Tuchindustrie in Yorkshire zu entwickeln. Er sollte damit die industrielle Revolution des 19. Jahrhunderts vorbereiten. Doch bis dahin deckten die groben Webereiprodukte aus England lediglich die geringe Nachfrage der Krämer und Schuster, der armen Tagelöhner und lehnspflichtigen Bauern in vieler Herren Länder. Dem Bauern erlaubten aristokratische Kleidervorschriften nur schwarze und graue Gewänder aus derbem Gewebe.

Brügge profitierte dagegen von der modernen ritterlichen Kultur in Europa, die auf ein exklusives Erscheinungsbild Wert legte. Brügges Aufstieg zu einer »europäischen Stadt«, so ein belgischer Buchtitel, gründete auf der Verbindung einer speziellen heimischen Produktion, für die in Europa ein neuer Markt entstand, mit dem Fernhandel. Diese Verbindung von Produktion und Handel war typisch für erfolgreiche Hansestädte.

Um mit etwa 50 000 Einwohnern zu einer der größten Städte im damaligen Europa zu wachsen – die bevölkerungsreichste

Die Akteure: der Brügger Patrizier Jan van Eyewerve und Ehefrau Jacquemine Buuck vor dem elf Meter hohen Stadtkran; Porträts von Pieter Pourbus, 1551.

»deutsche« Metropole, die Hansestadt Köln, soll im Hochmittelalter 35 000 Menschen beherbergt haben –, bedurfte es daher noch eines (un-)glücklichen Zufalls, einer Katastrophe: Erst die verheerende Sturmflut von 1134 schuf die geographischen Bedingungen, um den einst unscheinbaren Ort im Binnenland während des 13. Jahrhunderts zu einem *wereldhandelscentrum*, wie Marc Ryckaert und André Vandewalle schreiben, aufsteigen zu lassen. Als *wereldhandelscentrum* (Welthandelszentrum) verband Brügge den Westen mit dem Osten, den Süden mit dem Norden. Romantische Wandgemälde im Gotischen Saal im ersten Stock des Rathauses feiern noch immer den Abschluss von Verträgen mit der Hanse und den internationalen Jahrmarkt, der ab etwa 1200 in Brügge stattfand und den offenbar schon Afrikaner und Asiaten besuchten.

»Im späten Mittelalter gibt es in Nordwest-Europa keine Stadt, die kosmopolitischer ist und eine internationalere Ausstrahlung hat als Brügge«, stellt Elviera Velghe vom Groeningemuseum fest. Im »Stapel der Christenheit« trafen sich die beiden großen Handelsgebiete, nämlich die europäische Hanse und die Handelsmetropolen Italiens: Florenz, Genua und Venedig. Die »Fremden« brachten Brügge neben Wohlstand, Wissen und kulturellen Neuheiten auch Handelswaren und Luxusgüter aus dem Süden.

Aus Kastilien und Katalonien kamen köstliches Mandelöl und Pelze, aus Portugal Eibenholz und später aus Afrika Elfenbein und aus den amerikanischen Kolonien Zucker, den in Afrika gekaufte Sklaven anbauten. Das marokkanische Fez lieferte kunstvolle Lederwaren und Edelhölzer vom Ahornbaum. Aus Sijilmassa in der Sahara stammten Datteln und aus dem noch christlichen Konstantinopel, dem heutigen Istanbul, Alaun zum Färben in der Tuchproduktion. Aus Jerusalem brachten die Schiffe Rotholz nach Brügge, Gewürze aus Armenien und Perlen aus dem Königreich der Tartaren, Bimsstein aus Tunesien und Bougie, dem Handelshafen in Algerien, sie transportierten Reis von der Insel Mallorca sowie Felle aus Sardinien. Diese und viele andere internationale Handelswaren waren bereits um das Jahr 1300 in Brügge erhältlich.

Fernhändler wurden die Einheimischen trotzdem nicht. Von den einheimischen *Bruggelingen* sollen nur wenige ein europäisches Netzwerk unterhalten haben, wie es die ursprünglich aus Genua stammenden Adornes taten. In die weite Welt hinauszuziehen hatten jene auch gar nicht nötig, denn die Welt kam zu ihnen, und die Patrizier Brügges profitierten davon als Makler des Welthandels, denn bei Geschäften zwischen Fremden musste immer ein ortsansässiger Makler wie die Van der Beurses hinzugezogen werden.

Der Ausdruck »Nation« bezeichnete im internationalen, staatenlosen Mittelalter Menschen mit gleicher Sprache. In Brügge sollen zeitweilig 34 »Nationen« Niederlassungen in der Hafenstadt unterhalten haben, darunter Engländer, Schotten, Spanier sowie Kaufleute-Bankiers aus den italienischen Metropolen, darunter auch die Medicis. Die wohl wichtigste und mächtigste Niederlassung unterhielten jedoch die *Oosterlinge,* wie hier weit im Westen die befreundeten Kaufleute der Hanse hießen, die sich in Dokumenten gern auf das Heilige Römische Reich und dessen römisch-deutschen Kaiser bezogen. Ihren Palast hat Pieter Claeissens der Ältere in einem Gemälde als eines der »Sieben Wunder von Brügge« festgehalten.

Wer waren diese *Oosterlinge* und was die Hanse? Und wie konnten sie in diesem Welthandelszentrum zu einer solchen dominierenden Macht gelangen und über Privilegien verfügen wie die Befreiung vom Zoll, die laufend fortgeschrieben wurden und die den hansischen Kaufleuten nahezu eine Monopolstellung verschafften?

Geheimnisvolle *Oosterlinge*

Gemeinhin wird heute unter »Hanse« ein Bündnis aus einigen deutschen Küstenstädten verstanden, das zwischen dem 12. und 17. Jahrhundert eine Zeit lang vorrangig den Ostseehandel dominierte. Als Hauptstadt der Hanse wird meist Lübeck genannt. Seine Gründung im Jahr 1143 wird als offiziöses Gründungsdatum der Hanse angesehen und der 1230 geschlossene Freundschaftsvertrag mit dem kleineren Nachbarn Hamburg, dem danach auch andere Städte beitreten, als Beginn der sogenannten Städtehanse. Solche Vorstellungen werden der europäischen Großmacht Hanse nicht gerecht, und sie werfen mehr Fragen auf, als sie beantworten.

Die meisten *Oosterlinge* in Brügge kamen sicherlich nicht von der Küste. Ohnehin ist es falsch, die Hanse als einen Bund von Seestädten zu begreifen: Köln, Dortmund, Münster oder Berlin gehörten ebenso dazu wie Hamburg, Danzig oder Riga. Und auch die Bezeichnung »deutsch« ist missverständlich, denn einen deutschen Staat gab es noch nicht. Der frühe Hansekaufmann handelte in einem Raum, der sich von Flandern über das niederrheinische Tiefland, die Kölner Bucht und die norddeutsche Tiefebene in einem breiten Streifen an den Küsten der Ostsee weiter bis Nowgorod und in die Fernen Russlands hineinzog. Ein Großteil der Menschen in diesem Raum sprach zur Hansezeit eine gemeinsame Sprache, das Niederdeutsche. Der Begriff »deutsch« grenzte seit etwa dem 10. Jahrhundert die Volkssprache des Nordens gegenüber dem Romanischen des Südens ab. Unter den Fernkaufleuten der Hanse-Epoche spielte die niederdeutsche Sprache eine Rolle wie in der Gegenwart das Englische.

Und auch über die Zahl der Hansestädte herrscht keine Klarheit. Dabei wuchs sie seit 1150 real und auch in der Rückschau späterer Generationen: Die ehrwürdige »Oeconomische Encyclopädie« des Johann Georg Krünitz, die zwischen 1773 und 1858 in 242 Bänden erschien, zählt noch Quellen auf, die der

Hanse nur 72 oder 85 Städte zuschlagen; seit dem unlängst verstorbenen Klassiker der Hanseforschung, dem französischen Historiker Philippe Dollinger, hat sich schließlich die Zahl 200 mit gewissen Abweichungen eingebürgert.

Eine verbindliche Zahl gibt es aber bis heute nicht. Im Großen und Ganzen dürften die Historiker mit der Zahl 200 richtig liegen, denn zum 28. Internationalen Hansetag der Neuzeit reisten im vergangenen Jahr neben Bundespräsident Horst Köhler auch Vertreter von weit mehr als 100 früheren Hansestädten nach Salzwedel, um sich mit kulinarischen und kulturellen Spezialitäten zu präsentieren und Kontakte zu vertiefen. Insgesamt 170 Städte aus 15 Ländern will der 1980 als Wirtschaftskooperation mit politischen Zielen wiederauferstandene Hansetag mittlerweile zählen.

Und selbst die Assoziation von Hanse mit Hansestädten führt in die Irre. Denn das Wort »Hanse« bedeutet, folgen wir Philippe Dollinger, ursprünglich eine »bewaffnete Schar«. Fernhandel war Abenteuer in gefährlichen Zeiten. Kaufleute waren darum bewaffnet. Im 12. und 13. Jahrhundert taucht der Begriff zwischen Seine und Elbe für diverse Genossenschaften auf, aber 1343 wendet sich der König von Norwegen und Schweden an das *universos mercatores de hansa Theutonicorum*, also die Gemeinschaft der deutschen Kaufleute. Nach »dem Verschwinden ihrer unbedeutenden Vorgängerinnen«, so Dollinger, wurde aus der Hanse im eigentliche Sinne »die Hanse«.

Das größte Rätsel jedoch geben die geheimnisvollen, weil weitgehend zwanglosen Strukturen der Hanse auf. Europa war im hohen Mittelalter dünn besiedelt. Die Zentralgewalt des Kaisers und der Könige war schwach, und die Herrschaft der regionalen, adeligen Lehnsherren wurde von den entstehenden und wachsenden Städten zurückgedrängt. Pestzüge um 1350, in denen ein Drittel der Einwohner Europas starb, und Judenpogrome, Hungersnöte und später Staatsbankrotte, fürstliche Fehden und Feldzüge, Bauernkriege und Reformation destabilisierten viele Regionen. Angesichts des politischen Flickenteppichs in Deutschland und Europa hätte ein festes Bündnis von zweihundert freien Städten, so gewollt, die Großmacht schlechthin auf dem Kontinent werden können.

Die Hanse war aber kein festes Bündnis, sondern eine nahezu virtuelle Organisation ohne Mitgliedschaft, ohne bürokra-

Münster und Venedig

In Münster wartet auf heutige Hansereisende eine weitere Überraschung. Münster hatte im Mittelalter zunächst als Hansestadt, ab 1494 als *Vorort* der westfälischen Hanse nationale Bedeutung erlangt. In der Stadt findet sich ein dezenter Hinweis auf Venedig, selbst die Mittelmeermetropole des Mittelalters fühlte sich der Hanse auffallend verbunden. Im Pflaster der alten Salzstraße sind in Bronze gefasste »Hanse-Steine« eingelassen, die befreundete Hansestädte anlässlich der 13. Hansetage der Neuzeit übergeben hatten, darunter auch einer mit der Aufschrift »Venedig«.

Nur die Deutschen, so Pirenne, hatten eine eigene Niederlassung in Venedig, keine andere Nation. Der *Fondaco dei Tedeschi* wurde nicht, wie gemeinhin angenommen, nur von oberdeutschen Kaufleuten genutzt, sondern auch von Hanseaten. Dies zeigt die Korrespondenz des Lübecker Hildebrand Veckinchusen, eines der ältesten erhaltenen Dokumente über das Handelsgeschäft.

Über ihre dortige Niederlassung dürften die Hanseaten Mandeln und Rohrzucker kennengelernt haben. Lübecker Kaufleute, die ihren salzigen Matjeshering bis nach Venedig brachten, nahmen auf dem Rückweg eine arabische Süßigkeit mit, *marci panis,* das Markusbrot, benannt nach dem Stadtheiligen Venedigs.

tische Struktur, ohne Hierarchie und ohne ein manifestes Zentrum, selbst wenn Lübeck sich gerne als *Hauptort* sieht. Die zweihundert See- und Binnenstädte bildeten Knoten in einem Netz, das sich über eine Länge von 1500 Kilometer spannte. Wie das eingangs geschilderte Beispiel Brügge mit seinen Vorhäfen und »subalternen Städten« im Umland zeigt, wurde der Raum zwischen den Knoten durch lokale Verbindungen intensiv mit Leben ausgefüllt. Lediglich zu wenigen regionalen und überregionalen *Tagfahrten,* erstmals 1356 im Lübecker Rathaus, trafen Vertreter der Städte zusammen, um gemeinsam zu beratschlagen. Verbindliche Beschlüsse gab es auf diesen Hansetagen, zwischen denen meist mehrere Jahre liegen, nicht.

Trotzdem brachte dieses lose Netzwerk seinen Akteuren erhebliche Vorteile.

Der Einfluss der Hanse reichte über den unmittelbaren »hansischen Raum« (Heinz Stoob) hinaus: mittelbar über dreißig eigene Kontore im »Ausland« und vor allem über ihre mächtigen Außenhandelszentralen, die Großkontore in Brügge, Bergen, London und Nowgorod. Beispielsweise trafen am hansischen Peterhof im russischen Nowgorod die Handelswege aus Sibirien, Schwarzem Meer und Zentralasien zusammen. Daneben gab es direkte Kontakte der Hanse bis nach Island im Norden und bis weit ins Mittelmeer. »Endlich wurde derselbe (Hansebund) so stark, daß die vornehmsten Handelsstädte es mit ihnen hielten«, beklagte die »Oeconomische Encyclopädie«, die der Hanse nicht wohl gesonnen war, und nannte unter anderem Bordeaux, Lissabon, Marseille, Barcelona sowie Neapel.

Für fast drei Jahrhunderte triumphierten die hansischen Kaufleute über die Konkurrenten, die sie im Ostseeraum und in der Nordsee hatten; mehr als fünfhundert Jahre lang hielt dieses einzigartige Netz. Der virtuelle Halbstaat Hanse war in Europa lange eine wirtschaftliche und zugleich eine politische Macht und galt der Epoche mit ihren Maßstäben zeitweise als Weltmacht, die Könige krönte und stürzte und Reiche wie England besiegte. »Die Hanse«, fasst Ulrich Fischer, Mediävist am Historischen Archiv der Stadt Köln, das geschichtliche Mosaik zusammen, »war eine Großmacht, die es verfasst nicht gab« – und die gerade deshalb das Interesse von Wirtschaftssoziologen, Institutionenökonomen und Politologen geweckt hat.

Am Anfang waren neue Märkte

Die Anfänge der Hanse liefern einen Fragenkatalog für Archäologen, die sich weitgehend ohne schriftliche Funde auf der Basis von Ausgrabungen ein schemenhaftes Bild machen müssen, während die spätere Phase der Hanse, als der Handel verschriftlicht worden war, den Historikern leichtere Beute beschert, auch wenn diese Schriften nur einen kleinen Teil der Wirklichkeit widerspiegeln. Dennoch lohnt ein Blick zurück auf den Urknall aller deutschen Maritimen Komplexe.

Ägypten und Syrien, Athen und Rom – seit der Antike bilden das Mittelmeer und seine Anrainer das ökonomische Zentrum der alten Welt. Meer, Schifffahrt und Handel verbanden Orient und Okzident, Morgenland und Abendland. Der Niedergang Roms, das Vordringen germanischer Völker nach Süden und die Ausbreitung einer jungen Religion im 7. Jahrhundert, des Islam, schufen jedoch eine andere geostrategische Situation. Das vermittelnde Meer wurde zu einer trennenden Schranke, Schifffahrt und Handel erlahmten. Der Gegensatz der zwei Religionen, politische und ökonomische Spannungen, Piraten und Kreuzzügler führten zu einem »fortwährenden Kriegszustand« in Europa, konstatiert Henri Pirenne. Dieser fortwährende Kriegszustand belastete die Wirtschaft am Mittelmeer jahrhundertelang, trotz Venedigs Aufstieg zur Seemacht des nordöstlichen Mittelmeeres und trotz der christlichen Millionenstadt Konstantinopel.

Die Gesellschaften im westlichen Europa fielen unterdessen mit dem Ende Roms auf die Stufe der Agrarkultur zurück. Daran änderte auch die Ära Karls des Großen, *Charlemagne* nennen ihn die Franzosen, wenig. Sein Frankenreich blieb eine Landmacht, die selbst gegen die flotten Einfälle der zersplitterten Nordmänner hilflos war. Und doch einte Karl einen großen Teil Europas, zentralisierte diesen ansatzweise und begann im Norden an der Elbe mit der militärischen Ostexpansion gegen die Slawen. Die Folgen sind noch heute zu spüren: Der Schwerpunkt der Entwicklung der alten Welt verschob sich seit Karl dem Großen vom Süden in den Norden, dort, wo sich mit der Hanse-Ära erst in Flandern, später in England, kapitalistische Züge zeigten.

Handel und Städte waren seit der Antike fast verschwunden. Was blieb, war der Großgrundbesitz; eine kleine Minderheit kirchlicher und weltlicher Herren teilte sich das Eigentum. Dieses System funktionierte als sich selbst genügende Hauswirtschaft. Das westliche und nördliche Europa war ab dem 9. Jahrhundert im Wesentlichen bäuerlich, der Warenaustausch befand sich auf niedrigster Stufe, der berufliche Kaufmannsstand war nahezu verschwunden, es gab lediglich einen geringen Fernhandel mit Luxusgütern. Warenhandel galt im christlichen Milieu als moralisch verwerflich, ebenso wie Geldgeschäfte und Zinsen.

Um 1100 – wenige Jahrzehnte vor der Flutkatastrophe, die Brügge zu einem Seehafen verhalf – drehte sich jedoch der Wind. Irgendwo in den Weiten der norddeutschen Marschen oder in den Flusstälern Westfalens und Niedersachsens begann die Frühphase der Hanse.

Zwar hatten nach der Antike weiterhin Wege den Kontinent durchkreuzt, und das Geschäft mit Gewürzen, Wein, Pelzen und anderen Luxusgütern aus fernen Ländern war wohl nie vollständig zum Erliegen gekommen, aber der Landtransport über längere Distanzen war zeitraubend, beschwerlich und gefährlich. Straßenräuber, Raubritter – die schon seit dem 9. Jahrhundert ihr Unwesen trieben – und ein ausuferndes Fehdewesen gefährdeten jeden Handel. Gefahren bedeuteten zudem Unwetter in menschenleeren Gebieten ohne Unterschlupf oder kaum passierbare Wegstrecken durch das Moor, und spätestens wenn ein Reisender den Rechtsbereich seines Herrn verließ, war er oft vogelfrei. Größere Lasten ließen sich auf holprigen, ungepflegten Wegen ohnehin nicht bewegen.

Es war eine Zeit, in der das Land teilte – nur Flüsse und Meere verbanden. Die Alternative war daher das Schiff. Schifffahrt ist bis heute die Basis für Fernhandel, sie ermöglicht ihn überhaupt erst. Selbst kleine Flüsschen boten eine natürliche blaue Straße für Boote und Kähne, die schwerere Lasten als träge Ochsenkarren auf einer Landstraße transportieren konnten – schnell, kostengünstig und vergleichsweise sicher. Erst recht galt dies für Schiffe, die auf Rhein, Ems oder Elbe, also den breiten Flüssen, oder entlang der Küsten fahren konnten. Die Vorteile des Schiffes waren den Menschen durchaus seit langem bekannt gewesen. So sollen die in Flandern gewebten Tuche auch nach dem Ende Roms von friesischen Seeleuten auf den Flüssen der Niederlande transportiert worden sein. Es bedurfte jedoch weit mehr als blauer Straßen und einfacher Schiffe, um die Meere zu erobern.

Ein elementarer Faktor, der es ermöglichte, die Stagnation der hauswirtschaftlichen Agrarwirtschaft zu überwinden und den minimalen Luxushandel für Adel und Klerus in einen üppigen Fernhandel mit Massenkonsumgütern zu verwandeln, stellte der Klimawandel dar. Nach der kühlen Witterung im frühen Mittelalter lag seit dem späten 10. Jahrhundert die Temperatur bis in die Hochphase der Hanse im 15. Jahrhundert deutlich über der Zeit davor und auch der Zeit danach, denn für etwa das 16. bis Mitte des 19. Jahrhunderts vermerkt die »Wetternachhersage«, so der Schweizer Klimahistoriker Christian Pfister, eine »Kleine Eiszeit«.

Der wirtschaftliche Aufschwung wurde durch das sogenannte Mittelalterliche Klimaoptimum angetrieben. Die im Schnitt ein oder zwei Grad höheren Temperaturen erlaubten satte Ernten: In den Mittelgebirgen konnte bis in Höhenlagen Getreide angebaut werden, die Vegetationsperiode im Osten wurde länger, der Weinanbau florierte am Niederrhein ebenso wie in Schottland, und weite Küstenabschnitte Grönlands waren eisfrei. Wikinger fanden dort grüne Weiden vor und gaben der Insel ihren Namen: Grünes Land.

Doch zur Agrarrevolution – eine urwüchsige Akkumulation, die lange vor der von Karl Marx beschriebenen »ursprünglichen Akkumulation« einsetzte – trug nicht allein das Klima bei, sondern auch »subjektive« Faktoren wie der Erfindungsreichtum einzelner Bauern und Lehnsherren. Die gebräuchlichen Pflüge waren bisher von schweren Ochsen gezogen worden und hatten die Erdkruste nur notdürftig aufreißen können. Mit dem neuartigen Wendepflug war es fortan möglich, Unkraut, Getreidestoppeln und Dünger – eine weitere Neuerung – unterzupflügen. Dank einem neuem Geschirr, dem Kummet, konnten die wirtschaftlicheren Pferde als Zugtiere eingesetzt werden. Die Einführung der Dreifelderwirtschaft verhinderte, dass die Erde auslaugte, und der Anbau von Bohnen und Erbsen behob den Eiweißmangel in der Ernährung der meisten Menschen.

Größere und bessere Ernten genügten, um mehr als den persönlichen Bedarf der Hausgemeinschaft zu decken. Trotz zeitweiliger und regionaler Missernten und Hungersnöte blieb den Bauern und Lehnsherren nun im Regelfall ein Überschuss, ohne den kein freier Handel möglich gewesen wäre. In der Folge begünstigten der Handel und der damit entstehende Markt wiederum die Landwirtschaft. Bislang hatte die Hauswirtschaft als Selbstversorger alle Lebensmittel selbst anbauen und alle handwerklichen Produkte selbst herstellen müssen. Nun konnten beispielsweise Fleisch oder Wein zugekauft werden. Es folgten ab dem Jahr 1100 berufliche Spezialisierungen und daraus noch höhere Erträge. So wurde beispielsweise im Bordelais in Südwestfrankreich der Weinanbau kultiviert, während sich im späteren Polen und Preußen die Landwirtschaft auf den Getreideanbau konzentrierte. Damit waren Bedingungen gegeben, um den geringen Luxushandel, mit dem sich Europa während des frühen Mittelalters begnügt hatte, zu einem Massenhandel anschwellen zu lassen. Zugleich wuchs die notwendige Zahl an Kunden heran, die ein Kaufmann benötigte, denn auch die Bevölkerung nahm rasant zu. Im wörtlichsten Sinne entstanden neue Märkte, Jahrmärkte wie in Brügge, die von Bauern aus der Umgebung, Händlern von Nah und Fern bedient wurden.

Die Bevölkerung des *Regnum Teutonicum* wuchs zwischen den Jahren 1000 und 1300 von etwa 3,5 auf 13 bis 14,5 Millionen Einwohner an, schätzt Hanseforscher Rolf Hammel-Kiesow. Andere Autoren gehen von einem ähnlich imposanten Bevölkerungswachstum aus, so auch der italienische Historiker Carlo Cipolla: in Deutschland und Skandinavien von 4 auf 12 Millionen, in Italien von 5 auf 10 Millionen, in Spanien von 7 auf 9 Millionen, in Frankreich von 5 auf 15 Millionen und auf den britischen Inseln von 2 auf 5 Millionen. Alles in allem wuchs die Einwohnerschaft im westlichen Europa von 25 auf 50 Millionen – wobei der humorige Cipolla allerdings zu bedenken gibt, wie solche Statistiken zu bewerten sind: »Die einzigen zuverlässigen Zahlen sind die Jahreszahlen.«

Neben Klima, Technik und Demographie begünstigten auch politische Faktoren das Entstehen neuer Märkte. So wurden die blutigen Einfälle der Nordmänner und Ungarn selten. Die relativ friedlichen Zeiten brachten einen weiteren Nutzen mit sich: Der Adel wurde gewissermaßen arbeitslos. In der Ständeordnung oblag ihm der Schutz des Gemeinwesens. Seine kriegerischen Energien konzentrierte er seit dem ersten Kreuzzug im Jahre 1095 in Richtung Mittelmeer und »Heiliges Land«. Damit verschaffte er der Ökonomie in Deutschland im Wortsinne Freiraum, denn bislang hatte der Adel an vielen Stellen des Reiches, das noch keines war, die Ökonomie schmarotzend und räubernd gebremst.

Die daraufhin bald spürbare finanzielle Schwäche der adeligen Lehnsherren in den deutschen Provinzen und die kaum wirksame Zentralgewalt des Kaisers begünstigten den Aufstieg der Städte. Sie wurden zu Märkten und Knotenpunkten in einem wirtschaftlichen Netz, ohne die weder internationaler Großhandel noch die Hanse möglich geworden wären.

Bis dahin hatte urbanes Leben nur in wenigen alten Römerstädten wie Köln oder Trier stattgefunden. Dann löste der allgemeine wirtschaftliche Aufschwung eine Welle von Stadtgründungen aus: Um das Jahr 1150 gab es zwischen Brügge und Wien, Schleswig und Genf knapp 200 Städte, ein halbes Jahrhundert später waren es schon 500 und nochmals ein halbes Jahrhundert danach bereits über 1500 Städte, ermittelte Stefan Weinfurter von der Universität Heidelberg.

Zunächst war die Gründung einer Stadt für den adeligen Stadtherren eine willkommene Einkommensquelle aufgrund von Steuern und Abgaben, die etwa ein Müller für die Erlaubnis, eine Mühle betreiben zu dürfen, bezahlen musste. Aber binnen kurzem wuchsen die Städte mit ihren bürgerlichen Freiheiten dem Adel und Klerus über den Kopf. Mit der steigenden Bevölkerungszahl nahmen der Konsum und die Arbeitsteilung vor allem im Gewerbe zu. Fortschritte in der für die städtische Wirtschaftsweise grundlegenden Metallverarbeitung sorgten für ähnlich große Produktivitätssprünge wie in der Landwirtschaft. Mit dem sie umgebenden Land ging die Stadt eine symbiotische Arbeitsteilung ein, von der trotz Landflucht beide Seiten profitieren.

»Auf dieser Grundlage konnten die Kaufleute ihren Handel intensivieren und in großräumig organisierten Zusammenschlüssen Netzwerke mit Handelsstützpunkten aufbauen«, fasst Stefan Weinfurter die Entwicklung zusammen. Ähnlich den Stadtstaaten in Oberitalien waren auch die späteren Hansestädte im Mittelalter führend bei Neuerungen, und sie profitierten von der relativen Rückständigkeit der sie umgebenden Territorien, deren Zersplitterung, von der Schwäche der Kaiser, der bröckelnden Kirchenmacht und von der vorherrschenden traditionellen feudalen Wirtschaftsweise.

Alles in allem erscheint das Mittelalter weit weniger »finster«, als häufig behauptet. »Die erste industrielle Revolution datiert auf das Mittelalter«, schrieb Jean Gimpel in »La Revolution Industrielle Du Moyen Age« in den siebziger Jahren: »Das 11., 12. und 13. Jahrhundert haben eine Technologie geschaffen, auf die sich die industrielle Revolution des 18. Jahrhunderts stützt, um ihren Aufschwung zu nehmen.« Gimpel denkt an Kompass und Schiffstechnik, an Silber- und Kupferbergbau, an die erste Papiermühle in Spanien, den keltischen Kirchenbau, die Nutzung von Wind und Wasser zur Energieerzeugung, die Brille und den Sankt-Gotthard-Pass, an klösterliche Fabriken und arbeitsteilige Produktion. Und er denkt an die Gutenberg-Galaxis, in welcher der maschinelle Buchdruck die handgeschriebene Kopie ablöste und die Möglichkeit schuf, dass Lesen und Schreiben populär wurden – eine kulturelle Revolution.

Dadurch konnten zwei Bücher, die heute noch manche Kindheit schmücken, zu hansischen Bestsellern aufsteigen: »Reynke de vos«, die Geschichte des schlauen, sozialkritischen Fuchses, wurde 1498 erstmals in niederdeutscher Sprache in Lübeck gedruckt, und Hermann Botes Gesellschaftssatire »Till Eulenspiegel«. Eine Figur, die später der Brügger Autor Charles de Coster als antispanisches Befreiungsepos für Flandern und die Niederlande fortschrieb.

Gleichwohl streiten heutige Historiker über den beschriebenen Zeitraum. Während Jacques LeGoff den ökonomischen Wandel und das Wachstum der Städte betont, verweigert sich Robert Fossier, der wie sein Kollege aus der Schule der »Annales« erwuchs, einer Periodisierung des »Mittelalters«. Der französische Historiker malt stattdessen in seinem jüngsten Werk ein lebendiges Bild der alltäglichen Verhältnisse, vom Menschen und seiner Gesellschaft, und herauskommen Zeitgenossen, die »gar nicht so anders sind als wir«. Die Lebenswelt mag sich verändern, nicht aber der lebenswirkliche Kern des Alltags. Auch andere Historiker stellen in Frage, ob man von einer frühen industriellen Revolution sprechen sollte. Schließlich lebten achtzig oder neunzig Prozent der Menschen auf dem Land und bekamen kaum etwas von den Entwicklungen in den wenigen Städten mit.

Dennoch kann bezweifelt werden, dass sich technologische, gesellschaftliche Brüche (LeGoff), lebenswirkliche Kontinuität (Fossier) und »Pfad in die Moderne« widersprechen müssen. Von einem »finsteren« Mittelalter zeugen jedenfalls viele der bekannten Spuren nicht. Allein die Erfindung des Buchdrucks genügt, um dem sogenannten Mittelalter in der Kulturgeschichte des Abendlandes einen Platz erster Ordnung zuzuweisen.

Jean Gimpel in den siebziger und der Literaturwissenschaftler Michael Nerlich in den neunziger Jahren eckten mit der These eines modernen Mittelalters in einer Zunft an, die sich lange lieber an punktuellen Ereignissen wie »1492« oder charismatischen Persönlichkeiten wie Columbus orientierte als an Zyklen des Klimas, der Landwirtschaft oder der Technik. Dabei macht die traditionelle Hanseforschung keine Ausnahme. Und doch ist der Blick auf die *longue durée*, die lange Dauer, ergiebig: Im Mittelalter wurde von der Hanse ein Kurs eingeschlagen, der zum tirpitzschen Flottenprogramm um 1900 und zum heutigen Maritimen Komplex führen sollte. Doch davon später.

Ritterliche Kaufleute

Die Bezeichnung *Aventure* umschreibt die ritterliche Abenteuerreise, mit der sich der junge Knappe zum edlen Ritter adelt. Turniere hoch zu Ross, der Zweikampf mit Lanzen und spielerische Massengefechte, König Artus und der Heilige Gral sind in der Gegenwart als literarische, musikalische und filmische Motive vertraut, wie der englische Comic »Prinz Eisenherz«, Cervantes' »Don Quijote«, die Geschichte des Ritters von der traurigen, aber neugierigen Gestalt, oder Wolfram von Eschenbachs »Parzival«.

Den kühnen Recken aus den genannten Abenteuern glich der mutige Fernhandelskaufmann in der Frühphase der Hanse. Auch der grenzüberschreitende Handlungsreisende – es dürfte meist ein junger Mann gewesen sein – suchte die *Aventure*. Jugendliche Abenteuerlust und das Streben nach Gewinn und Macht ließen ihn hinauseilen in die fremde, teilweise unbekannte Welt.

Fernkaufleute galten in ihrer Zeit als *homines duri*, als harte Männer, die das Schwert zu führen wussten. Fernkaufleute und Ritter pflegten einen ähnlichen Lebensstil, auch weil sie häufig der gleichen sozialen (Ober-)Schicht entstammten. Dem ritterlichen Kaufmann gab schon im 13. Jahrhundert der Schriftsteller Rudolf von Ems in »Der guote Gêrhart« eine literarische Gestalt.

Nun mögen auch vorhansische Generationen junger Männer die Lust auf Seeabenteuer und Gewinn verspürt haben. Folgen konnten sie ihrer Lust nicht. Handel und Seefahrt kamen nach der Römerzeit nur langsam in Gang. Dem römischen Offizier und Gelehrten Gajus Plinius Secundus, der um 45 u. Z. durch Teile Germaniens geritten war, beschrieb das karge Leben, wie es sich ein Jahrtausend lang an den Küsten zwischen Flandern und Jütland abgespielt haben mag. »In gewaltiger Strömung ergießt sich dort der Ozean zweimal bei Tage und bei Nacht auf ein ungeheures Gebiet, von dem man im Zweifel sein kann, ob es zum Lande gehört oder ein Teil des Meeres ist.« Dort lebe ein »elendes Völkchen« in Hütten auf aufgeschütteten Hügeln knapp oberhalb der Flutkante. Die Bewohner dieser Warften – Friesen und Dithmarscher – glichen bei Flut Segelnden im Meer und bei Ebbe Schiffbrüchigen an Land.

Ganz so elendiglich, wie es dem vom Luxus verwöhnten Römer erschien, haben aber die Menschen weder zu dieser Zeit noch in den folgenden Jahrhunderten auf wasserumtosten Warften und Halligen (Inseln im Wattenmeer) nicht gelebt. Der junge Marschboden war im Gegensatz zum hoch gelegenen und sicheren Geestland außerordentlich fruchtbar. Ackerbau und Viehzucht, Fischfang, die Salzgewinnung aus getrocknetem Torf und im Winter das Schneidern fester Wollmäntel warfen bald bescheidene Überschüsse ab.

Um den Überschuss zu realisieren, musste gehandelt werden. Junge Männer verkauften gesalzene Heringe ins Inland oder fuhren nach Fernhandelsplätzen wie Ribe in Dänemark oder dem in der Schleswiger Enge zwischen Nord- und Ostsee gelegenen Haithabu, wo Seide oder Pfeffer – Gewürze waren überaus kostbare Handelsgüter – bei arabischen Händlern eingekauft wurden. Andere sollen wie die Wikinger – Piraterie stand ebenfalls am Beginn des Handels – über Gotland in der Ostsee, Nowgorod und die russischen Flüsse bis nach Byzanz (Konstantinopel) gelangt sein.

Fraglos bedurfte es Kühnheit und körperlicher Fitness, um in kleinen »Nussschalen« über Meer und Flüsse zu den wenigen, weit entfernten internationalen Handelsplätzen zu reisen, wie ins genannte Haithabu oder auf die ebenso legendären Märkte in der Champagne, etwa nach Troyes, oder ins englische Winchester, nach Köln oder Brügge. Ein Dutzend solcher »Messen« strukturierten den überregionalen Handel des 12. und 13. Jahrhunderts. Zeitlich teilweise aufeinander abgestimmt, sorgten sie übers Jahr für einen »permanenten Jahrmarkt« (Franz Irsigler) für Tuche, Leder und Pelze, Gewürze und Finanzgeschäfte.

Einzelne werden dieses Abenteuer der Kauffahrtei gesucht und gefunden haben. Doch für die Entwicklung der Hanse bedurfte es, an der See wie im Binnenland, einer kritischen Masse an Produktüberschuss und Bevölkerungszuwachs, um dauerhaft regelmäßige Handelsströme zu erzeugen.

Zulauf erhielt dieser Handelsstrom an den Küsten durch die Gewinnung und Kultivierung weiter Marschgebiete an der Nordsee und an den Mündungen großer Flüsse wie Rhein, Schelde, Ems oder Elbe. Zur Hochzeit der Messen wurden größere Orte und bald ganze Marschlande eingedeicht und mit modernsten Mitteln kultiviert. So benutzten Dithmarscher offensichtlich lange vor den Bauern im Binnenland den revolutionären Wendepflug und düngten mit kalkhaltigem Mergel, den sie aus dem Meeresboden ausgruben. Dithmarschen entwickelte sich später zu einer adelsfreien (Groß-)Bauernrepublik, die neben dem Deutschen Orden als einzige nichtstädtische Institutionen der Hanse angehörte.

Zurück zum handelnden Jungmannen: Fritz Rörig, der vor, während und nach der Nazizeit am Steuerrad der deutschen Hanseforschung stand, und dem später sein Biograph ein »nationales Wertesystem« und eine »demokratische Grundgesinnung« nachsagte, schwärmte wiederholt vom »echten, wagenden Unternehmertum«, aus dem die Hanse hervorgestiegen sei. Eine Idee, die Joseph Schumpeter in die moderne, neoliberale Ökonomie und Wirtschaftssoziologie als »schöpferischen Unternehmer« einführte. Tatsächlich war der frühe Angebots-Fernhändler an der Küste ein wagender Akteur, aber nicht weniger der ökonomisch verwandte ländliche Bauernhändler, der mit seinem überschüssigen Dinkel über Land reiste und das Mehrprodukt seiner Arbeit in benachbarten Dörfern anbot, oder der städtische Gürtelmacher oder Kannengießer.

Ging die erste Reise gut, entstanden Informationskanäle und Kontakte. Ein Vertrauensverhältnis bildete sich, ohne das nachhaltiges Handeln unmöglich ist. Aus Vertrauen – heute eine wirtschaftssoziologische Kategorie – erwuchsen Regeln, aus Regeln Gesetze, und aus dem erworbenen Vertrauen ergaben sich wiederum neue Kontakte. So wurden die Reisen länger, und die losen »Netzwerke« wurden aktiv ausgedehnt.

Massenhafter Fernverkehr bedurfte jedoch umfänglicherer Lösungen als sporadische Kontakte Einzelner, zumal der Handel, insbesondere der Seehandel, auch um 1100 abenteuerlich blieb. Männer und Schiffe wurden von Stürmen, Untiefen und

Piraten bedroht. Um den Gefahren des Meers und den feudalen Gewalten zu trotzen – und auch um genügend Kapital aufzubringen –, fanden sich einzelne Kaufleute zusammen; sie bildeten eine Gruppe oder – niederdeutsch – eine »Hanse«. Um dies zu verdeutlichen, stelle man sich Folgendes vor: Ein angehender Profi-Kaufmann in Hamburg suchte sich ein oder zwei Gleichgesinnte. Die Drei warfen Arbeit und Kapital ins selbe Boot und gründeten für ihr kommerzielles Abenteuer eine Genossenschaft, die »Partenreederei« war geboren. Die drei Männer ließen sich nun ein »Schiff« zimmern – damalige Boote überdauerten nur wenige Fahrten –, luden es voll mit schmackhaftem Bier und fuhren allein die Elbe hoch bis zu den Orten im Mündungsgebiet. Seeleute, die man anheuern konnte, gab es noch nicht. Spätere Fahrten, vielleicht schon im kleinen Konvoi, führten sie bis nach Brügge. Denn je weiter entfernt ein Ziel lag, desto größer konnte der Gewinn ausfallen.

Dazu musste beispielsweise im entfernten Brügge das Bier knapp sein. Die Chancen waren gut, denn untergäriges Export-Bier, das nur im kühlen Winter gebraut werden konnte, blieb im Gegensatz zum obergärigen Kölsch oder englischen Ale lange haltbar. So wurde es später zum Exportschlager einiger nördlicher Hansestädte, vor allem Wismars und Hamburgs. Hamburg galt als »Brauhaus der Hanse«.

Unsere Bier-Exporteure fuhren also immer die Küste entlang, schließlich kannten sie noch keinen Kompass, und ihr »Schiff« war nicht wirklich hochseetauglich. Für Hin- und Rückreise blieb nur das Sommerhalbjahr mit ruhiger See. Im Herbst und Winter lag die Schifffahrt – wie die Kriege – still. In Brügge verkauften die Drei ihr Bier und hofften auf neue Ladung in Richtung Heimat. Eine Leerfahrt zurück verdarb damals wie heute jedes gute Geschäft.

Einfache Buchführung und das Hanse-Modell

Nach und nach haben sich die gelegentlichen Handelsfahrten verstetigt, und eines Tages machte der Kaufmann nicht mehr jede Fahrt persönlich mit. Früher oder später regierte er nur noch aus seinem Kontor heraus. Der Geschäftsverkehr lebte fortan nicht mehr allein von handfesten persönlichen Kontakten. Diese wurden weiterhin während der Jugend, nun aber während einer mehrjährigen Lehrzeit in befreundeten Kontoren außerhalb der Heimatstadt gewonnen.

Reisen wurden, wie in Italien, durch Korrespondenzen ersetzt, der Handel also verschriftlicht. In Zeiten, wo kaum jemand außerhalb des Klerus lesen und schreiben konnte – auch der Adel nicht –, ein weiteres Abenteuer. Der bislang wandernde Kaufmann wurde zum ersten Bildungsbürger am Ort.

Auch der nun ortsgebundene hansische Kaufmann benötigte für seine geschäftlichen Dispositionen weiterhin alle möglichen Informationen. Die Geschäftspartner schrieben sich daher ausdauernd Briefe: War die Ernte gut in Pommern? Könnte ein Krieg in Livland die Handelswege unterbrechen oder drohten Seeräuber vor dem nichthansischen Emden? Hatten die Deiche in Flandern den Frühjahrsstürmen getrotzt, und welche Farbe war gerade Mode am Hof von Burgund? Dieses und vieles mehr musste in Erfahrung gebracht werden, und auch die Kompagnons und Kunden stellten Fragen, die per Brief beantwortet werden wollten. Mit der Verschriftlichung zog die Buchführung in fortschrittliche Kontore ein. »In Journal schreib Ich alle tag, was sich im Gewerb begeben mag«, reimt Jost Amman in seiner »Allegorie des Handels«.

Die älteste bekannte Anwendung der doppelten Buchführung, in den Unterlagen der städtischen Finanzbeamten Genuas um 1340, liegt im dortigen Staatsarchiv, und die erste gedruckte Darstellung durch den italienischen Mathematiker und Franziskaner Luca Pacioli erschien 1494. Ein Wissen, auf welches die oberdeutschen Fugger und Welser später zurückgriffen, nicht aber die frühen niederdeutschen Hanseaten zwischen Bergen und Reval, Köln und Brügge. Dies ist die vorherrschende Meinung. Allerdings zeigte Brügge 2002 in einer Ausstellung als »Kulturhauptstadt Europas« mehrere Hauptbücher der Brügger Geldwechsler Colard de Marke und Willem Ruwel, die sie seit 1366 geschrieben hatten – dicke Folianten voller doppelter Buchführung, die zugleich ein weitverzweigtes Netzwerk darstellen.

Indessen blieb die normale hansische Buchführung, soweit wir wissen, lange Zeit angemessen simpel. Die Buchführung sollte dem Hansekaufmann nicht fortlaufend und tagesaktuell ein Spiegelbild seiner Unternehmungen liefern, er zerlegte nicht jedes einzelne Geschäft in Soll und Haben, sondern begnügte sich damit, anfänglich den Einkaufspreis einer Ware und später den Erlös daraus niederzuschreiben; abgerechnet wurde dann erst ganz am Schluss. Ebenso spielten für sein spezielles Geschäftsmodell Finanzdienstleistungen, wie sie in den italienischen Stadtstaaten Florenz, Genua und Venedig üblich waren, nur eine Nebenrolle.

In seinen Büchern verzeichnete der Hansekaufmann lediglich die einzelne Geschäftsfälle, geordnet nach Gesellschaften und Verrichtungsdatum. Dies genügte für das hansische Modell der internationalen genossenschaftlichen Handelsgesellschaft. In Form der Einnahme-Überschuss-Rechnung von Kleingewerbetreibenden und freien Berufen ist sie übrigens heute immer noch die am weitesten verbreitete Form der Buchführung.

Andernfalls wäre für die überschaubaren Hansebetriebe ein gewaltiger bürokratischer Aufwand notwendig gewesen – mit Hilfe eines Rechentuches oder Abakus, aber ohne Buchungsautomat oder Computer. Abstrakte Ziffern ersetzten das anschauliche Linienrechnen erst nach Adam Riese, der trefflicherweise im ersten Jahr einer neuen Ära der Schifffahrt geboren wurde: 1492.

Jeden Erlös einer Aktion investierte der Hanseat sofort wieder in neue Waren, die wiederum weiter versandt wurden, um weitere Erlöse zu erzielen und so weiter und so fort. Diese fortlaufende Bewegung von Ware und Kapital machte eine kurzfristige Bewertung des laufenden Geschäftes unmöglich.

Die tatsächliche Buchführungspraxis ist nur in Einzelfällen überliefert. Danach wusste der Hansekaufmann durchaus um Umsatz und Gewinn Bescheid, aber normalerweise nur Pi mal Daumen. So fragte eines Tages im Jahr 1533 der Lübecker Reymer Sandow seinen Partner in Reval, Hans Selhorst, wie viel Geld sie denn beide mit ihrer gemeinsamen Handelsgesellschaft zwischen Reval, Lübeck und Amsterdam verdient hätten. Selhorst war mehr als irritiert über diese ungewöhnliche Nachfrage und beschwerte sich einige Male über die viele unnütze Arbeit, die sie mit sich brachte. Doch kriegten die beiden letztlich eine ordentliche Abrechnung zustande: Danach gab es Gewinne pro Fahrt von bis zu 98 Prozent, aber auch Verluste von 50 Prozent. Über die Jahre näherten sich Gewinne und Verluste in der Summe an, und es blieb von den Erlösen ein durchschnittlicher

Profit von 11,1 Prozent. Damit lag die Gesellschaft im »respektablen oberen Mittelfeld« der starken Handelsgesellschaften ihrer Zeit, meint der Mediävist Carsten Jahnke.

Eine durchschnittliche Umsatzrendite von rund elf Prozent mag auf den ersten Blick klein erscheinen und ist sie vielleicht auch, wenn man an die spanische Conquista in Amerika nach 1492 denkt oder an die industrielle Revolution im 19. Jahrhundert in England. Die Profitrate der Hanse fiel aber etwa vier Mal so hoch aus, wie sie heutzutage im vergleichbaren Großhandel erzielt wird.

Handel blieb im modernen Mittelalter lange der erfolgreichste Wirtschaftszweig, und die Gewinne, welche erst Agrarrevolution und die frühe industrielle Revolution möglich gemacht hatten, wurden für eine ursprüngliche Akkumulation genutzt. »Die Verteilung der Güter erwies sich als der profitabelste ökonomische Sektor jener Zeit«, schreibt der frühere Direktor des Deutschen Historischen Instituts in London, Peter Wende, und zwar in weiten Teilen Europas. Hier habe der moderne Kapitalismus seine Ursprünge.

Belforts, Kathedralen und Backsteingotik zeigen mit ihrer Baukunst, wie »steinreich« die Altvorderen wirklich waren. Den Reichtum der Hansekaufleute und ihrer Städte bezeugen auch die Reste der gewaltigen steinernen Stadtmauern, eigentlich riesige Burgen, mit denen die Bürger der jungen Städte im 12. und 13. Jahrhundert ihren Selbstbehauptungswillen gegen Fürst und Bischof demonstrierten. Köln begann 1180 mit dem Bau der größten Stadtbefestigung Deutschlands (jedenfalls aus Sicht der Kölner), Hamburg folgte wenig später. Erhebliche Mittel flossen auch in die städtische Infrastruktur und in karitative Einrichtungen wie Spitäler für Kranke und Alte. Bei den Gewinnraten konnte die Hansefirma also »mit den angeblich so modernen süddeutschen Gesellschaften (Fugger und Welser) mithalten und sie sogar übertreffen«, zieht Carsten Jahnke das Fazit seiner Forschung. Als Grund sieht er ausgerechnet den weitgehenden Verzicht auf Kredit und Fremdkapital.

Dass die Hansestädte – also jene Städte, in denen die hansischen Kaufleute den Ton angaben – erblühten, lag nicht zuletzt an einer Eigenart ihrer Handel treibenden Bürger. Der hansische Kaufmann entnahm für sich persönlich keine Mark und keinen Gulden aus den Gewinnen seines Großhandels. Bis zum Verkauf seiner Anteile an der Handelsgesellschaft – die im Grundsatz der beschriebenen Genossenschaft der drei Bier-Exporteure entspricht – musste der Kaufmann vom sogenannten Eigenhandel leben. Gewinne wurden erst nach Beendigung der Gesellschaft ausgezahlt. Im Schnitt passierte das nur alle zwanzig Jahre. Dann neigte der typische Hanseat dazu, aus dem Kontor in den Rat der Stadt zu wechseln, sein reales Geld in imposante Immobilien und sichere Rentenpapiere anzulegen oder Ländereien zu kaufen, statt weiterhin sein Vermögen der See anzuvertrauen: »Nichts ist so sicher wie der nächste Sturm«, hieß ein Sprichwort, »nichts so unsicher wie dessen Stunde.«

Um im Alltag während dieser 20 Jahre Brot zu kaufen, hansisches Bier und welschen Wein zu saufen, Köchin und Küche zu bezahlen, ließ der Kaufmann Waren auf eigene Rechnung von Kollegen, Schiffern oder auf den gesellschaftseigenen Schiffen mitnehmen, verkaufen und den Erlös in Form von Waren wieder zurückbringen, die er dann in seiner Heimatstadt in klingende Münze verwandeln konnte. Ein Mitnahmerecht, das in kleinerem Umfang auch Kapitänen, Steuermännern und Seeleuten zustand. »Hier liegt der Grund dafür«, sagt Carsten Jahnke, »dass hansische Pfeffersäcke wie kleine Dagobert Ducks an jedem noch so kleinen Geschäft interessiert waren und auch noch den letzten Pfennig irgendwo in den Handel steckten.«

Und doch reichte das Einkommen eines vermögenden Kaufmanns wie des Lübecker Engelbrecht Veckinchusen zur Hochphase der Hanse nicht aus, um standesgemäß an Ostern 1472 zu heiraten. Veckinchusen konnte die veranschlagten 500 Mark nicht flüssig machen und fragte hilfesuchend bei seinem Schwiegersohn Hans Castorp an, dem Bruder des berühmten Bürgermeisters Heinrich, ihm das Geld zu leihen. Castorp gehörte zwar zu den wohlhabenden Lübeckern, doch 500 Mark hatte auch er nicht in bar. Beide wandten sich notgedrungen an die Bank des Godemann van Buren, um die Hochzeit mit einem Darlehen zu finanzieren.

Dank des Modells der Handelsgesellschaft konnte jeder Kaufmann sein wirtschaftliches Risiko auf viele Schultern verteilen. Dadurch entstand auch ohne doppelte Buchführung und aufwendige Bürokratie eine hinreichende Absicherung für ein nachhaltiges Geschäftsleben. Dabei half, dass sich die Kaufleute in den übersichtlichen Kommunen gegenseitig alltäglich sozial überwachten. »Der ›gute Ruf‹«, referiert Jahnke im Burgkloster zu Lübeck, »avancierte so zum zentralen Wirtschaftsfaktor.« Er hält das Hanse-System bis ins 16. Jahrhundert hinein für »unschlagbar kostengünstig«.

Uns Heutigen mag die Gründung einer neuen, hansischen Handelsgesellschaft abenteuerlich erscheinen: Kein ausgeklügelter Vertrag, keine ausgefeilten Paragraphen waren nötig, sondern eine Kapitaleinlage, ein Schluck Rotspon – ein französischer Bordeaux-Wein, der in Barriquefässern in Münster, Hamburg oder Lübeck ausgereift war – sowie ein Händedruck genügten, um eine langjährige Partnerschaft zu begründen.

Da diese von beiderseitigem Nutzen war und zugleich von der geschlossenen hansestädtischen Gesellschaft beständig beäugt wurde, konnte das unkomplizierte Hanse-Modell funktionieren. Familiäre Bindungen, Freundschaften waren gewiss nützlich, aber auch mit Fremden innerhalb der Hansegemeinschaft wurden fast formlose Kontrakte geschlossen. Aus dieser schnell bewährten Praxis leitet sich der heutige Mythos vom grundsoliden »Ehrbaren Kaufmann« ab.

Im realen Mittelalter funktionierte nicht allein die soziale Kontrolle. Der Kaufmann war an mehreren, oft kleinteiligen Gesellschaften beteiligt, und dadurch konnten Handelswaren von jedem beliebigen Ort im Hanseraum an sich problemlos zu jedem anderen Ort gebracht werden, selbst in die tiefste Provinz im Binnenland. So hatte Hans Selhorst zu Johanni anno 1507 sechs Lasten Salz und acht Fass des berühmten Eimbecker Bieres (heute: Einbeck) nach Danzig gebracht. Der Kaufmann notierte: »Einen Teil des Gutes verkaufte ich, den anderen Teil der Waren bekam Laurens Molsen.« Damit war eine neue Handelsgesellschaft gegründet.

Molsen brachte in jenem Juni eine entsprechend wertvolle Einlage wie sein Lübecker Partner Selhorst in die Gesellschaft ein, vielleicht war es Dinkel oder Roggen. Er fuhr dann dieses Getreide sowie das Salz und Bier seines Kompagnons in einen anderen Hafen, verscherbelte dort diese Waren und erwarb neue. Danach reiste er mit diesen neuen Waren weiter, verkaufte auch sie, erwarb wiederum neue Waren und so weiter und so fort. Zwischenzeitlich konnten mit diesem wachsenden Warenkapital weitere Handelsgesellschaften gegründet werden. Dieser geradezu wunderbar aufsteigende Handelskreislauf lief fort, bis die einzelnen Handelsgesellschaften aufgelöst wurden und es zur Auszahlung an die Gesellschafter kam.

Heute hält Wolf Schäfer solche hansische Kaufmannschaft übrigens für einen dritten Weg in der Unternehmensführung. Statt des angelsächsischen Shareholder-Value-Modells, das sich an Aktionären und Analysten ausrichtet, und dem an Mitarbeitern, Mitbestimmung und Banken orientierten Stakeholder-Modell empfahl der frühere Präsident der privaten Hanseatic University in Rostock das »erfolgreich praktizierte Ethos des Ehrbaren Kaufmanns«. Schäfer: »Hier zählt als Grundidee ein an Werten orientiertes Unternehmertum.« Der Dritte-Weg-Kapitalist denke und handele langfristig, nicht selten über Generationen hinweg; er engagiere sich für das Gemeinwesen, ohne dafür besondere Anerkennung zu beanspruchen, und die Firma sei ihm im Zweifelsfall wichtiger als die eigene Person.

Die *Aventure*, nicht aber die Idee des Ehrbaren Kaufmanns, ging in späteren Generationen verloren, wie Thomas Mann mit seinen »Buddenbrooks«, der Geschichte einer Lübecker Kaufmannsfamilie in der Nach-Hansezeit, erzählt.

Der Koggen

Erst der agrarische und gewerbliche Überschuss hatte die Bedingungen für die *Aventure* junger Männer und damit für den massenhaften Fernhandel der Hanse – diesen Umbruch im Warenaustausch – geschaffen. Zugleich begünstigte der Fernhandel die Warenproduktion, schuf er doch neue Absatzmärkte und motivierte dadurch Lehnsherren und freie Bauern, Unternehmer und Handwerker zur Mehrproduktion. Für den außerordentlichen Erfolg der Hanse bedurfte es aber noch eines außerordentlichen Schiffes – des Koggen.

Touristen, die es heute in die französische Region Calvados, nach Bayeux verschlägt, können dort in einem unscheinbaren Museum einen bunten Teppich betrachten. Im Jahr 890 war diese Stadt in der Normandie genau von jenem Normannenvolk zerstört worden, dem es heute seinen Weltruhm verdankt: der »Teppich von Bayeux« erzählt auf siebzig Metern die Unterwerfung Englands durch den Normannenherzog Wilhelm »den Eroberer« und durch seine Truppen im Jahr 1066. Unter

Die Wiege des Koggen

Mangels anderer Funde behilft sich die Archäologie, die für die erste Hälfte der Hansezeit mangels schriftlicher Dokumente zuständig ist, mit Sinteln, um die frühen Bauplätze der Koggen aufzufinden.

Die Verbreitung der Sinteln legt es nahe, die ersten Koggenwerften im 9. bis 11. Jahrhundert in den heutigen Niederlanden zu vermuten. Diese »friesischen« Koggen waren kleine Vorläufer des Hansekoggen. Sie fielen auch dem englischen König Alfred (871–900) auf, denn sie unterschieden sich in ihrer Bauart deutlich von den bis dahin bekannten skandinavischen und englischen Schiffen. Erstmalig erschien 948 in Schiffsvermerken von Muiden bei Amsterdam die Bezeichnung Kogge, und in Utrecht tauchten für das 9. Jahrhundert Schriftquellen auf, die ein Schiff *cog* nennen. Ab dem 13. Jahrhundert finden sich bis in den südlichen Ostseeraum viele Bauplätze.

Eicke Siegloff, Prähistoriker am Archäologischen Landesamt Schleswig-Holstein, glaubt an eine »Kontaktzone« auf der Schleswiger Landenge, dort, wo auch der wichtige vorhansische Handelsplatz Haithabu lag, an dem sich Kulturen aus Ost und West, Nord und Süd jahrhundertelang trafen. In dieser »Kontaktzone« zwischen skandinavischer und friesischer Bautradition habe die Entwicklung zum hochseetüchtigen Koggen stattgefunden, meint Siegloff. Auf der Ostseite der Landenge waren der Bedarf und »vor allem« die natürlichen Voraussetzungen für den Bau hochseetüchtiger Schiffe vorhanden: Tiefgang und Holz. Im frühen 12. Jahrhundert soll die (friesische) Koggenbauweise über die Schleswiger Landenge in den Ostseeraum gelangt sein. Später wurden an allen bedeutenden Handelsplätzen »in großem Stil« Schiffe gebaut.

Für diese Kontaktzonen-Theorie sprechen auch »deutsche Wikinger« aus Ahrensburg. Bauern, Fischer, Handwerker, Handelsleute und Entdecker siedelten sich im 5. Jahrhundert in der späteren Stadt Haugesund an, dort wo Norwegen politisch geboren wurde. Das meint Svein Jacob Stensland, Direktor des Historischen Museums von Avaldsnes.

den Soldaten fanden sich viele Flamen, berichtet Henri Pirenne, die dem Hunger in ihrer Heimat flohen und sich in England ansiedelten oder das »bemerkenswerteste Kontingent« für den ersten Kreuzzug stellen sollten.

Die Wikinger fuhren nach England wie zuvor auf ihre legendären Raubzüge, denen Paris (845 bis 886), die mit Haithabu und Ribe in ihrer Bedeutung vergleichbare niederländische Handelsstadt Dorestad (873), Hamburg (845) und eben auch Bayeux (890) zum Opfer gefallen waren. Ihre wendigen, flachen und kleinen Boote konnten gesegelt, aber auch gerudert werden. Mit dieser Waffe, technologisch auch sie eine Neuerung, beherrschten die Nordmänner im gelegentlichen Flottenverband Meere und Flüsse bis tief ins europäische Binnenland hinein.

Nur mit etwa fünfzehn bis zwanzig Mann dürfte jedes Boot bemannt gewesen sein, und wenn auf der Heimfahrt die Beute, die in kleinen provisorischen Forts zwischengelagert worden war, nach Norwegen oder Schweden transportiert wurde, fassten diese Boote vielleicht zehn, fünfzehn Tonnen. Für den späteren internationalen Handel der Hansezeit wären diese Boote viel zu klein gewesen. Die Hanse wurde erst möglich durch eine weitere technologische Neuheit, den Koggen – ein »schwimmendes Ungetüm«, nennt es Marinehistoriker Helmut Hanke.

Der Hansekoggen, am Bug und Heck mit kastellartigen Aufbauten versehen, bot gegenüber dem Seedrachen der Wikinger viele wirtschaftliche und technologische Vorteile. Er hatte einen größeren Laderaum, hatte statt des schwer zu handhabbaren Seitenruders (»Steuerbord«) ein Ruder hinten zentral am Heck, war seetüchtiger und preiswerter herzustellen, da die Ansprüche an das Bauholz geringer waren (»tangentiale« Bohlen genügten) und er mit »Sinteln« kalfatert wurde – Klammern aus Eisen, mit denen (sowie mit Pech) Hunderte Meter Nähte zwischen den Planken abgedichtet wurden. Die kastellartigen Aufbauten waren vielleicht die ausschlaggebende Innovation, denn sie verschafften dem hoch aufragenden Koggen in der Ära von Schwert, Lanze und Armbrust sicheren Schutz sowie militärische Überlegenheit gegen die flachen, ungeschützten Boote von Wikingern und Piraten.

Zugleich wurde der dickbäuchige Koggen erst erschwinglich durch den Aufschwung des Fernhandels. Anfänglich konnten auch Koggen nur bis zu 25 Tonnen Ladung tragen, aber um 1350 nahmen sie schon über 120, manchmal über 200 Tonnen auf, und später schluckten sie 400 Tonnen und mehr. Ungetüme ihrer Zeit, deren Bäuche die Lasten von Hunderten Ochsenkarren und Pferdefuhrwerken fassten. Nach Zahl und Tonnage verfügte die Hanse über eine Flotte, die größer als jede andere »nationale« Flotte in Westeuropa war und, wenn der Rostocker Verkehrswissenschaftler Manfred Schelzel recht hat, die sogar größer als alle anderen Flotten zusammen war.

Der Koggen muss die Zeitgenossen jedenfalls sehr beeindruckt haben. In der Weltchronik des Nürnberger Hartmann Schedel von 1493, eines der aufwendigsten Werke der neuen Buchdruckkunst, kreuzen auf vielen Illustrationen Koggen, auch dort wo niemals welche hinfuhren, vor Paris oder Konstantinopel.

Reichtum dank Stapelrecht

Klima und größere Ernten, Bevölkerungswachstum und Stadtgründungen, Technik und erste industrielle Revolution, Buchhaltung und gesellschaftlicher Wandel, eine gemeinsame Sprache sowie der legendäre Koggen sind Zutaten für die Erfolgsgeschichte der Hanse. Zwei weitere fehlen noch: Die Hanse benötigte für ihren Aufstieg zu einer europäischen Großmacht ein Netz nach innen – das durch das Stapelrecht begünstigt wurde –, und wo dieses Netzwerk endete und das Gebiet fremder Mächte begann, brauchte sie sogenannte Privilegien.

Im Mittelalter machte Stadtluft angeblich frei. In vielen Fällen stimmte das. Leibeigene oder lehnspflichtige Bauern, die ein Jahr plus einen Tag in einer Stadt von ihrem Herrn unbehelligt blieben, wurden rechtlich zu Freien. Sie wurden jedoch, wie die meisten Stadtbewohner, keineswegs zu Bürgern. Tagelöhner, Köchinnen, Handwerksgesellen, kleine Händler und Bettler: Der Großteil der Einwohner besaß in den Hansestädten kein Bürgerrecht und hatte keine politische Vertretung in Bürgerschaft oder Rat. Rund 60 Prozent beispielsweise der Lübecker waren solche ungeschützten Plebejer. Nur 40 Prozent waren Bürger. Neben der kleinen Gruppe der Patrizier, deren Söhne ritterliche Turnierspiele veranstalteten, gehörten zünftige Handwerksmeister, mittelgroße Händler und Kleriker, manchmal auch Adlige, dazu. »In den Städten häufte sich einerseits unermesslicher Reichtum an, andererseits lebten dort aber auch immer mehr arme Menschen ohne Aussicht auf Linderung ihrer Notlage. Die Prachtentfaltung auf der einen Seite ging damals wie heute mit zunehmender Armut auf der anderen Seite einher«, mahnt Stefan Weinfurter. Für die Zukunft der Stadt lag damit genügend politischer Zündstoff bereit.

Wenngleich Fürsten und Könige im Mittelalter nur selten eine aktive Wirtschaftspolitik betrieben, regulierten sie in der Praxis doch das wirtschaftliche Leben erheblich. Sie taten dies, um vor allem selbst Einnahmen zu erzielen. So mussten sich die jungen Städte ihre Marktrechte erkaufen. Um nun auf seine Kosten zu kommen, tat es der Stadtrat, wie es ihm die Fürsten gelehrt: Er drehte an der Gebührenschraube. Für Händler und Kaufleute wurde die Freiheit der Stadtluft durch die Vielfalt der Regeln und Gebühren eingeengt. Für die Hanse jedoch wurde eine spezifische Regelung, das Stapelrecht, entscheidend für ihren wirtschaftlichen Aufstieg. Verliehen wurde dieses Recht seit der Jahrtausendwende von fürstlichen Landesherren, teils freiwillig, weil es zusätzliche Zoll- und Steuereinnahmen versprach und die Versorgung des Landes sicherte, teils erzwungen von den aufstrebenden Städten.

Jede Ware, die Händler in eine Stadt mit Stapelrecht brachten, musste entladen und den heimischen Kaufleuten üblicherweise drei Tage lang – in Lübeck später sogar acht Tage – zum Kauf angeboten werden. Durch diese Stapelpflicht war eine schnelle Durchreise unmöglich. Fremde waren fast überall als direkte Käufer ausgeschlossen. Sie mussten beim Einheimischen kaufen, der als Zwischenhändler beim Stapel eingekauft hatte. Das Prinzip »Gast handle nicht mit Gast« war in allen Hansestädten verbrieftes Recht, das nur während der Jahrmärkte gelockert wurde. So sicherte das Stapelrecht lokal und regional einer Hansestadt das Monopol auf die Waren aus dem Umland – gleichzeitig unterband das »Bannrecht« gewerbliche Tätigkeit auf dem Lande und sicherte den städtischen Zünften das Monopol in der ganzen Region. Handel mit den Produkten aus Stadt und Land wurde zur Erfolgsformel der jungen Hanse. Die Beispiele Köln und Hamburg können dies verdeutlichen.

Köln verdankt seinen Aufstieg einem gewissermaßen natürlichen Stapel. Die im Mittelalter größte »deutsche« Stadt liegt dort, wo sich die enge Fahrrinne des Mittelrheins und der breite Niederrhein, der bis zur Küste reicht, treffen. Oberhalb Kölns wurde mühsam gerudert, getreidelt und gestakt, während von der Küste her flotte Segelschiffe den Rhein bis Köln hinauf rauschten. Vom Meer kamen Seefahrer selbst mit großen Koggen in die führende Hansestadt und trafen auf Binnenschiffer aus dem Süden, die – aus Hansesicht – hauptsächlich Wein brachten, aus der nahen Region, von Mosel, Kaiserstuhl und aus dem Markgräfler Land. Übrigens flossen die damaligen Regularien mit in die EU-Weinverordnung ein, hat Thorsten Kogge am Max-Planck-Institut für Gesellschaftsforschung herausgefunden.

1259 wurde aus dem geographisch bedingten, informellen Stapelmonopol ein juristisches. Der formale Stadtherr von Köln, Erzbischof Konrad von Hochstaden, der Zünfte gegen die dominierenden Patrizier ausspielte, schrieb 1259 das Stapelrecht in einer Urkunde fest: »Kein Kaufmann aus Ungarn, Böhmen, Polen, Bayern, Schwaben, Sachsen, Thüringen, Hessen oder irgendwelchen anderen östlichen Gebieten, der mit Waren ganz gleich welcher Art zum Rhein kommt, darf über Köln hinaus.« Auch Händler, die über den Landweg kamen, mussten ihre Waren zum Stapel anmelden.

Der Stapel diente dem Einkaufsmonopol der Hansekaufleute, aber auch der Versorgung der Bevölkerung. So durften die Bewohner in den ersten beiden Stapeltagen für den eigenen Haushalt einkaufen, berichtet die Kölner Museumspädagogin Elisabeth Mick. Erst am dritten Stapeltag waren Händler, Großhändler und Makler dran. Letztere verkauften an Ortsfremde, die ja nicht in Köln direkt einkaufen durften und folglich einen höheren Preis zahlen mussten, von dem die Kölner, nicht aber die Lieferanten profitieren. Makler, die etwa in Brügge eine wichtige Rolle spielten, waren in Europa weit verbreitet. Einerseits waren diese *Unterkäufer* (engl. *Brokers*) ein Service für ortsunkundige Fremde, auf die eine Stadt durchaus angewiesen war, anderseits sicherten sie der Stadt Einnahmen und Kontrolle.

Die Stadt verdiente noch in anderer Hinsicht am Stapelrecht. Wenn ein Kaufmann in Köln anlegte, erklärt Elisabeth Mick, musste er seine Waren mit Hilfe von städtischen Beschäftigten aus seinem Schiff ausladen und nach dem Stapel in ein anderes Schiff einladen. Diese Dienstleistung der Hafenverwaltung kostete, und zudem wurde Wegezoll fällig.

Ein Versuch, den Stapel zu umgehen, Abgaben, Gebühren oder Zölle einzusparen, konnte teuer zu stehen kommen. Im protestantischen Königreich Dänemark wurden Zollvergehen sogar mit dem Tode bestraft; in der katholischen, bürgerlichen Metropole am Rhein durfte jeder Einwohner den Säumigen festnehmen, mit Ruten oder Binsen binden und gegebenenfalls die Schmuggelware einheimsen. Trotzdem wird noch heute in Köln vom »Mauspfad« erzählt, auf dem Ortskundige den linksrheinischen Stapel und Zoll heimlich rechtsrheinisch umgehen konnten.

Die regulären Wareneingänge wurden in Köln beim Umladen einer strengen Kontrolle unterzogen. Öffentlicher Verbraucherschutz im Mittelalter: Angefaulte Kohlköpfe oder halbleere Bierfässer wurden ohne Entschädigung aus dem Verkehr gezogen und vernichtet. Nur »gerechtes Kaufmannsgut« – darüber entschieden die städtischen Arbeiter – durfte an Kölner verkauft oder weiterbefördert werden. So sorgte man für die gute Qualität auch von Exportwaren. Besonders scharf sollen Lebensmittel überprüft worden sein.

Kontrollen fanden auch in den Kaufhäusern und auf Märkten statt. Sachverständige zogen Stichproben. Heringsfässer wurden geöffnet, umgepackt, mit frischem Pökelsalz versehen und erhielten dann einen besonderen Stempel aufgedrückt: den Kölner Brand. Es gab also bereits Markenprodukte (die preiswert im »Ausland« produziert worden waren).

Auch in anderen »wohlgeordneten Hafenstädten« an der Nord- und Ostsee, so Christina Deggim, Archivarin am Staatsarchiv Stade und Autorin eines Meisterwerks über das Hafenleben im Mittelalter, griff die öffentliche Hand regulierend ein. In Kopenhagen taten dies König, Magistrat und Stadt, im bürgerlichen Hamburg der Stadtrat. So musste, wer in den Hafen der Hansestadt einfuhr, sich *am Baum* registrieren lassen; in Hamburg wurde nachts mit dem hölzernen *Niederbaum* die mit Pfahlwerken verengte Hafeneinfahrt gesperrt.

Bereits in der ältesten erhaltenen *Bursprake*, einer Sammlung von verbindlichen Regeln, die der Hamburger Senat vom Rathausbalkon aus verlas, wurde 1359 jedem Schiffer ein Bußgeld

Der Koggen: »Schiffsrecht im Hafen zu Hamburg«; Miniatur aus der »Bilderhandschrift des Hamburger Stadtrechts«, 1497.

von drei Mark Silber oder alternativ vier Wochen Gefängnis angedroht, der Ballast oder Müll in Elbe, Alster oder Fleet geschmissen hatte. Kontrolliert wurde diese Umweltschutzanordnung vom Fleetschauer, ein öffentliches Amt, das Jacob von der Heyde, Hindrich Philips und viele andere so attraktiv fanden, dass sie es sich kauften. Vermutlich kassierten sie dadurch Bußgelder und Gebühren von einkommenden Schiffen, denen sie den vorgeschriebenen Platz für den Abwurf des Ballastes zeigten, damit Sand und Kies nicht die bis heute empfindliche Fahrrinne verfüllten.

Auch andere staatliche Ämter im Hamburger Hafen wurden von der »schlanken« Stadt verkauft, etwa der Zoll, oder verpachtet wie die im städtischen Eigentum befindlichen Kräne und die Waage. Letztere wurde 1303 an den Wäger Nicolaus für jährlich fünfzehn Mark verpachtet. Die Benutzung der Waage war obligatorisch und eine ausgehängte Rolle gab die fälligen Gebühren bekannt. Zahlen mussten alle, Fremde, andere Hanseaten und sogar Einheimische.

Genau reguliert waren auch die Arbeiten im Hafen. »Insgesamt ist seit dem 14. Jahrhundert eine fortgeschrittene Arbeitsteilung und Spezialisierung nachweisbar«, hat Christina Deggim aus den alten *Bursapraken* herausgelesen. Es gab vielseitig einsetzbare Tagelöhner, die an der Trostbrücke auf Arbeitgeber warten mussten, und allein vier spezialisierte Trägerberufe. So durften *Kneveler* lediglich Bier, Wein und kostbare Tücher in Fässern – den Containern des Mittelalters – aus den Schiffen entladen, aber keine anderen Gebinde oder lose Waren.

Unterm Strich erzielte die Stadt aus Handel und Hafen erhebliche Einnahmen. Die waren auch nötig, denn Einkommen- und Vermögenssteuern wurden noch nicht erhoben. Was blieb, waren Verbrauchssteuern auf Salz oder Bier und eben die diversen Gebühreneinnahmen aus Handel und Schifffahrt. Dabei setzte der hansische Senat das Primat der Politik durch, indem er sich häufig nicht nach den manchmal kurzsichtigen Wünschen der Händler richtete, sondern nach dem langfristigen Interesse der Stadt. So wurde das Geld etwa ausgegeben für die auch damals schon kostspielige Infrastruktur des Hafens, für Tonnen und Baken, mit denen das Fahrwasser bis zum Meer markiert wurde, und für den 1286 erbauten Backsteinklotz auf der Nordseeinsel *Nige O* (heute: Neuwerk), der als weit sichtbares Seezeichen, als Leuchtfeuer und Wehrturm die Einfahrt zur Elbe für die Hanseaten sicherte.

Die »starke obrigkeitliche Aufsicht« über den Handel, wie es der in Köln wohnhafte Stadtarchivar von Düsseldorf Clemens von Looz-Corswarem nennt, führte allgemein zu einer komplizierten städtischen Wirtschaftsordnung, die bis ins 19. Jahrhundert Bestand hatte. Das formelle Ende der Stapelpflicht etwa beschloss erst 1815 der Wiener Kongress. Diese enge Regulierung ist ein zentraler Faktor für den Aufstieg der Hanse gewesen. Eine Besonderheit war sie jedoch nicht. Freihandel war fast nirgends erwünscht und wurde den Kunden der Hanse, soweit es den Hansekaufleuten nützte, lediglich aufgezwungen. Notfalls mit Krieg, wie man noch sehen wird.

Schranken, Hindernisse und Regulierungen gab es nicht zuletzt auf den wichtigsten Transportwegen, den Flüssen. Manchmal ließ die örtliche Landgräfin oder der Rat einer Stadt am Fluss eine feste Eisenkette durch den Strom ziehen. Andernorts verhinderten Wassermühlen mitten im Strom oder Schleusen eine freie Fahrt ohne Transitzoll. Besonders reguliert war die Donau. Allein an ihrem niederösterreichischen Verlauf wurden 77 Zollstellen gezählt. An der auf fast 1000 Kilometer schiffbaren Elbe waren es 35 und am damals wohl schon am meisten befahrenen Rhein sollen oberhalb Basels 64 Zollstellen abkassiert haben.

Genau reguliert wurde auch die internationale Schifffahrt. Aus dem Weinexport des Bordeaux erwuchs um 1200 das spätere Seehandelsrecht Nordeuropas. Die *Rooles d'Oleron* wurden bald in Flandern übersetzt und ergänzt, das Seerecht aus dem Brügger Vorort Damme verbreitete sich in England und als Visbysches Recht bis in den Ostseeraum. Hier entwickelte sich über den Hanseraum eine weitgehend identische Rechtsauffassung. Das im Kölner Stadtarchiv erhaltene hansische *Water recht* regelt um 1400 in fünfundzwanzig Punkten das Leben an Bord, vom korrekten Verhalten der *cooplude*, der Kaufleute, bis zum Mast- und Schiffbruch.

Überall in Nord- und Südeuropa wurde in Abwesenheit von Zentralstaaten vor allem lokal von Fürsten und Städten reguliert. Verbraucherschutz, Arbeitsregeln und auch die allgegenwärtigen Zunftordnungen sind keine Besonderheiten der Hanse, sondern ein allgemeines europäisches Phänomen. Diese Gleichheit in der Vielfalt spiegelte den Stand der Produktivkräfte wider, war aber auch Ergebnis der Vernetzung Europas. Dieses Netz war im frühen Mittelalter zerrissen, wurde nun aber von den italienischen Stadtstaaten im Süden und der Hanse im Norden wieder verknüpft.

Und zu welchem Ungleichgewicht dieses Netzwerk führte, lässt sich etwa aus der Tatsache ersehen, dass Fremde in Köln, dem »Weinhaus der Hanse«, nur sechs Wochen verweilen durften, in anderen Hansestädten noch kürzer. Welch ein Gegensatz zu Brügge, wo Hansekaufleute jahrelang lebten, zu London und Bergen, wo Hansekaufleute in eigenen Stadtteilen residierten. Manfred Schelzel kritisiert deshalb ein wenig scharf, aber in der Sache zutreffend, das »fremdenfeindliche Verhalten« der Hanse, die im Ausland sich größtmögliche Handelsfreiheiten ertrotzt hatte, die sie zu Hause verweigerte. Konkurrenz wurde so von den eigenen Heimatmärkten fern gehalten. Und zwar in großem Stil: Zeitweise war der gesamte Ostseeraum ein Hansemonopol ohne englische, dänische oder holländische Rivalen.

Die frühen hansischen Kaufleute konnten »regelrecht miteinander verfeindet« sein, hat der aus Stuttgart stammende Historiker Hammel-Kiesow herausgefunden. »Das Besondere an der Hanse war, dass diese es geschafft haben, im Ausland ihre interne Konkurrenz beizulegen und nach außen geschlossen aufzutreten.« Das habe keine andere Kaufmanns-»Nation« zur damaligen Zeit geschafft, auch die Italiener nicht, schwärmt der Leiter der Forschungsstelle für die Geschichte der Hanse und des Ostseeraums in Lübeck.

1356, als der erste offizielle Hansetag in Lübeck stattfindet, ist jedenfalls aus den kaufmännischen hansischen Abenteurern und ihren Genossenschaften, die nach neuen Wegen suchten, eine etablierte Handelsorganisation geworden, die Monopole im Handel und Verkehr schaffte und absicherte.

Aufstieg zur Großmacht

Was nach innen das Stapelrecht für die aufstrebenden Hansestädte bedeutete, war nach außen das Privileg. Seit der Jahrtausendwende gelang es Kaufleuten aus reichen Kommunen, Schutz und Zollvergünstigungen in jenen fremden Ländern zu erhalten, die von ihnen aufgesucht wurden.

Die frühesten überlieferten Privilegien erhielten die Kölner in England. Datiert werden sie auf das Jahr 1157 oder in jüngerer Forschung auf 1176. Damit wurden die Kaufleute, ihr Wein und ihr Haus in London unter den besonderen Schutz König Heinrichs II. gestellt. Er befahl seinen Untertanen, die wagenden Seefahrer aus Köln und ihre Waren zu behüten wie seine

Freunde. Später kamen finanzielle Vergünstigungen hinzu, so wurde den Kölnern die Miete für ihr Gildehaus von zwei Shilling erlassen. Wichtiger waren jedoch der Erlass von Zöllen, Nachlässe bei Steuern und Gebühren und unbeschränkte Bewegungsfreiheit im ganzen Land bis hoch in den Norden. So unterhielt die Hanse Niederlassungen in Boston (Lincolnshire) und Newcastle und handelte mit dem schottischen Edinburgh.

Zu den Kölner Weinhändlern stießen andere *homines imperii*, Untertanen des Kaisers, und um 1267 wurde erstmals die »Hanse« in Urkunden des Königs von England erwähnt. Aus einer Niederlassung wurde nach dem Krieg gegen England (1469–1474) eines der großen Hansekontore, der *Stalhof* oder *Steelyard*. Ein eigenes, vom geschlagenen englischen König überlassenes Stadtviertel, ummauert, mit Kran und einem Vorsitzenden, dem Ältermann oder auf lateinisch »Konsul der Hanse«, sowie mit eigener Gerichtsbarkeit. Da besonders viele Kölner Kaufleute im *Stalhof* waren, stellten sie meist den Ältermann. Ein exterritoriales Gebiet mitten im Zentrum der Hauptstadt des englischen Königreiches. Finanziert wurde der *Stalhof* hauptsächlich aus einer »Schoß« genannten Abgabe, die alle ankommenden Hansekaufleute entrichten mussten. 1853 wurde der *Stalhof* verkauft und auf dem Grundstück der Bahnhof Cannon Street errichtet. Hundertfünfzig Jahre später enthüllte dann Bürgermeister Michael Savory eine Hanse-Gedenktafel. »Es ist schön, dass London sich an seine hanseatische Tradition erinnert«, freute sich Hamburgs Finanzsenator Wolfgang Peiner.

Das Kontor in London war nur einer von vier Eckpunkten des Hanseraums. Nach 1180 entstand der um eine Kirche errichtete und mit Palisaden umzäunte Peterhof im russischen Nowgorod. Die Kirche diente als Lagerraum. Nachts schlossen sich zwei Hofinsassen ohne Licht ein, um das kostbare Gut vor Feuer und Diebstahl zu schützen.

Um 1250 erhielten die hansischen Kaufleute ihre Privilegien auch in Brügge und gründeten mutmaßlich das Karmeliterkloster, in dem sie zunächst Unterkunft fanden. Später stellte die Stadt den *Oosterlingen* einen Marktplatz für ihre Geschäfte zur Verfügung, an dem sie »ein prachtvolles Gebäude«, so Stadtarchivar André Vandewalle, als Kontor und für ihre Sitzungen errichten ließen. Finanziert wurde dieses Hauptquartier wie in

London durch Beiträge, die ankommende Hanseaten entrichten mussten. Dieser Eintrittspreis wurde von gewählten Ältermännern ausgegeben, bis auf ein Drittel, das für Notfälle »in den Block« kam. Das Kontor wurde mit einem schlanken Turm gekrönt und mit einer Skulptur des Kaisers des Heiligen Römischen Reiches Deutscher Nation, Friedrich III., geschmückt, schließlich reisten die Hansekaufleute inner- und außerhalb des Reiches, zu dem auch die Niederlande gehörten, gewissermaßen auf dem Ticket des Kaisers. Seit Karl dem Großen und Kaiser Barbarossa genossen Kaufleute unterwegs einen bescheidenen allgemeinen Schutz durch die ferne Obrigkeit.

Nicht jedes Privileg war echt. Hamburg feiert heute seinen Hafengeburtstag in jedem Mai mit einem Volksfest, weil Kaiser Barbarossa am 7. Mai 1189 auf einem Kreuzzug einen Freibrief ausgestellt habe, der den Bau eines Hafens und den zollfreien Verkehr auf der Elbe garantieren sollte. Das Dokument liegt verborgen im Panzerschrank des Hamburger Staatsarchivs, »wegen des Klimas«, versichert eine Sprecherin. Die Presseabteilung des Senats spinnt diese Legende fort. Das Dokument gilt aber unter Fachleuten mittlerweile als Fälschung. Im Mittelalter ein beliebtes Mittel, um Rechte zu legitimieren.

Ohnehin genügte nicht das Wohlwollen von Kaiser oder König, sondern vor allem im kleinteiligen deutschen Reich bedurfte es zugleich des Wohlwollens der regionalen Fürsten und lokalen Obrigkeiten. Auch für die wagenden, seefahrenden Kaufleute war der Hanseraum ein adeliger Flickenteppich voller Stolperfallen, die am besten mittels Privilegien umschifft wurden.

In Brügge hatten die Hansen schon vor der Grundsteinlegung um 1250 beim Grafen von Holland und Bischof von Utrecht niedrige Wegezölle durchgesetzt und sich vom ungeliebten Strandrecht befreit, mit dem allerorten Schiffbrüchige anfänglich mit Leib und Gut, später allein mit Gut, dem Strandherren oder dem glücklichen Finder zufielen.

Brügge blieb das einzige der vier Hansekontore, in dem die Hanseaten keine exterritoriale Sonderrolle genossen wie im norwegischen Bergen, dem vierten Eckpfeiler. Kurz nach 1250 erhielten sie dort Stadtrecht, durften Höfe erwerben und bauten die *Tyskebryggen*, die Deutsche Brücke. Das Hansekontor prägt noch heute die Ostseite der Bucht Vågen.

Der geballten ökonomischen und politischen Macht der

Hanse standen zersplitterte Territorialfürstentümer gegenüber, eine geschwächte Kurie, die von Oppositionellen in ihren Reihen erschüttert wurde, und meistens eine schwache Krone. So hatte der norwegische König Hakon Hakonsson 1248 an Lübeck appelliert, dringend benötigtes Getreide und Mehl zu liefern. Damit war der Startschuss für die Hanse-Expansion gen Norden gefallen, die Norwegen zeitweise geradewegs zu einer Kolonie des Netzwerkes degradierte. Norwegen blieb angesichts seiner geographischen Lage notgedrungen auf ausländisches Getreide angewiesen. Und wie die Dinge lagen, hieß dies konkret: auf Getreide aus den wendischen Hansestädten. Es war also nicht allein die Schwäche der Privilegiengeber, die selbstverständlich ihrerseits Nutzen aus solchem Handel zogen, sondern auch das schiere Exportmonopol, was die Hanse stärkte.

Das Monopol basierte auf der Gründung Lübecks im Jahr 1143 durch den Handelsstrategen Adolf II., Graf von Schauenburg und Holstein. Gemeinhin wird dies als offiziöses Gründungsdatum der Hanse angesehen. Viele Kolonisten kamen aus Westfalen und dem Rheinland, was später für gute, jedenfalls familiäre Verbindungen in dem weiten Netz der Hanse sorgte.

Bald sollte diese erste »deutsche« Hafenstadt an der Ostsee, wie Köln, so etwas wie eine Hauptstadt der Hanse werden. In beiden Städten lagern heute die wichtigsten Dokumente des Bundes, im fabelhaften Stadtarchiv in der Kölner Severinstraße die Materialien aus Brügge. So wie Köln der Hanse den Weg nach Westen öffnete, verschaffte Lübeck ihr den Zugang nach Osteuropa.

Legten die seefahrenden Kaufleute aus dem Norden und vom Rhein, die durch die stürmische Nordsee nach Flandern und England fuhren, den Kurs für die Hanse, waren es im Osten zunächst die Gotlandfahrer. Die Insel Gotland mit ihrer Hafenstadt Visby lag im Zentrum des Handels zwischen Westeuropa, Skandinavien und den Ostseeländern. Um 1100 taten sich Kauffahrer zu einer Gemeinschaft der Gotlandfahrer zusammen und drangen in den skandinavisch beherrschten Handel mit Russland ein. Dieser schlichte »Bauernhandel« – wie in der Entstehungsphase der Hanse taten sich junge Männer nebenberuflich für eine Schifffahrt zusammen – war dem modernen kapitalstarken Genossenschaftswesen der Hansen nicht gewachsen. Visby und Gotland wurden zu einer deutschen Kolonie.

Das »Deutsche Reich« – eine solche offizielle Bezeichnung gab es damals noch nicht – endete lange Zeit an der Elbe. Karl der Große hatte die christliche Expansion gen Osten begonnen. Er soll im Jahr 805 eine Heeresabteilung auf Schiffen elbaufwärts bis Tangermünde geschickt haben. Später stand in der heute »mittelalterlich« wie im Bilderbuch wirkenden und von Theodor Fontane (»Grete Minde«) verewigten Hansestadt eine Burg des christlichen Markgrafen, von der er auf die Elbniederungen und Ringburgen andersgläubiger Slawen herabschauen und gelegentlich über eine der wenigen Furten des Flusses Handel treiben konnte. Tangermünde wurde wie Magdeburg und später Hamburg zu einem der Stützpunkte der Missionierung der Sachsen und Slawen mit Wort und Schwert und damit der deutschen Ostexpansion.

In Europas Osten zog es nicht allein den eroberungswilligen christlichen Feudaladel, sei es aus religiösen, räuberischen oder dynastischen Gründen, um einen eigenen Territorialstaat aufzubauen, sondern auch Bauern und Handwerker aus Sachsen, Thüringen, Westfalen, Friesland, Flandern und Wallonien wanderten ein. Die allgemeine Überbevölkerung in der Heimat trieb zweit- und drittgeborene Söhne ohne Erbschaftsanspruch fort, andere flohen vor feudalen Drangsalierungen oder vor den Abgabepflichten.

Im zunächst nur dünn besiedelten Osten ging es zu wie Jahrhunderte danach bei der Eroberung des amerikanischen Westens: Raub und Mord wechselten sich mit Zeiten und Regionen ab, in denen zwischen Einwohnern und Eindringlingen friedliche Koexistenz herrschte oder man sich gar nicht begegnete. Deutsche wie slawische Feudalherren begünstigten die Einwanderung mit der Bereitstellung von Land, mit Privilegien und persönlichen Freiheiten. Für viele »Westdeutsche« war die Besiedelung des Ostens also ein lukratives Angebot.

Um 1200 war bereits Mecklenburg niederdeutsch besiedelt. Ab 1230 war es der Deutsche Orden, der den Vorstoß nach Ostpreußen, Livland, Litauen und mit seiner äußersten Spitze bis an den finnischen Meerbusen anführte. Bayern und Rheinländer gelangten derweil nach Böhmen, Mähren, Schlesien, nach Tirol und bis Ungarn und Siebenbürgen, wo der Deutsche Orden ebenfalls die Menschen christianisierte, und stellten sich – wie Henri Pirenne es anschaulich formuliert – »über oder

Deutscher Orden

Nach den Templern und Johannitern ging vor 1200 der dritte große europäische Ritterorden aus einem Hospital im Heiligen Land hervor, das niederdeutsche Kaufleute gegründet haben sollen – der »Orden der Brüder vom Deutschen Haus Sankt Mariens in Jerusalem«, kurz Deutscher Orden genannt. Kaiser, Papst und Fürsten förderten diesen Ritterorden. Geschenkte Provinzen besaß der christliche Orden im römisch-deutschen Reich und im ganzen nördlichen Mittelmeerraum. Das Zentrum des Ordens lag lange in Venedig, das über Brügge gute Geschäftsbeziehungen in den Hanseraum unterhielt.

Der Deutsche Orden verband mönchische Gelübde, wie Keuschheit und persönliche Besitzlosigkeit, mit dem »gerechten Krieg« gegen alle Andersgläubigen, die sich nicht »bekehren« ließen. Der Ritterorden eroberte Preußen und das Baltikum, gründete dort einen Ordensstaat sowie 1255 die Hansestadt Königsberg und rief regelmäßig Ritter bis nach Portugal zum »Heidenkampf« in den Osten – »mit den Mitteln der Zeit«, wie Universitätsprofessor Jürgen Sarnowsky verharmlosend meint. Winter für Winter zogen Rittergruppen verheerend durch das frostige Land. Litauens Sümpfe waren für die schwere Reiterei nur zugefroren passierbar. Christianisiert wurden die Litauer allerdings nicht durch die Kreuzritter, sondern durch das Bündnis mit dem bereits katholischen Polen. Dies raubte dem Deutschen Orden eigentlich seine Legitimation, nämlich den Heiden Christus nahezubringen.

Als ein polnisch-litauisches Heer die Ritter des Deutschen Ordens 1410 bei Tannenberg vernichtend schlug, verlor der Orden an politischer Bedeutung. Dem Handel der Hanse schadete dies nicht wirklich. Längst war die Hanse, die zwar mit dem Deutschen Orden »kooperiert« hatte, so Ordenskenner Sarnowsky, zu einer Großmacht aufgestiegen, die den Niedergang der Regionalmacht Deutscher Orden verkraften konnte.

neben die slawische Urbevölkerung«. Hier sieht man die Wurzel bis heute schwelender Konflikte.

Im ganzen Ostseeraum wurden in dieser Zeit neue Hansestädte von dem niederdeutschen Netzwerk gegründet: Rostock (1218), Stralsund (1234) und Danzig (Gdansk, 1230), das eines der letzten führenden Hanse-Aktivisten sein wird, Elbing (Elblag, vor 1238), Königsberg (Kaliningrad, 1255), Riga (1201) und dahinter Reval (Talinn), welches ein Vorläufer des Deutschen Ordens 1227 von den Dänen eroberte, die kurzzeitig der Hanse-Expansion an ihrem Hausmeer Paroli boten.

Der Deutsche Orden sollte neben der Großbauernrepublik Dithmarschen die einzige nichtstädtische Institution in der Hanse werden. Der aristokratische Orden vermittelte gelegentlich gegenüber fürstlichen Herrschern in England, Frankreich und Burgund. Gleichzeitig landete die Hanse an der schwedischen Küste und richtete sich in Stockholm bis ins 17. Jahrhundert häuslich ein, dominierte den schwedischen Außenhandel und den lebenswichtigen Heringsfang vor der Insel Schonen.

In vorgeschobener Position, innerhalb einer nicht unterworfenen oft »heidnischen« Bevölkerung, an der Küste eines Meeres, das bis vor kurzem noch die Wikinger beherrscht hatten, musste ein starkes Bündnis die weite feindliche Ausdehnung absichern. Um 1230 schloss Lübeck mit dem kleineren Nachbarn Hamburg einen Freundschaftsvertrag, vereinigten sich beide mit den jungen baltischen Städten zu einer gleichsam offiziellen Liga, in die auch die Nordsee- und Binnenstädte des Westens eintraten. Damit war die Gründung der sogenannten Städtehanse vollzogen.

Mit der Ostexpansion der Hanse wurden gleich zwei Quasi-Monopole geschaffen. Die Schifffahrt durch den dänischen Sund, über den stürmischen Schiffsfriedhof Skagerrak hinweg und entlang der Jammerküste bis Horns Riff vor Esbjerg war eigentlich zu riskant. Folglich wurden fortan fast alle wertvollen Ost-Waren in Lübeck angelandet und auf dem Landweg nach Hamburg oder ab 1398 durch den Stecknitzkanal transportiert. Der hansische Stecknitzkanal überwand erstmals in Europa eine Wasserscheide.

Neben dem Wegemonopol verfügte die Hanse fortan über ein Warenmonopol. Für England und Flandern war das Getreide aus Mecklenburg, Pommern und Preußen lebenswichtig. Gleiches galt für Holz, das in den baumarmen Niederlanden ebenso kostbar war wie im abgeholzten England (dessen grasgrüne Hügellandschaften heute den Touristen als typisch gelten). So lieferte die Hanse beispielsweise auch das Holz für die gefürchteten Langbogen der Engländer, mit denen sie im Hundertjährigen Krieg französische Ritter noch auf achtzig Meter tödlich treffen konnten. Die erste bedeutsame Auseinandersetzung in diesem Abnutzungsscharmützel um den französischen Thron fand übrigens vor Sluis statt, dem Hafen von Brügge. Diese Seeschlacht gewannen die Engländer aufgrund ihrer überlegenen Bogentechnik. Über 160 der 190 französischen Schiffe wurden mit Mann und Maus versenkt.

Damit überhaupt die hölzernen Kriegsschiffe gebaut werden konnten, brauchte Westeuropa nicht allein Holz, sondern auch Holzprodukte wie Pech aus dem hansischen Ostseeraum, um die Bordwände wasserfest abzudichten. Neben Holz, Pech und Getreide war die Hanse für seine Kundschaft unersetzlich als Lieferant von konserviertem Fisch, gesalzenen Matjesheringen und getrocknetem Stockfisch, noch heute in Griechenland ein Festtagsessen. Die quasi industrielle Fischverarbeitung fand im Hanseraum statt. Die Bedeutung von Matjes und Stockfisch erklärt sich aus dem Glauben der Zeit: Fleischlose Freitage, siebenwöchige Fastenperiode nach Aschermittwoch und die ebenfalls fleischlose Zeit nach der Martinsgans im Herbst summierten sich auf weit über hundert Fastentage im Jahr. Konservierter Fisch, wie auch die von der Hanse gelieferten Hülsenfrüchte, waren bis weit ins Binnenland hinein existentiell wichtige Nahrungsmittel. Echte Massengüter, auf die allein die Hanse in den notwendigen Mengen zugreifen konnte. Um 1400, so Schelzel, wurde die Hälfte der Transportleistung der Hanse im Ost-West-Verkehr nach Flandern und England eingesetzt.

Das erklärt auch die eingangs geschilderte Ausnahmestellung der Hanse im Welthandelszentrum Brügge. Für die Stadt waren Korn und Getreide aus dem Ostseeraum überlebenswichtig, denn die alten Marschböden Flanderns, welche Generationen von Menschen dem Meer mühsam abgetrotzt haben, waren – im Unterschied zu den historisch jungen Seemarschen beispielsweise an der schleswig-holsteinischen Nordseeküste – zu tonig und moorig, um die rasant wachsende Bevölkerung in der Boomregion zu ernähren. In der Fastenzeit aßen die *Brüggelin-*

ger daher Stockfisch aus Bergen, und ihre Schiffe dichteten sie mit Teer aus Nowgorod ab.

Dem Lieferanten dieser und weiterer unentbehrlicher Rohstoffe, der Hanse, räumte Brügge im Gegenzug Privilegien ein, die laufend fortgeschrieben wurden: Die Hanse war weitgehend vom Zoll befreit und profitierte vom Stapelrecht, das auswärtige Händler und Handwerker zwang, ihre Waren tagelang exklusiv in Brügge an die internationalen hansischen Fernhändler zu verkaufen.

Dieses Doppelmonopol auf Weg und Ware ließ die Hanse zu einer Großmacht aufsteigen und machte europäische Fürsten und Könige für die Extrawünsche der Hanse überaus gefügig.

Der Hanse-Komplex

»Der innere Zusammenhalt der Hansestädte war nie besonders groß und auch von keiner Seite gewollt«, schreibt Manfred Schelzel. Solche Stimmen wurden und werden in der Forschung immer wieder laut. Die mächtige Hanse also nur ein Trugbild der Nachwelt? Ein Bild, das nicht allein durch das zeitweise dünne Quellenmaterial erzeugt wird. So heißt es in einem Schreiben von 1450 an den englischen König, in dem die Hanse ihm eine Mitgliederliste verweigerte, die Begründung, »dat de stede van der hense sin wol en corpus in etliken vreindscoppen un de verbintnissen, darinne se myt en overen komen« – die Hanse ist ein Körper, der aus etlichen Freundschaften und Bündnissen bestehe. Der ehemalige Leiter des Archivs der Hansestadt Lübeck, Ahasver von Brandt, befand, die Hanse sei »molluskenhaft« wie ein Weichtier gewesen.

Und in der Tat sollte nicht ein für alle mal festgeschrieben werden, wer Hanse war. So gab es keinen festen Kreis von Hansestädten und auch keine Mitgliederliste. Die Hanse war eben keine klassische Organisation, kein Konzern und auch kein Staat. Doch trotz wenig formalisierter Verträge und loser Kooperationen war der innere Zusammenhalt kräftig und zäh. Bis zum 14. Jahrhundert hatte sich ein Netzwerk aus geschäftlichen, freundschaftlichen und familiären Verbindungen über den größten Teil Europas gelegt. »Der Handel der Hansekaufleute war wie ein modernes ökonomisches Netzwerk organisiert«, sagt Professor Hammel-Kiesow. »Er brauchte keine Hierarchie, war ein offenes Gebilde mit einer schlanken Organisation.«

Der ökonomische Erfolg führte zum politischen. Ein Staat im modernen Sinne existierte nicht. Die Zentralgewalt wollte und konnte sich keinen umfangreichen Beamtenapparat leisten, arrangierte sich mit den lokalen Machthabern und überließ ihnen die »Herrschaft vor Ort« (Wolfgang Reinhard). Diese gingen ähnlich vor und überließen ihrerseits den oberen Ständen in den Städten und Landgemeinden eine gewisse Selbstverwaltung. Nur wenn die Ordnung gestört wurde oder Steuern und Abgaben ausblieben, griff die höhere Instanz ein und demonstrierte mit militärischen Schlägen ihre Autorität – eine Form der »indirekten Herrschaft«, die später die imperialen Mächte um 1900 in ihren Kolonien praktizierten. Zunächst einmal schaffte die indirekte Herrschaft die Lücken für den politischen Aufstieg der Patrizier.

Sie, die erfolgreichen Fernhandelskaufleute, wuchsen zur städtischen Oberschicht heran und regierten die Städte, häufig im Bündnis mit den Zünften und später den wiedererstarkten feudalen Gewalten. Die übergroße Mehrzahl der Einwohner der Städte blieb dagegen ohne politische Macht. Darum ist der von der alten Hanseforschung hervorgehobene Wandel von der Kaufmannshanse zur Städtehanse nichtig, auch die »Städtehanse« war sozial und politisch letztlich eine Kaufmannshanse.

Das dezentrale, nicht hierarchische soziale Netzwerk »Hanse« bestand aus einer Vielzahl zentraler Knoten. Von diesen Knotenpunkten aus verlief das Beziehungsgeflecht sternförmig in die jeweilige Region hinein; eine neuartige Organisationsstruktur und zeitlos modern. Dieses *Hub-and-Spoke-* bzw. Nabe-Speiche-System durchzieht heute die ganze Logistikindustrie, Verkehrs- und Computersysteme. Typisch für die Hanse war die Mehrfachzuordnung der jeweiligen Knoten und Unterknotenpunkte, und typisch war auch, dass die Verbindungslinien nicht zum Kommandieren von A nach B genutzt wurden, sondern kommunikativ von A nach B und von B nach A.

Mit den aufstrebenden Städten und den Neugründungen im Osten wurde der nur alle paar Jahre stattfindende Hansetag zum obersten Organ. Dies war die einzige gemeinsame Institution der Hanse. Das Netzwerk verfügte über kein Staatsgebiet, besaß nicht einmal ein Siegel, und zumindest bis in ihre Spätphase verfügte die Hanse über kein Personal, keine regelmäßigen Geldquellen, keine permanente Flotte, kein stehendes Heer. Auf der *Tagfahrt* – dem bundesweiten Hansetag – verhandelten die Entsandten über Handelsverträge, über Auseinandersetzungen mit ausländischen Städten oder Herrschern, über Krieg und Frieden. Bei Konflikten zwischen Hansestädten versuchten wochenlang dauernde Hansetage zu vermitteln.

Aber längst nicht alle »Mitglieder« kamen. Vor allem kleineren Städten waren die Reisekosten zu hoch, und so repräsentierten *Vororte* ihre jeweilige Region bundesweit. Münster etwa vertrat die Städte Coesfeld und Warendorf, die wiederum gegenüber Münster für Vreden, Bocholt, Borken, Dülmen und Haltern sprachen sowie für Rheine, Telgte, Werne, Ahlen und Beckum. Auf lokalen Hansetagen bereitete diese Städtegruppe den großen Hansetag vor.

Aus Münster reiste alsdann eine Delegation zum Hansetag nach Lübeck oder in eine andere Hansestadt, mit Aufträgen »ihrer« Städte versehen, und verhandelte mit den Partnern. Sollte es zu einem Beschluss kommen, musste dieser einstimmig gefasst werden, in dem eingeschränkten Sinne, dass keiner dagegen sprach. Dieses *Schweigen* lebt übrigens im heutigen Handelsrecht als juristische Figur weiter. In *Rezessen*, schriftlichen Protokollen, wurden Ergebnisse der Treffen festgehalten, aber keineswegs festgeschrieben, denn abschließend mussten noch alle einzelnen Bürgerschaften und Räte der betroffenen Städte zustimmen. Solche einstimmigen Beschlüsse entsprachen durchaus dem Geist der Zeit, das Mehrheitsprinzip spielte noch keine Hauptrolle. Münster rief dazu erneut einen lokalen Hansetag ein, um die zentralen Hansetag-Beschlüsse abzusegnen. Städte, die einen unangenehmen Beschluss befürchteten, blieben der Versammlung gelegentlich fern.

Lokale und regionale Hansegruppen wurden häufig für ihre eigenen Interessen aktiv, ohne dass bundesweit Beschlüsse gefasst wurden. Wer es jedoch zu arg trieb und sich dem Netzwerk in den Weg stellte, wurde *verhanst*, also ausgeschlossen. So geschah es Münster, Bremen und Köln. Meistens kehrten *verhanste* Städte reumütig und unter Zahlung einer Strafe ins gemachte Nest zurück. Mit *Verhansung* reagierte die Hanse auch auf den Sturz eines patrizischen Rats durch Zünfte oder proletarische Einwohner. Ein Aufruhrstatut schützte ab 1418 die alten Räte aus der Honoratiorenschicht vor Aufständen von zünftigen Handwerksmeistern oder von der Masse der Einwohner.

Zwischen den zentralen Hansetagen und den regionalen Treffen baute die Hanse zeitweilig eine Zwischenebene ein, die *Quartiere*. Zunächst waren es nur drei: Das erste Drittel umfasste die wendischen, sächsischen, pommerschen und brandenburgischen Städte, mit Lübeck als *Hauptort*. Das zweite Drittel wurde von Dortmund, später Köln geleitet. Ihm gehörten die westfälischen, rheinischen und die preußischen Städte an, Letztere wohl aufgrund der vielen Auswanderer dorthin. Das gotländisch-livländisch-schwedische Drittel schließlich hatte anfangs Visby, später Riga zum *Vorort*. Später kam es zu einer Vierer-Aufteilung, eben den *Quartieren*. Davon profitierten Danzig und Braunschweig.

Dank dieses politischen Modells kam die Hanse insgesamt und im gewöhnlichen Handelsalltag ohne eigene Bürokratie aus – ganz anders als der zeitgenössische Deutsche Orden oder die heutige Europäische Union. Die Kosten für Kriege und andere gemeinsame Unternehmungen wurden durch ein *Pfundzoll* aufgebracht, eine Abgabe nach Gewicht, die zahlen musste, wer in einen Hansehafen einfuhr. So zahlte nur, wer potentiell den Nutzen hatte. Die vier Kontore Brügge, Bergen, London und Nowgorod, die Botschaften der Hanse, wurden von den durchreisenden und ansässigen Kaufleuten finanziert, aus deren Reihen die Ältermänner gewählt wurden, die zugleich Verwalter und Diplomaten waren.

Wie spätere Maritime Komplexe war die Hanse ein Gebilde mit eigenen wirtschaftlichen, sozialen und politischen Interessen. Teile des Staates und der Ökonomie sowie das noch kaum entwickelte Militär verbündeten und vernetzten sich. Dieser Komplex grenzte sich ab gegen andere soziale Gruppen in der Gesellschaft, gegen nichthansische Städte und gegenüber »ausländischer« Konkurrenz. Doch wusste sie, mit wirtschaftlichen, politischen und diplomatischen Mitteln Druck auf fremde Mächte zu erzeugen, verbündete sich selbst mit Gegnern, wie Fürsten und Klerus, und verfügte über einen starken militärischen Arm.

Krieg und Frieden

»Gar leicht ist das Fähnlein aufgezogen, aber nur schwer in Ehren herabgeholt.« Mit diesen Worten warnte der Lübecker Bürgermeister Heinrich Castorp seine Hansegenossen davor, die Fahne des Krieges leichtfertig zu hissen. Im Allgemeinen hielt man sich zwischen Köln und Königsberg an Castorps Rat. Was für ein Kaufmann-Netzwerk zunächst einmal als naheliegend erscheint, war angesichts feudaler Gewalten und streitlustiger Zeiten nicht selbstverständlich. Trotzdem gehörten Handel und Krieg für die Hanse zusammen.

Zur Durchsetzung ihrer Ziele setzte die Hanse zuerst auf eine abgestufte Eskalation mit ökonomischen Mitteln. Sie verbot den Handel mit einzelnen Warengruppen, setzte Handelsboykotte gegen missliebige Konkurrenten und Partner durch, blockierte Häfen oder schloss Kontore, um sie in konkurrierenden Städten neu zu eröffnen. So verlegte die Hanse sieben Mal ihr Kontor aus Brügge, unter anderem nach Utrecht und Antwerpen. Erst nachdem die Streitigkeiten mit Flandern über Handelsreglementierungen oder Privilegien jeweils beigelegt waren, kehrte die Hanse Jahre später wieder nach Brügge zurück.

Kurzum: Die Hanse schwächte mit kommerziellen Mitteln die Wirtschaft des Gegners und zwang ihn zum Einlenken. Entsprechend abgestuft setzte sie gleichzeitig auf politischen Druck und auf die Diplomatie ihrer Ratsherren und Gesandten. In solchen Fällen operierte die Hanse wie ein Staat oder ein Staatenbund. Konnte sich die Hanse politisch nicht durchsetzen, griff sie zum Mittel des Krieges.

Dabei hat die Hanse niemals über ein stehendes Heer oder eine ständige Kriegsflotte verfügt. Stehende Heere wurden erst nach dem Dreißigjährigen Krieg in Europa üblich, und speziell für militärische Zwecke konstruierte Schiffe wurden erstmals im 15. Jahrhundert entwickelt. Im Kriegsfall rüstete man normale Handelskoggen und Fischereifahrzeuge militärisch auf und bemannte sie mit wehrpflichtigen hansischen Bürgern sowie Söldnern. Die Größe der Aufgebote handelten die einzelnen Bundesstädte, die sich an einem Kriegszug beteiligten, untereinander aus.

Gestritten wurde auf hoher See wie an Land. Die feindlichen Schiffe legten sich Bord an Bord, und man suchte den Kampf

Handelskrieg: Sieg der Hanse über die Dänen vor der Warnow-Mündung 1234; Ölgemälde von Alexander Kircher, undatiert.

Mann gegen Mann. Erst im 15. Jahrhundert ersetzte die Kanone als weittragende Waffe Bogen und Armbrust. Kanonen, Kugeln und Waffenmeister aus dem Hanseraum wurden europaweit zu einem Verkaufsschlager.

»Der Schiffsbestand, auf den die Hanse im Kriegsfalle zurückgreifen konnte, war sehr beachtlich«, meinen Konrad Fritze und Günter Krause. Auf dem Gebiet der Schiffbautechnik hatte die Hanse in ihrer Aufstiegsphase einen bedeutenden Vorsprung im Nord- und Ostseeraum errungen. An den Stränden der Hansestädte blühte das Schiffbauhandwerk, allein in Stralsund zählten später Historiker dreizehn größere und kleinere Werften. Die hansische Handelsflotte wird auf rund tausend Schiffe geschätzt, alles potentielle Kriegsschiffe.

Auch im Kriegshandwerk kannte die Hanse Eskalationsstufen. Statt eine komplette Hanseflotte kostspielig auszurüsten, wurden zunächst einige professionelle Freibeuter angeheuert. Deren Anführer waren erfahrene Kapitäne und Söldner, die sich mit Kaperbriefen ausstatten ließen, um bei den Kontrahenten der Hanse reiche Beute zu machen. Solche Seeräuber operierten aus Sicht des jeweiligen Auftraggebers legal und preiswert, da sie sich weitgehend selbst finanzierten. Ein durchaus übliches Verfahren im späten Mittelalter, dem England seinen Aufstieg zur Seemacht zu erheblichen Teilen verdanken sollte. So suchte 1428 und 1429 ein im Dienst der wendischen Hansestädte um Lübeck stehendes Freibeutergeschwader ausgerechnet das norwegische Kontor Bergen zweimal mit Überfällen heim. Die Stadt wurde niedergebrannt, nachdem die Angreifer eine »unermessliche Beute an Fleisch, Butter, silbernen Kleinodien, Tuchen und Geld« auf ihre Schiffe gebracht hatten. Das Massaker war möglicherweise ein ungeplanter Kollateralschaden im Krieg gegen Dänemark-Norwegen. Obwohl die angeheuerten Freibeuter dazu neigten, politisch aus dem Ruder zu laufen, bediente man sich ihrer, denn sie dienten taktisch dazu, die Seetransporte des Gegners, die man nicht gänzlich unterbinden konnte, zu stören. Im 20. Jahrhundert übernahm diese Rolle die amtliche U-Boot-Waffe.

Da auch die gegnerische Seite Freibeuter einsetzte, wurden die Schiffstransporte der Hanse zu Konvois mit wenigstens zehn oder zwanzig Schiffen zusammengefasst und mit Bewaffneten bestückt. Woraufhin sich die Freibeuter ihrerseits zu größeren Verbänden zusammenfanden. Gleichzeitig wurden Kriegsflotten von der Hanse losgeschickt, um fremde Freibeuter, Piraten wie Klaus Störtebeker oder auf private Rechnung fahrende Seeräuber zu bekämpfen und die überschaubare Zahl von blauen Schnellstraßen in der Nord- und Ostsee freizuhalten. Verbände von 40 bis 50 Schiffen und mehreren tausend Kriegsleuten an Bord waren üblich; angeblich soll eine hansische Kriegsflotte sogar einmal über 200 größere und kleine Schiffe gezählt haben.

Im Unterschied zum Kaperkrieg setzt die Seeblockade eine maritime Herrschaft in einem bestimmten Gebiet voraus. Die erste Seeblockade errichtete die Hanse 1284 gegen Norwegen. Kein Schiff mit Getreide erreichte mehr einen norwegischen Hafen, kein Schiff konnte mehr ausfahren. An dieser Blockade beteiligten sich Schiffe aus der Ost- und Nordsee, von Reval bis zur Rheinmündung. Bald räumte Norwegen der Hanse die gewohnten Monopol-Privilegien wieder ein.

Auch amphibische Operationen unternahm das Handelsnetzwerk. So versammelten sich Ende April 1362 im Libben, einer Art Bucht zwischen Rügen und Hiddensee, 27 Koggen und 25 kleinere Schiffe. Die annähernd 3000 Mann an Bord, kommandiert vom Lübecker Bürgermeister Johann Wittenborg, sollten Kopenhagen und sein Schloss erstürmen und plündern. Dabei wurde des Königs Sohn von einem Steingeschoss aus Lübecker Wurfgeschützen getötet. Selbst die Turmglocken raubten die Hanseaten und verfrachteten sie nach Lübeck. Vorausgegangen war ein Angriff des dänischen Königs Waldemar IV. Atterdag auf die Hansehochburg Visby auf Gotland. Atterdag hatte die hansischen Privilegien vor allem auf der Heringsinsel Schonen, von der aus halb Europa mit konserviertem Fisch beliefert wurde, kappen wollen.

Es folgte ein jahrelanger Waffenstillstand. Der dänische König, so jedenfalls die Sicht der Hanse, schikanierte trotzdem den Handelsverkehr – bis 1367. Dann traf sich im November ein Hansetag in Köln. Der »Kölner Konföderation« traten 57 Städte von Preußen bis zur Zuidersee, darunter Amsterdam, bei. Wie bei anderen Gemeinschaftsaufgaben des Bündnisses wurde ein *Pfundzoll* erhoben, als Kriegsabgabe, die jedes Schiff zahlen musste, das einen hansischen Hafen anlief.

In diesem Krieg verlor die Hanse zwar Schlachten, aber sie blockierte den Sund und Dänemarks Hauptstadt und nahm schließlich in einem mächtigen Feldzug die Städte Malmö, Falsterbo, Trelleborg und Ystad ein. Am 24. Mai 1370 willigte die unterlegene nordische Großmacht nach einem dreijährigen Krieg in den Frieden von Stralsund ein. Nach zwei Dutzend Verhandlungstagen zwischen hansischen Bürgern und dänischen Aristokraten stand das »Versailles« für die Dänen fest: Den Hansen wurde völlige Handelsfreiheit in Dänemark und auf Schonen zugesichert, die vier wichtigsten Festungen der Dänen wurden der Hanse übergeben und ihr wurde Einfluss auf dänische Königswahlen zugestanden (den sie wohl nie direkt wahrgenommen hat). Dänemark zahlte außerdem eine Kriegsentschädigung. Die Ostsee gehörte fortan der Hanse.

Als der Lübecker Bürgermeister Heinrich Castorp seine Hansegenossen warnte, die Fahne des Krieges zu hissen, befand sich die Hanse gerade im Krieg mit England. Die aufstrebenden englischen Handelsbürger wollten die Hanse schwächen. 1447 entzog der englische König den Hanseaten alle Privilegien, eine hansische Baiensalzflotte wurde gekapert, Lübeck verlor sechzehn und Danzig vierzehn große Schiffe, und der *Stalhof* der Hanse in London wurde geplündert. Die Hanse konterte mit eigenen Kaperschiffen, und mehrere Städtegruppen rüsteten starke Flotten aus.

Die Hanse konnte auch in diesem Krieg ihre Ziele erreichen. Im Utrechter Frieden wurden ihre Privilegien und Rechte in England erneuert, erhielt sie den *Stalhof* sowie ihre Niederlassungen in Boston und Lynn zurück und wurde für die erlittenen Verluste mit einer ansehnlichen Summe entschädigt.

Diplomatie und Politik waren jedoch nicht allein in dieser Auseinandersetzung wirksamer als der reine Seekrieg. Trotzdem, Blockade, Seeüberwachung und Konvoifahrt in großem Stil halten Militärtheoretiker für Neuerungen, die von der Hanse in die »Seekriegskunst« eingeführt wurden und bis in die Gegenwart als zeitgemäß gelten. So sicherten Jahrhunderte später die Alliierten in den beiden Weltkriegen mit Konvois unter Geleitschutz die Versorgung Großbritanniens gegen die deutschen U-Boote ab; und zum Schutz vor Piraten in Afrika und Asien ist die Frage von Handelskonvois für Reeder und Militärfachleute heute wieder aktuell geworden.

Der Niedergang

»Und war der Krieg schrecklich auf dem festen Lande, so war er noch viel fürchterlicher auf dem Meere«, klagt Wilhelm Raabe in »Die schwarze Galeere«. Im 15. Jahrhundert hatte die Hanse zunehmend – und weitgehend erfolgreich – versucht, ihre privilegierten Märkte in Westeuropa militärisch durch Kaperkriege und Schlachten in der Nordsee, im Ärmelkanal und im Atlantik abzusichern. Im folgenden 16. Jahrhundert nahm die Zahl der Seeschlachten insgesamt sogar noch zu. Das trotzdem nur sporadische Kriegsgeschehen verlagerte sich nun in die Ostsee und damit in den strategischen Rückraum der Hanse, aus dem sie ihre wichtigen Transportgüter bezog und auf dem ihre ökonomische Überlegenheit gegenüber Königreichen basierte. Hauptsächlich die jungen Seefahrernationen Holland und England versuchten wiederholt, ins Heimatmeer der Hanse einzudringen, und gefährdeten das Monopol. Letztlich waren die Eindringlinge nicht aufzuhalten. Die Hanse, wenngleich viele ihrer Mitglieder wirtschaftlich erfolgreich blieben, musste energisch zurückrudern. Das hatte einen nichtmilitärischen Hintergrund.

Den drei Jahrhunderten des Aufstiegs bis zum Stralsunder Frieden des Jahres 1370 hatte sich ein Jahrhundert des wirtschaftlichen Erfolgs angeschlossen – bis 1492 Christoph Columbus' »Entdeckung« die Welt auch für die Hanse veränderte. Bedrängt von den aufstrebenden Seemächten Portugal und Spanien, später von Holland und England, war es vor allem die neue Geographie des globalen Handels, die alte Privilegien und Monopole zerschlug.

Nur kurze Zeit blühte ein relativer Freihandel, bis die erstarkenden Zentralstaaten das Machtgefüge in Europa verschoben und ab dem 16. Jahrhundert mit ihrem Merkantilismus einen nennenswerten Freihandel bis ins 18. Jahrhundert verhinderten. So gründete der dänische König Christian IV. im März 1617 Glückstadt an der Elbe, um Hamburg handelspolitisch das Wasser abzugraben; und der Londoner Lebemann und Mitarbeiter im Flottenamt Samuel Pepys berichtete in seinem Tagebuch von einem Gesetzentwurf, »nach dem nur noch Textilien aus heimischer Produktion getragen werden dürfen« – ausgerechnet in London, das durch den freien Export von Wolle und von derben Textilwaren erst groß geworden war. Nur vor diesem protektionistischen Hintergrund konnte Adam Smiths Plädoyer für den Nutzen des freien weltweiten Handels und die »unsichtbare Hand« des Marktes als revolutionär anmuten. Sein Werk »Wohlstand der Nationen« erschien erstmals 1776.

Die wichtigsten Handelsströme flossen während des Niedergangs der Hanse nicht mehr durch die Ostsee und das Mittelmeer, sondern kamen aus den amerikanischen Kolonien über den Atlantik in die bisherige europäische Randregion, die iberische Halbinsel. Dahin strömten nun aus Amerika Gold, das als Zahlungsmittel wichtigere Silber und der fast ebenso kostbare Zucker. Auf der Rückfahrt wurden Sklaven als menschliche Waren vor der westafrikanischen Küste an Bord »geladen«. »Einstige Rechts- und Vorrechtspositionen halten sozialökonomischen Entwicklungen und Veränderungen nicht stand«, erklärt Manfred Schelzel den Niedergang der Hanse – und will diesen Hinweis auch auf die heutigen Vormachtbestrebungen im Welthandel und der Weltschifffahrt verstanden wissen.

Die Usancen des Handels änderten sich gleichfalls nach 1492. Die neuen, staatlich geförderten Aktiengesellschaften konnten größeres Kapital aufbringen als die mittelständisch ausgerichteten Hansen. Die englische *Company of Merchants of London trading into the East Indies* hatte über tausend Anteilseigner. Die Hanse glich dagegen der »lockeren Integration« des Deutschen Reiches (Norbert Elias) und hatte im kleinteiligen römisch-deutschen Reich keinen starken Zentralstaat im Rücken wie das Kapital in England oder Frankreich. Die Hanse geriet zudem von innen heraus in die Defensive. Unternehmer, etwa im ostelbischen Adel um die Bismarcks, gingen zur Direktvermarktung über und verkauften ihr Getreide dort, wo die Hanse nicht das Hafenmonopol besaß.

Der Aufstieg der Städte hatte einst Aristokratie und Klerus ins politische Abseits und aufs Land gedrängt. Hansekaufleute und Bürger übernahmen zeitweilig die Macht, bis der wirtschaftlich und politisch wiedererstarkte Adel sein Comeback feiern konnte. Die regional orientierten Fürsten hatten aber kaum Interesse an einem europäischen Handelsnetzwerk. Und auch viele Städte benötigten keine Hanse mehr. Das einigende Band, die gemeinsam erworbenen Handels-, Aufenthalts- und Rechtsprivilegien, verlor an Bedeutung. In Hamburg siedelten portugiesische Juden und holländische Protestanten, die vor der katholischen, spanischen Besatzungsmacht geflohen waren. Binnen kurzem spielten sie mit ihren atlantischen Kontakten im Wirtschaftsleben der Stadt eine wichtige Rolle. Auch englische Kaufleute gründeten eine Handelsniederlassung an der Elbe. So kam Hamburg mit dem neuen atlantisierten Handel gut zurecht und sollte bis 1900 zu Deutschlands Tor zur Welt werden.

Selbst der Ost-West-Verkehr mit der Ostsee nahm ohne Hanse insgesamt noch zu. Davon profitierte Danzig, das gute Kontakte zu Holland und England unterhielt und bald Lübeck überflügelte. Heinz Stoob, Historiker aus Münster, schreibt denn auch von »angeblichen« Niedergangsproblemen und kritisiert den »verbreiteten Fehler« unter den Klassikern der Hanseforschung, aus Lübecks fehlgeschlagenen Versuchen, die Holländer von der Ostsee fernzuhalten, auf einen »katastrophalen Abschwung der wirtschaftlichen Lage« in den Hansestädten zu schließen. Obwohl Lübeck seine zentrale Stellung in der Hanse nicht konservieren konnte, blieb es vom 16. bis zum 18. Jahrhundert wirtschaftlich erfolgreich.

Aber es gab auch eindeutige Verlierer. Dazu gehörte, neben den Kontoren Bergen und Nowgorod, auch Brügge. Aber der

Grund war nicht der Niedergang der Hanse-Organisation, sondern die Versandung des Zwin während des 15. Jahrhunderts. »Wie traurig war die Stadt an diesen Abenden. Mochte die Welt sich woanders rühren und tummeln, ihre Kerzen anzünden und ihren tausendfachen Lärm erschallen lassen ... eine tote Stadt«, dichtete Georges Rodenbach in seiner berühmten Novelle »Bruges-la-morte« (Das tote Brügge), die den Niedergang der Handelsstadt symbolisch umschreibt. Das Brügger Hansekontor wurde 1545 endgültig nach Antwerpen verlegt und für mehr als 100 000 Gulden ein Prachtbau errichtet, den die Stadt zur Hälfte subventionierte. Heutzutage besuchen jedes Jahr Millionen Touristen das schöne Brügge. Der Rückzug des Welthandels aus der Stadt und die folgende Armut hatten danach nur wenige Neubauten erstehen lassen. So blieb das herrliche Ensemble der Metropole des Mittelalters erhalten.

Sind damit nun genügend Gründe für das Ende der Hanse genannt? Dies ist durchaus umstritten. Auf die Atlantikisierung des Welthandels hätten die Akteure möglicherweise ebenso gut mit einem engeren Schulterschluss reagieren können. Warum auch immer, sie taten es nicht. Wie der Anfang bleibt auch das Ende des Seebündnisses nebulös.

Wahrscheinlich haben einzelne kapitalstarke Kaufleute und einzelne Städte für sich außerhalb des Netzwerkes ertragreichere Geschäfte mit den neuen Kolonial- und Großmächten gewittert. Ihnen verschaffte das europäische Wirtschaftswachstum nach dem nur für Deutschland verheerenden Dreißigjährigen Krieg – Holland, England und Italien glänzten in diesem für sie Goldenen Zeitalter – genügend Umsatz.

Die Hanse hatte sich überlebt. Ihre fragile Struktur wurde durch wachsende Interessengegensätze nach innen und nach außen ausgehöhlt. Aber so, wie sich wagemutige Bauernhändler ehedem zur Hanse in einem längeren Prozess geräuschlos vernetzt hatten, löste sich das Netzwerk nun ohne gewaltigen Knall auf. So blieb die Hanse bis zuletzt eine wirtschaftliche und politische Größe in Europa. Im Dreißigjährigen Krieg und während der Verhandlungen zum Westfälischen Frieden in Münster und Osnabrück spielte man immer noch eine (Neben-) Rolle; auf dem letzten Hansetag im Mai 1669 in Lübeck waren dann allerdings nur noch Bremen, Hamburg, Danzig, Rostock, Braunschweig, Hildesheim, Osnabrück und Köln vertreten.

Es sollte bis zum 19. Jahrhundert dauern, bis Deutsche erneut einen Anlauf unternahmen, zu einer Seemacht aufzusteigen. Anders als die Hanse, die trotz ihres militärischen Potentials ihrem Charakter nach vor allem eine Außenhandelsorganisation war, die grundsätzlich den Frieden erhalten wollte, setzte der Maritime Komplex, der im wilhelminischen Kaiserreich entstand, von vornherein auf militärische Stärke.

PASSAGE 1 – EUROPÄISCHE SEEMÄCHTE

Im 14. Jahrhundert hatten »der mittelalterliche Kapitalismus« (Carlo M. Cipolla), der Deutsche Orden und auch die Hanse ihre Höhepunkte erklommen; eine Folge von Agrarrevolution und früher industrieller Revolution. Danach folgte eine bleierne Zeit, in der sich wenig änderte. Bis zur Ära der Revolutionen Ende des 18. Jahrhunderts verschoben sich die Grenzen der Naturbeherrschung kaum, die Menschen hatten »ihre Möglichkeiten nicht einmal voll ausgeschöpft«, stellte Fernand Braudel fest. Die Welt hielt an ihrer Ordnung fest, klebte an der materiellen Kultur der Gewohnheit.

Trotzdem kam Bewegung in die Geschichte. Ein wesentlicher Grund dafür ist Seemacht. Die Seemacht erklärt, warum Europa die Welt besiegte, obwohl es doch vielfach kulturell und technologisch hinterherhinkte. Schwarzpulver und Geldverleih, mechanische Apparate und Buchdruck wurden schließlich in Arabien, China oder Indien entwickelt. Europas frühe industrielle Revolution verschaffte den Kolonialisten eine entscheidende maritime Überlegenheit. Auf »Segel und Kanonen«, so Cipollas Kernthese in seinem gleichnamigen Buch, basierte die ganze europäische Expansion in Amerika, Asien und Afrika.

Moderne Segelschiffe waren geruderten Galeeren, wie sie im Mittelmeer seit der Antike üblich waren, in nahezu allen Belangen überlegen. Mit ihnen konnten wagemutige Männer weit hinaus auf die hohe See fahren und Kontinente neu entdecken. Innovative Segel machten es möglich, geräumigere, schnellere und wendigere Schiffe mit drei Masten zu bauen. Diese konnten eine größere Tonnage tragen, was wiederum eine Bewaffnung mit der schwergewichtigen Artillerie erlaubte. Waren die Koggen der Hanse schon Ungetüme ihrer Zeit, wurden die militärischen Nachfolgemodelle, Karavellen und Fregatten, zu beweglichen Festungen unter Segeln ausgebaut.

Die Seemächte Portugal, Spanien und Holland deckten ihren Rüstungsbedarf nicht allein aus eigener Produktion. Auf Dauer ein strategischer Nachteil gegenüber dem maritimen Neuling England, der kommenden maritimen und globalen Großmacht, die selbst entwickelte, konstruierte und sich dadurch schließlich einen technologischen Vorsprung verschaffte. Die drei nachhansischen Großmächte, die dank des Goldes und den Gewürzen aus ihren Kolonien im Gelde schwammen, importieren die bronzenen oder eisernen Geschütze und die Munition aus den berühmten Werkstätten des Hanseraums, aus Flandern, Deutschland und Schweden. Geschützmeister und Eisengießer wurden von dort angeworben, um Mängel in der eigenen Militärindustrie zu beheben.

15. Jahrhundert. Noch blühte die Hanse im Westen, Norden und Osten, als Portugal, der kleine, aber vorgeschobene südliche Außenposten Europas, das Zeitalter der Entdeckungen und den Beginn der europäischen Expansion eröffnete. Der thronlose Bruder des Königs Johann I., Heinrich der Seefahrer (der kaum zur See fuhr), initiierte die Entdeckungsfahrten entlang der afrikanischen Küste gen Indien. 1415 eroberte seine Flotte die nordafrikanische Festung Ceuta. Die Stadt war siebenhundert Jahre zuvor von moslemischen Arabern eingenommen worden, bevor die Araber auf die spanische Halbinsel zogen und diese für Jahrhunderte besetzten.

Immer weiter tasteten sich portugiesische Seefahrer entlang der westafrikanischen Küste vor und um das Kap der Guten Hoffnung herum. Im Mai 1498 landete Vasco da Gama nahe Calicut (heute Kozhikode) an der Malabarküste – zum ersten Mal hatte ein europäisches Schiff das sagenhafte Indien auf dem Seeweg erreicht. Der direkte Import von Pfeffer, Muskat und anderen Gewürzen auf dem Seeweg nach Europa konnte beginnen. Gewürze waren damals so wertvoll wie Gold.

Sechs Jahre vor da Gama hatte Christoph Columbus – im Dienste des spanischen Königs und finanziert von Freunden und kapitalen Förderern – versucht, den vermeintlich kürzeren Seeweg über den Atlantik nach Indien zu finden. Tatsächlich landete er 1492 auf den Bahamas und auf Kuba und hat Amerika für Europa (wieder-)entdeckt. Bald stahl ihm Amerigo Vespucci die Schau. Nach Amerigo wurde der Kontinent benannt.

16. Jahrhundert. Nach Columbus' Reise teilten Portugal und Spanien im Vertrag von Tordesillas die Welt zu Wasser und zu Lande entlang des 46. Längengrades unter sich auf. Die Idee stammte von Papst Alexander VI. Eine Teilung mit langfristigen Folgen: Noch heute ist Brasilien portugiesisch geprägt, während Argentinien und Chile von den Spaniern kolonisiert wurden.

Die Seemacht Spanien beutete rücksichtslos die Einwohner des entdeckten Kontinents aus – und bereitete damit letztlich seinen eigenen Abstieg vor. Mit dem geraubten Reichtum wurden in ganz Europa Kanonen, Stoffe, Metallwaren und sogar Nahrungsmittel eingekauft und so der europäische Geldkreislauf in Schwung gehalten. »Spanien besaß die Kuh, aber andere tranken die Milch«, beschreibt Eduardo Galeano in »Die offenen Adern Lateinamerikas« das wirtschaftliche Debakel der Kolonisten. Derweil mussten die Kolonisierten, von denen wenige die Conquistatoren überlebten, mit ihrer Arbeit den Import von Sklaven aus Afrika für die künftigen Bergwerke und Zuckerrohrplantagen finanzieren.

Mit den neuen Seewegen riss im Indischen Ozean eine neue Front auf, und die Despoten der arabischen Welt mussten erkennen, dass sie zwischen Europa und Indien in die Zange geraten waren. Ihre aus geruderten Galeeren bestehenden Flotten wurden von den Kanonen der portugiesischen Segelschiffe versenkt. Auch im Mittelmeer übernahmen die modernen Schiffe der Europäer, mit der berühmten Schlacht von Lepanto (1571), die Seeherrschaft.

17. Jahrhundert. Der Aufstand der niederländischen, protestantischen Eliten gegen die katholische Besatzungsmacht der spanischen Habsburger hatte schon 1565 begonnen. Die erste Versammlung der General-Staaten aller niederländischen Regionen war in Brügge zusammengetreten. Die General Staaten waren ein Zusammenschluss der drei oberen Stände Adel, Klerus, Bürger. Der Krieg der beiden Seemächte Spanien und Holland dauerte acht Jahrzehnte und verdrängte letztlich die inzwischen vereinigten Königreiche Spanien und Portugal aus ihrer globalen kolonialen Vormachtstellung auf immer in die zweite Reihe. Die formelle Unabhängigkeit der niederen deutschen Lande, *de nederen duitse landen*, wurde im Westfälischen

Frieden 1648 endlich besiegelt. Die Niederlande trennten sich gleichzeitig mit der Schweiz vom mittelalterlichen Deutschen Reich. Beide Ländern entwickelten sich, wie Frankreich und England, zu modernen Nationalstaaten.

Lange vor Beendigung ihres Freiheitskrieges gegen Spanien-Portugal drang die ständische Republik in das fernöstliche Interessengebiet der feudalen Portugiesen ein und machte ihnen den kapitalintensiven und hochprofitablen Gewürzhandel streitig. 1602 gründeten niederländische Kaufleute die legendäre *Vereenigde Oostindische Compagnie* (VOC). Die private Seemacht VOC war eine der ersten multinationalen Konzerne. Ihr Hauptquartier befand sich auf Java in der Stadt Batavia (lat. Niederlande), heute Jakarta.

Die Ostindien-Kompanie erhielt vom jungen niederländischen Staat Hoheitsrechte, durfte Festungen bauen und Kriege auf eigene Rechnung führen – Verflechtungen von privaten Wirtschaftsinteressen und staatlichen Hoheitsrechten, die es bald auch im britischen Empire geben sollte. Die VOC »dominierte mit staatsgleichen Befugnissen den Handel mit Gewürzen, Textilien, Porzellan, Kaffee, Tee und anderen Luxusgütern und hatte einen entsprechenden gigantischen Bedarf an Arbeitskräften«. Der Bedarf an Seeleuten, Kaufmännern und Chirurgen, so der niederländische Historiker Roelof van Gelder weiter, wurde auch aus deutschen Landen gedeckt. Während aber Deutschland im Dreißigjährigen Krieg, einem konfessionellen Stellvertreterkrieg um die Vorherrschaft in Europa, versank, erblühte im kolonialen Holland das Goldene Zeitalter, unterrichtete der Gelehrte Erasmus von Rotterdam und malten Jan Steen und Rembrandt van Rijn. Zu einer eigenen Gattung entwickelte sich in diesem kapital- und sponsorenstarken 17. Jahrhundert auch erstmals die Marinemalerei als eigene Gattung. Viele Nachfolger des Begründers Hendrick Vroom wechselten später zur neuen maritimen Nummer eins, England, über und entwarfen dort ihre martialischen »Seestücke«.

Englische Kaufleute folgten dem holländischen Beispiel mit der *Company of Merchants of London trading into the East Indies*, um gleichfalls an die Schätze des fernen Orients heranzukommen. Anfänglich wurde nach traditionellem Geschäftsmuster jede Reise einzeln finanziert, was sich aufgrund der langen Reisezeit von etwa drei Jahren, des hohen Kapitalaufwandes und des großen Risikos als heikel erwies. Darum wurde 1657 die englische Ostindien-Kompanie in eine kapitalkräftigere Aktiengesellschaft umgewandelt.

Die lukrativen Märkte für Pfeffer und andere fernöstliche Gewürze konnten die Engländer der noch finanzkräftigeren holländischen Ostindien-Kompanie trotzdem nicht entscheidend streitig machen. So verlegte sich die britische Ostindien-Kompanie auf die Einfuhr hochwertiger indischer Baumwolltextilien – preiswert, günstig, gut – und später auf den Import von Tee aus China. Außerdem verschaffte die Insellage Britannien einen strategischen Vorteil, den es in drei jahrelangen Seekriegen mit Holland trefflich auszuspielen wusste.

England hatte noch zu Beginn des 17. Jahrhunderts als unterentwickeltes Land gegolten, und im Vergleich mit Frankreich oder Spanien verfügte es über weit weniger Einwohner. England blieb zwar vom feudalen Adel geprägt, aber das aufstrebende Bürgertum in Handel, Gewerbe und Landwirtschaft sowie der ökonomisch aktive niedere Adel, die *Gentry*, veranlassten die Krone zu einer raschen Modernisierung ihrer Politik: Das englische Königshaus begann die Schifffahrt zu nationalisieren und von fremden Händlern, wie den Hanseaten, unabhängig zu machen; um die Industrie zu fördern, wurden massenhaft Weber, Handwerker und Wissen aus Flandern angeworben. Englische Könige und Königinnen versuchten, mit ihrem zentralistisch regierten Land, Anschluss an den kontinentalen Kapitalismus zu finden. Heinrich VIII., bekannt für seine sechs Ehen und Gründer der protestantischen Anglikanischen Kirche, ließ als erster Herrscher ein eigenständiges *Navy Office* einrichten, den Vorläufer des späteren Marineministeriums. In der Folge entstand eine auf den Krieg spezialisierte Marine, die weltweit ständig einsatzbereit war. Und diese profitierte von der schwungvollen Entwicklung der Produktivkräfte in England und der dadurch verbesserten Waffentechnik.

Eine solche Professionalisierung der Kriegsmarine gab es im aristokratischen Spanien nicht, und selbst die lange überlegenen Niederländer ließen ihre republikanische Flotte zu »einem Haufen bewaffneter Kauffahrer verkommen«, kritisierte später der amerikanische Seemacht-Theoretiker Alfred Thayer Mahan. Wie einst die Hanse, requirierten Europas Monarchen auf dem Kontinent im Kriegsfall weiterhin Handelsschiffe mit

Besatzung und bezahlten im Gegenzug dafür die Reeder. Maritime Seestreitkräfte sind jedoch ein komplexes Gebilde und vertragen keine Improvisation. Das britische Empire umfasste bald alle sieben Weltmeere.

18. Jahrhundert. Preußens König Friedrich II. wurde zum strategischen Spielball im britischen Seemachtkalkül. Premierminister William Pitt überzeugte das Londoner Parlament, jährlich 675 000 Pfund an Friedrich zu zahlen – eine Summe, so hoch wie das preußische Steueraufkommen. Der Preußenkönig finanzierte damit seinen Siebenjährigen Krieg und verleibte das an Bodenschätzen und Gewerbe reiche Schlesien 1763 seinem Land ein. Preußen wurde Großmacht. Auch für England zahlte sich dieser kostspielige Deal strategisch aus, weil damit der Hauptkonkurrent um die globale Macht, Frankreich, militärisch an den europäischen Kontinent gefesselt wurde. Was aus deutscher Sicht als Aufstieg Preußens erscheint, war für England ein Nebenkriegsschauplatz: Kolonien, Handel und Seemacht des Empire konnten dadurch im 18. Jahrhundert zu einem ersten Höhepunkt aufsteigen.

In einem Mix aus kontinentaler und *Blue-Water*-Strategie gelang es Staatsmann Pitt, durch ein Gleichgewicht der Landmächte Europa wieder zu stabilisieren – und gleichzeitig als Seemacht die weite Welt in Nordamerika und Indien zu beherrschen. Dank seiner Flotte besiegte das kleine England mit seinen 6 Millionen Einwohnern das große Frankreich mit seinen 26 Millionen Menschen und wurde durch den Frieden von Paris 1763 als weltweit dominierende Macht bestätigt.

Dieses erste, merkantile Empire (1607–1783) war keine staatliche Schöpfung, es entstand nicht in den Köpfen von Ministern und Königen, sondern private Handelsgesellschaften in London, wie die Ostindien-Kompanie und Siedler-Aktiengesellschaften, schufen sich weltweit ihre kommerziellen kolonialen Außenposten. Der Staat rüstete sie lediglich mit formalen Privilegien aus.

Bereits die erste Kolonie, der heutiger US-Bundesstaat Virginia, war nicht vom englischen Staat gegründet worden, sondern von einer Gruppe aus Kaufleuten und Gentlemen. Vier Tage vor Weihnachten verließen drei Schiffe unter dem Kommando von Kapitän Christopher Newport den Hafen von Plymouth und erreichten mit kaum mehr als hundert Siedlern im April 1607 die Chesapeake-Bay. Die Eroberer hofften darauf, wie bei früheren Unternehmungen durch Goldfunde und Freibeuterei zu schnellem Reichtum zu gelangen, und erwarteten, von den Einheimischen ernährt zu werden. Der Frankfurter Historiker Peter Wende beschreibt in seinem Buch »Das britische Empire« diese Wechselspiele von privaten Unternehmungen und staatlicher Politik. »Public-Private-Partnership« als Erfolgsmodell einer Weltmacht.

Erst mit Pitt bekam das seegestützte Empire eine neue, eine politische Qualität, wurde es zu einem Reich, das nicht allein Absatzmärkte und Rohstoffimporte weltweit absicherte, sondern auch ferne Länder und Völker beherrschte, seien es die »Eingeborenen« weiter Landstriche des indischen Subkontinents oder seien es französische Auswanderer in Kanada. Die Sonne ging im maritimen Reich des Vereinigten Königreiches niemals unter.

Zwei Jahrzehnte nach jenem Höhepunkt – dem Pariser Vertrag – endete 1783 das erste Empire mit der Unabhängigkeit der dreizehn amerikanischen Kolonien und der Gründung der Vereinigten Staaten von Amerika, den USA. Dagegen blieb das ehemals französische Kanada Teil des zweiten Empire, das von 1784 bis 1914 bestand. Das Schwergewicht des politischen und ökonomischen Interesses Englands richtete sich fortan auf den indischen Subkontinent. Getrieben vom missionarischen Eifer einer »populären Rassenlehre« (Wende) wurden im 19. Jahrhundert auch noch afrikanische Kolonien von Südafrika bis Ägypten »zivilisiert«, und zwar mittels einer »indirekten Herrschaft«, wie sie ehedem die Hanse praktiziert hatte. Diese Globalisierung mit leichter Hand setzte auf die Kollaboration von lokalen Eliten.

Es bleibt umstritten, ob die imperiale Rechnung unterm Strich aufgegangen ist. Gewinnen aus Rohstoffen, Exporten und industriellen Investitionen stehen Kosten für Verwaltung und militärische Sicherung der beiden Empires gegenüber. Seinen Beherrschten hinterließ Britannien Infrastruktur und Englisch als Sprache der Globalisierung, aber auch Monokulturen und Hungerkatastrophen. Millionen Sklaven hat England aus Afrika über See und unter Beteiligung anderer, auch deutscher Handelsflotten »exportiert«. Das politische und moralische

Konto der Briten belasten zudem die Opfer unter den nordamerikanischen Indianern und den Bewohnern Tasmaniens. Auch wenn die Briten vorrangig als Siedler in fremde Länder eindrangen, und nicht wie die Spanier als Ausbeuter übers Meer segelten, starben in Amerika mehr als die Hälfte der ursprünglichen Einwohner. Es war noch kein Jahrhundert nach der Gründung der ersten Kolonie vergangen, und die weißen Einwanderer waren in der Überzahl.

Auch wenn die beiden Empires, die auf maritimer Überlegenheit beruhten, untergegangen sind, so wirken sie doch bis heute fort. Mit dem Nachfolger Commonwealth existiert in Politik, Kultur, Ökonomie und Wissenschaft weiterhin ein globales Netzwerk. Und mit dem zweiten Empire wurde ein Kurs eingeschlagen, der die angelsächsische Neigung zum globalen Finanzkapitalismus erklärt und ohne den der Krieg im Irak, bis 1955 britisches Einflussgebiet, oder die Haltung Londons zur Europäischen Union kaum zu verstehen sind. So erschuf die Seemacht England unsere moderne Welt mit und darf im Unterschied zu den Landmächten Österreich und Preußen noch immer als eine globale Macht gelten.

Flottenprogramm – Aufrüsten für den Krieg

»Wer die See beherrscht,
beherrscht den Handel der Welt,
und wer den Handel der Welt beherrscht,
dem gehören alle Schätze der Welt
und tatsächlich die Welt selbst.«
Sir Walter Raleigh

Der amerikanische Clausewitz

Die US-Kadetten im früheren Armenhaus lauschen dem Referenten Alfred Thayer Mahan mehr oder weniger aufmerksam, wie schon die zähen Wochen und Monate zuvor. Schließlich können sie nicht wissen, dass sie in jenen Tagen des Jahres 1889 der Geburt eines der epochalsten Werke beiwohnen, das je gedruckt wurde.

Mit seinen Lektionen im kleinen Klassenraum auf Rhode Island legt Mahan die Lunte an eine Epoche, die man später die amerikanische nennen wird. Seine Überlegungen sollten so unterschiedliche Staatenlenker wie Theodore Roosevelt, den bis in die zwanziger Jahre führenden republikanischen Außenpolitiker Henry Cabot Lodge oder den deutschen Kaiser Wilhelm II. beeinflussen. Und sie werden zudem maritime Kreise in Japan davon überzeugen, ihr Kriegsglück in der Expansion im Pazifik zu suchen und im Dezember 1941 die US-amerikanische Flotte im Hafen von Pearl Harbor anzugreifen.

Mahan betrieb keine Sophisterei für Marine-Fans, betont ein Jahrhundert später sein Nachfolger im Präsidentenamt des *Naval War College*, Admiral Jacob L. Shuford: »Mahans Analysen bereiteten den Weg für die wachsende globale Rolle der Vereinigten Staaten im späten 19. Jahrhundert.«

Als Mahan die Schule, seine Schule, das erste Mal 1886 betrat, war die US-Marine kaum zu mehr in der Lage, als in den seichten Küstengewässern vor Neuengland zu kreuzen. Erst die strategisch wichtigen Erfolge der kleinen Nordstaaten-Marine im Sezessionskrieg bis 1865 hatten langsam ein neues Denken unter Politikern und Militärs bewirkt. Es dämmerte der jungen Republik: keine Macht ohne Flotte! Diese Erkenntnis wurde zum Kernelement in Mahans verzweigtem Lehrgebäude. Dennoch vergingen knapp zwanzig Jahre, bis Marineminister Chandler im Oktober 1884 endlich die »Generalorder 325« unterschrieb, die Gründungsakte der Marineakademie. Zunächst residierte das *Naval War College* überaus bescheiden im alten, heruntergekommenen Armenhaus von Newport, heute ist es im weiß getünchten Gründerhaus das amerikanische Marinemuseum untergebracht.

Mahan, dem »Clausewitz der See«, ging es um weit mehr als um eine Kriegsgeschichte. Als frischer Absolvent der US-amerikanischen Militärakademie *West Point* war er 1861 in den amerikanischen Bürgerkrieg gezogen und hatte Mitte Zwanzig eine mehrjährige Reise angetreten, die ihn zwar nicht um die Welt, aber doch in viele wichtige Häfen in Asien und Europa geführt hatte. Mit nachhaltiger Wirkung, denn was Mahan um 1870 am meisten beeindruckt haben soll, war der stille Einfluss des britischen Empires in vielen Ländern und der geringe, meist kaum merkliche Krafteinsatz, um diese Weltmacht auszuüben. Die Analyse dieser britischen Globalisierung mit leichter Hand, wie sie nur einer Seemacht möglich sei, schreibt Gustav-Adolf Wolter, der hundert Jahre später Mahans Werk für die westdeutsche Marine überarbeitete, wurde zur wesentlichen Voraussetzung für Mahans Seemacht-These.

Alfred Thayer Mahan beschäftigte sich mit allgemeiner politischer Geschichtswissenschaft, erstmals unter besonderer Berücksichtigung der Seemacht. »Seemacht« verstand Mahan nicht im engen Sinne als militärische Gewalt zur See, als tumbe Kriegsmaschine, sondern mit diesem Begriff zielte er auf die politische Macht eines Staates, die auf maritimen Fähigkeiten basiert. Der Präsident des *Naval War College* wollte »mit dem Nachweis ihrer Wirkung auf die allgemeine Geschichte« die Seekriegsgeschichte aus den Untiefen der Schlachten-Historie herauslotsen.

Mahans Lektionen im Armenhaus wurden 1890 unter dem Titel »The Influence of Seapower upon History, 1660–1783« als Buch veröffentlicht. Nahezu über Nacht machte die historische Studie die amerikanische Marineakademie und ihren Lehrer weltberühmt. Zwei Jahre darauf erschien die Fortsetzung der Seemacht-Studie über den Zeitraum bis 1812, als Napoleons Generalplan, »die See durch das Land erobern zu wollen«, endgültig scheiterte.

In der berühmten Seeschlacht am Kap Trafalgar hatte Britanniens bis heute erster Nationalheld Horatio Nelson mit der *Royal Navy* im Oktober 1805 eine französisch-spanische Armada zerschlagen und damit den frisch gekrönten Kaiser Napoleon, den »großen Meister der Konzentration«, gezwungen, seine militärischen Kräfte zwischen den äußersten Enden des Kontinents zu zersplittern. Schon diese Seeschlacht vor Trafalgar begründete die Jahre später folgende französische Niederlage auf dem europäischen Festland, sicherte England für ein Jahrhundert die vollständige Vorherrschaft auf See und machte das Empire zur dominierenden Weltmacht des 19. Jahrhunderts.

Mahan zeigte die See und ihre Beherrschung als einen entscheidenden Faktor auf, der die Geschichte der Menschheit wesentlich, manchmal entscheidend beeinflusst. Aufstieg und Fall der italienischen Stadtstaaten zwischen Europa und Asien, Aufstieg und Fall der spanischen und portugiesischen Eroberer Amerikas, Aufstieg und Fall Hollands und der alles überragende schaurige koloniale Glanz Englands ließen – ebenso wie die zweitrangigen Rollen Frankreichs und Deutschlands – für Mahan zwei Voraussetzungen für eine Seemacht unumgänglich erscheinen: ein ausgedehnter Handel und eine fördernde Rolle des Staates.

»Die Regierungsformen und der Charakter der Regierung oder der herrschenden Schicht üben einen starken Einfluss auf die Seemacht aus«, kritisierte Mahan seine amerikanische Regierung indirekt und lobte die Regierung des früheren Kolonialherren England, das die höchste Seemachtstellung unter den Nationen habe, weil ihre oberste Priorität »stets der Seeherrschaft galt«. Diese nur vordergründig banale Schlussfolgerung sollte den deutschen Kaiser zu seinem Flottenprogramm motivieren.

Mahan hielt jedoch nicht allein eine maritim orientierte Regierung für notwendig, sondern auch eine Handelsmacht. Das Meer sei schließlich der größte und leistungsfähigste Transportweg der Erde. »Eine Seemacht beruht auf einem ausgedehnten Handel im Frieden«, schrieb Mahan. Der Schutz der Seewege sei daher die erste Aufgabe einer Marine. Während im alten Europa des Mittelalters Handel und Finanzgeschäfte grundsätzlich als minderwertig galten und dem Klerus sowie dem Adel suspekt waren, hätten die parlamentarischen Regierungen im »neuen« England den Dünkel des Adels gebremst und den merkantilen Geist gefördert, lobte Mahan. Erworbener Reichtum habe dort soziale Stellung und Ansehen gegeben.

Mahan war auch klar: Die Hegemonie der Seemacht bedarf keiner Seeschlachten! Und tatsächlich fand von 1700 bis zum nordamerikanischen Unabhängigkeitskrieg gegen die britische Kolonialmacht (1775–1783) keine Seeschlacht von militärischem Rang statt. England bestimmte dank seiner überragenden maritimen Ressourcen die Geschicke Europas. »Der geräuschlose, dauernde und schwächende Druck, den eine Seemacht mit ihren Flotten ausübt, indem sie dem Feinde die Hilfsquellen nimmt, während sie die eigenen offen hält, und den Krieg in Gebieten unterstützt und schürt, in denen sie selbst nicht oder nur im Hintergrund sichtbar wird, entgeht den meisten Betrachtern.«

Das entging auch Wilhelm II. Als glühender Anhänger des amerikanischen Admirals ließ der deutsche Kaiser sein Lieblingsbuch bald nach Erscheinen der englischen Originalausgabe ins Deutsche übersetzen, um gemeinsam mit den führenden Marinekreisen die Theorien des maritimen Clausewitz zu studieren. Nicht immer in dessen Sinne. So richtete das Deutsche Reich seine Seestrategie vor dem Weltkrieg ganz auf eine Entscheidungsschlacht mit England aus – zu der es nie kommen sollte –, mit verheerenden Folgen für Deutschland und Europa. Kritiker dieser militaristischen Seemachtdoktrin in der Marine wurden vom Kaiser und seinem in dieser Hinsicht ersten Gefolgsmann, Admiral Tirpitz, kaltgestellt, andere Denkschulen ignoriert, wie die französische *Jeune Ecole*. Diese argumentierte, dass die moderne Waffentechnik eine Entscheidungsschlacht zu riskant mache, der Erfolg zur See würde stattdessen in einem langen, zähen Abnutzungskrieg errungen, einem »industriellen Krieg«. Mahan selbst hat übrigens die militaristischen Schlussfolgerungen, die in Deutschland mit einem aggressiven Flottenaufbauprogramm aus seinem Werk gezogen wurden, abgelehnt.

Demokratische Flottenbegeisterung

Der deutsche Kaiser selbst war eng verwandt mit dem englischen Königshaus. Wilhelm II. mag die Macht des Empire als familiären Ansporn und Bedrohung zugleich empfunden haben. Er stand an der Spitze eines jungen Reiches, das im siegreichen Krieg mit Frankreich 1870/71 geboren wurde und seit her jahrhundertelange Kleinstaaterei durch einen neuartigen Nationalismus überwinden wollte und an seiner nachholenden wirtschaftlichen Modernisierung arbeitete. An Seemacht hatte Wilhelm II. seiner Großmutter Victoria, der Königin des Vereinigten Königreiches von Großbritannien und Irland sowie Kaiserin von Indien, nichts entgegenzusetzen. Das wollte Wilhelm ändern. Schon bald nach seiner Thronbesteigung im Jahr 1888 schickte er sich an, »Weltpolitik« zu betreiben. Dafür kam ihm Mahans Meisterwerk »Der Einfluss der Seemacht auf die Geschichte« als theoretisches Rüstzeug gerade recht. Die Hinwendung zur Flotte mag eine Vorliebe des deutschen Kaisers gewesen sein, eine persönliche Grille war sie nicht. Zumindest in seiner Flottenbegeisterung konnte sich Wilhelm II. mit seinem Volk eins wissen, denn die Deutschen hatten schon vierzig Jahre vor seiner Inthronisierung Gefallen an einer eigenen Seemacht gefunden.

Der dänische König, der als Herzog von Holstein dem 1815 gegründeten Deutschen Bund angehörte, scherte 1848, dem Jahr der Revolution, aus und versuchte, Schleswig zugunsten Dänemarks von Holstein zu trennen. Damit verstieß er gegen den uralten Vertrag von Ripen, in dem die beiden Herzogtümer unter dem dänischen König als »up ewig ungedeelt« verbrieft waren. Der Deutsche Bundestag in Frankfurt am Main erklärte Dänemark den Krieg und unterstützte mit Bundestruppen den Aufstand der deutschen Schleswig-Holsteiner.

Während die Bundestruppen an Land zügig vorankamen, hatte Deutschland auf hoher See den dänischen Kaperschiffen nichts entgegenzusetzen. »Der Däne liegt vor der Elbe!«, klagte der Bürgerverein des Hamburger Stadtteils St. Pauli, »Deutschland hat keine Schiffe, um seinen Handel zu schützen.« St. Pauli grenzte damals direkt an das dänische Altona. Aber auch im Binnenland griff die nationale Begeisterung des Bürgertums auf das Maritime aus: »Sprach irgendwo in Deutschland eine Tanne: O, könnt' ich doch als deutscher Kriegsmast ragen!«, dichtete Ferdinand Freiligrath, der bald darauf vor der politischen Reaktion aus Deutschland floh, Mitherausgeber der »Neuen Rheinischen Zeitung« von Karl Marx und Friedrich Engels wurde und in Stuttgart bettelarm starb. Deutsche Kriegsschiffe seien seit den Hansezeiten »der Freiheit besten Garden«, jubelte der schwäbische Schriftsteller und 1848er Revolutionsführer Georg Herwegh, »das Meer, das Meer macht frei!«

Berühmt wurde ebenfalls der in Dresden erschienene Aufruf »Für eine deutsche Flotte« des populären Reiseschriftstellers Johann Georg Kohl. Die Druckschrift wies über den konkreten Anlass hinaus: Deutsche Stämme würden ein Gebiet von den Grenzen Hollands bis nach St. Petersburg bewohnen (also den Hanseraum). Sie seien seeerfahren, ihre Häfen hervorragend, ihre Handelsflotte respektabel. Was fehle, sei eine schützende Streitmacht, eine Kriegsmarine. »Der deutsche Neptun hat keine Gewalt, auch nur den geringsten Winkel der Erde zu erschüttern, denn wir Deutschen haben es versäumt, ihm seinen Dreizack zu schmieden.«

Dies sollte sich nun ändern. Das Parlament stimmte in seiner 16. Sitzung zu, fast die ganze Versammlung erhob sich: »Die Frage ist mit einer an Stimmeneinhelligkeit grenzenden Majorität bejaht«, heißt es im Stenographischen Bericht der Nationalversammlung am 14. Juni 1848. Ein »allgemeines Bravo« schallte zur Mittagszeit wie Donnerhall durch die Paulskirche.

Die Paulskirchenversammlung nahm die deutsche Marine in die Verfassung auf und bewilligte sechs Millionen Taler. Eine halbe Million Taler brachten die zahlreichen Sammlungen im ganzen Land zusammen. Schon im Sommer war in Hamburg aus freiwilligen Spenden eine kleinere Kriegsflotte von der hamburgischen Admiralität für die deutsche Flotte angekauft worden. Aus ihrem Bestand gingen, laut des Schiffahrtsmuseums Brake, die Dampfkorvetten »Bremen«, »Hamburg« und »Lübeck« sowie die Segelfregatte »Deutschland« an die Reichsflotte über. Zudem wurden drei Raddampfer in England gekauft, von der englischen Cunard Line erwarb man zwei Postschiffe und in Amerika den Raddampfer »United States«. Anfang 1849 erbeuteten schleswig-holsteinische Küstenbatterien die beschädigte dänische Segelfregatte »Gefion«. Als »Eckernförde« verstärkte sie das Flottengeschwader, zu dem auch 27 Ruderkanonenboote gehörten, die 1848/49 auf verschiedenen Werften erbaut worden waren.

Die revolutionäre Zeit reichte noch zu einem einzigen Seegefecht. Am 4. Juli 1849 kam es vor der britischen Insel Helgoland zu einer kurzen Begegnung mit den Dänen, dem bis heute einzigen Seegefecht unter schwarz-rot-goldener Flagge, das die Briten durch ihr Eingreifen beendeten. Mit dabei die Radkorvette »Hamburg«. Dieses malerische Schiff wurde wie die gesamte, in herrschenden Kreisen bald ungeliebte Reichsflotte von Hannibal Fischer in Bremerhaven und Brake deutlich unter Einkaufspreis versteigert.

Die Reichsflotte war nur eine kurze historische Episode, die aber bis heute nachwirkt. »Die Reichsmarine von 1848 steht von allen früheren deutschen Marinen zu unserer heutigen Marine in einem sehr engen Kontinuitätsverhältnis«, betont Jörg Duppler, bis 2004 Chef des Militärgeschichtlichen Forschungsamtes (MGFA) in Potsdam. Sie sei wie die Bundesmarine von einem demokratischen Parlament ins Leben gerufen worden, sollte als Teil eines Bündnisses operieren und nicht – wie die folgenden Marinen – allein auf sich gestellt. Und die schwarz-rot-goldene Flagge wehte bereits an Bord des Schiffes des ersten Admirals. Er hieß Rudolf Bromme und stammte aus Sachsen.

Ein beträchtlicher Teil der heutigen Marine dürfte diesen Bezug auf 1848 lieber sehen als auf 1933. Auch die Bundeswehr hat die bürgerliche Revolution offiziell als positiven Bezugspunkt ihrer Geschichte vereinnahmt. Wie weit eine solche »linke« Sicht der Militärgeschichte mehrheitsfähig unter Offizieren und Wehrpflichtigen ist, bleibt offen. Die Kontinuität in einem anderen, wichtigen Punkt sieht Duppler nicht: Die demokratische 1848er Reichsflotte sollte eine »Friedensflotte« sein, so ihr Zeitgenosse Kohl. Der Auftrag ist heute tatsächlich wesentlich weiter gefasst.

Der Nationalversammlung standen 1848 schon die drei klassischen Möglichkeiten einer Flotte zur Auswahl. Das Parlament hatte Prinz Adalbert von Preußen die Leitung der Technischen Marinekommission übertragen, und dieser legte seine Vorstellungen in einer »Denkschrift über die Bildung einer deutschen Flotte« vor, für viele eine *Magna Charta* der deutschen Marinegeschichte. Der Prinz unterschied drei Flottenmodelle: »eine Kriegsmarine zur rein defensiven Küstenvertheidigung, eine solche zur offensiven Vertheidigung und zum notwendigsten Schutze des Handels und eine selbständige Seemacht«. Punkt eins wurde als Sofortmaßnahme eingeleitet. Im Mittelpunkt Adalberts Überlegungen stand aber die zweite Option, die »offensive Vertheidigung«, eine Marine zum Schutz der Küste und der Handelswege. Durch eine solche Größe sei sie auch als Bündnispartner für die starken Seemächte interessant, die teilweise dem Deutschen Bund angehörten, wie Dänemark, Holland und vor allem England (über das Königreich Hannover).

Nach dem Scheitern der Reichsidee und der Auflösung der Nationalversammlung am 18. Juni 1849 ging auch die demokratische Reichsflotte unter. Adalbert Prinz von Preußen arrangierte sich mit den neuen Verhältnissen und wirkte beim Aufbau einer königlichen Preußischen Marine mit, die schon im

Revolutionäre Reichsflotte 1848: Radkorvette »Hamburg«; Gemälde von Günther Todt, entstanden um 1980.

März 1849 ein Oberkommando der Marine errichtet hatte. 1856 lieferte sich Adalbert an der nordafrikanischen Küste ein seinerzeit berühmtes Gefecht mit Rifkabylen, angeblichen Piraten. Die angezettelte Provokation wurde in der preußischen Öffentlichkeit als erste Heldentat der jungen Marine gefeiert. Tatsächlich war das Unternehmen ein militärisches Fiasko. Der Auftakt für spätere koloniale Abenteuer wurde eine weitere Expedition nach Japan und China in den Jahren 1859 bis 1862, während welcher der Prinz von Preußen in Ostasien mehrere Handels-, Freundschafts- und Schifffahrtsverträge abschloss.

Die kleine preußische Marine stand bis zur Ära Tirpitz unter »wohlwollender Unterstützung« Großbritanniens, formulierte später Bundesverteidigungsminister a. D. Volker Rühe. Auf englischen Werften wurden deutsche Kriegsschiffe gebaut, gewartet und repariert, die *Royal Navy* bildete deutsche Seeoffiziere aus, und selbst noch in den neunziger Jahren waren des Kaisers neue Kreuzer vor Ostasien auf den britischen Flottenstützpunkt Hongkong angewiesen, um dort Kohle, Munition und Proviant für die Heimfahrt zu bunkern.

Nach dem Zweiten Schleswig-Holsteinischen Krieg gegen

Dänemark war vom Oberkommando, noch unter der siegreichen Fahne Preußens und in Absprache mit dem Ministerpräsidenten Otto von Bismarck, 1865 ein Plan entworfen worden, künftig einen »Achtung gebietenden Standpunkt unter den Seemächten zweiten Ranges« einzunehmen. Mit England wollte Bismarck »diplomatische und eventuell maritime Solidarität« üben. Im Jahr darauf übernahm Preußen mit dem Sieg gegen Österreich bei Königgrätz (Hradec Králové) an der Elbe im Juli 1866 die nationale Führungsrolle und besiegelte Bismarcks kleindeutsche Lösung ohne Wien. Preußens Norddeutscher Bund übernahm den Flottenplan. Die Flotte hieß nun »Bundeskriegsmarine«. Selbst wenn die Zielvorgaben noch bescheiden anmuten, besaß der preußische Marine-Plan von 1865 – im Gegensatz zur demokratischen Reichsflotte – erstmals eine offensive Note: Nicht allein die eigene Küste sollte verteidigt werden, sondern auch die vielfältigen Handelsinteressen in Übersee.

Nach der Gründung des Deutschen Reiches schufen Kaiser und Kanzler Bismarck mit einem Flottengründungsplan 1872 die Anschubfinanzierung für eine Modernisierung der international zweit- oder drittrangigen Marine. Ihre bescheidene Größe genügte jedoch, um »ununterbrochen politische Aufgaben« zu erfüllen, war damals im »Brockhaus« nachzulesen. Noch im selben Jahr rückten Schiffe zu »Repressalien« gegen die Republik Haiti aus, und der Kaiser repräsentierte mit der Flotte in Norwegen, England und Russland. 1878 setzte ein Geschwader die Republik Nicaragua unter Druck, 1885 wurde der Sultan von Sansibar zur Anerkennung der deutschen Interessen in Deutsch-Ostafrika (heute Tansania, Burundi und Ruanda) gezwungen, 1888 intervenierten deutsche Marinesoldaten in der späteren Kolonie Samoa.

Tirpitz' Plan

Der junge Tirpitz, mit dessen Namen die Wende zur deutschen Weltpolitik verbunden ist, hat die alte Marine trotz ihrer politischen Wirkung als »Gespensterflotte« verspottet. Bei seinem Amtsantritt als Staatssekretär 1897 fand der später vom flottenbegeisterten Herrscher geadelte Alfred Tirpitz eine Kaiserliche Marine vor, »die noch so gut wie keine Schiffe besaß«, beklagte er nach dem Weltkrieg in seinen »Erinnerungen«. Das sollte sich unter seiner Führung bald ändern. War die Hanse zu schätzungsweise neunzig Prozent auf Handel konzentriert und nur zu zehn Prozent aufs Militär, war es unter des Kaisers Flottenprogramm umgekehrt.

Fast drei Dekaden nach Gründung des Deutschen Reiches, eine Dekade nach dem Dienstantritt des späteren Weltpolitikers Wilhelm II. und kurz vor dem Tode des kontinentalen Altkanzlers Fürst Otto von Bismarck stieg der Marineoffizier zu höchsten Ämtern auf. »Die schärfste Zäsur bildet die Ernennung von Alfred Tirpitz zum Chef des Reichsmarineamtes im Jahr 1897«, betont der Kieler Historiker Michael Salewski; für Rolf Hobson hat dieses Jahr »die Welt verändert«; und die Zeitzeugin Rosa Luxemburg schrieb nach dem ersten kaiserlichen Flottengesetz in der »Leipziger Volkszeitung« von einem »Wendepunkt für die Geschichte Deutschlands«. Sozialdemokraten demonstrierten in vielen Städten gegen die »enormen Mehrbelastungen des Volkes« und gegen den wachsenden Militarismus. Im ersten Kriegsjahr sollte Frau Luxemburg das tirpitzsche Flottenprogramm eine »Kriegserklärung Deutschlands« nennen, »die England am 4. August 1914 quittierte«.

Tirpitz, von dem der Ausspruch stammt: »Für Arbeiter im allgemeinen ist ein sogenannter Erholungsurlaub nicht erforderlich«, hielt sich mit seinen konkreten Plänen in Berlin und während monatelanger Sommerfrischen in St. Blasien öffentlich bedeckt. Hier tief im Schwarzwald kurte auch Maxim Gorki, der seinem Freund Lenin Luft und Klima wärmstens empfahl. Im Gegensatz zum Schriftsteller ist Tirpitz noch heute Ehrenbürger von St. Blasien. In seinem Schwarzwald-Domizil regierte Tirpitz dafür mit klaren strategischen Vorstellungen: »Ein Staat, der See- oder, was hierfür gleichbedeutend ist, Weltinteressen hat, muss sie vertreten und seine Macht über seine Territorialgewässer hinaus fühlbar machen können.« Nationaler Welthandel, Weltindustrie, bis zu einem gewissen Grade auch Hochseefischerei, Weltverkehr und Kolonien seien daher unmöglich ohne eine Flotte, die zur Offensive fähig sei. Tirpitz weiter: »Die Interessenkonflikte der Nationen und das alsdann mangelnde Zutrauen des Kapitals und der Geschäftswelt würden diese Lebensäußerungen eines Staates im Laufe der Zeit ersterben oder überhaupt nicht aufkommen lassen, wenn nicht nationale Macht auf den Meeren, also jenseits unserer Gewässer, ihnen das Rückgrat gibt.« Dies sei der »vornehmlichste Zweck« der Flotte.

Um die »Seeinteressen« zu wahren, war eine Küstenverteidigung zu wenig, und auch eine Flotte mit relativ kleinen Kreuzern genügte Tirpitz' weltausgreifenden Ansprüchen nicht. Eine Schlachtflotte musste her, um Deutschland »Seegeltung« zu verschaffen. Tirpitz setzte deshalb strategisch von Anfang an auf »Kraftkonzentration«. Die geballteste Konzentration militärischer Macht sah er im Schlachtschiff, es war von gewaltiger Größe, stählerner Panzerung und furchtbarer Zerstörungskraft. Der Krieg auf See kennt nicht die Eroberung von Land und Fläche, er kennt nur ein Ziel: den Feind zu zerstören.

Tirpitz setzte sich mit seinem Konzept gegen imperiale Konkurrenten durch, die lieber eine kleinteilige Flotte gebaut hätten, mit vielen kleinen Kreuzern, die wie Hornissen den Feind umschwärmen könnten. Die kleinen Kreuzer hätten die Kolonien schützen sollen. Sie hätten jedoch viele Flottenstützpunkte auf allen Erdteilen benötigt, um mobil zu bleiben. So musste ein Kreuzer, der die chinesische Bucht Kiautschou erreichen wollte, auf der langen Überfahrt mehrmals einen Hafen anlaufen, um Kohlen nachzuladen. Kiautschou war 1897 von der Quing-Dynastie dem Deutschen Reich für 99 Jahre unfreiwillig verpachtet worden, wie Hongkong an die Engländer. Einmal in der Kolonie angekommen, konnte der Kreuzer selbst bei langsamer Fahrt höchstens zwei Wochen lang vor Asiens Küste kreuzen, bis er wieder einen Flottenstützpunkt anlaufen musste, um Brennstoffe zu bunkern.

Durch die verzögerte Gründung eines Staates war Deutschland wie Italien »zu spät« bei der kolonialen Aufteilung der Welt gekommen. Eine Kreuzerflotte und der Aufbau eines dichten Netzes von Flottenstützpunkten konnten für Tirpitz daher keine realistische Alternative sein, um »Weltpolitik« (Kaiser Wilhelm II.) zu betreiben und um den »Platz an der Sonne« (Reichskanzler Bülow) zu erreichen. Solche Flottenstützpunkte unterhielten vor allem Großbritannien und Russland (und heute, als einzige wirklich globale Supermacht, die USA in über neunzig Ländern). Tirpitz setzte stattdessen alles auf eine Karte, auf eine »Risikoflotte«, die selbst für die Supermacht England einen Angriff zu einem Risiko machen würde.

Tirpitz gelang es, den sich wiederholt einmischenden Kaiser und anfänglichen Kreuzer-Fan auf vertrauensvolle Distanz zu bringen. Der Admiral setzte 1898, 1900, 1906, 1908 und 1912 Flottengesetze und -novellen durch, die ihm scheibchenweise seinen Traum erfüllen sollten, und die »Geisterflotte« wuchs aus dem Nichts zu gewaltiger Stärke. Erst hatte Tirpitz nur auf 31 mächtige Kriegsschiffe bestanden, dann verdoppelte er nach und nach seine Forderungen auf 61 Schlachtschiffe und Große Kreuzer, die bis 1917 gebaut werden sollten. Der Weltkrieg begann vor dem Ende der letzten Ausbaustufe, und doch konnte der Kaiser am ersten Tag des Krieges über rund 300 Kriegsschiffe befehlen, eine gewaltige Flotte, die in etwa der numerischen Größe der heutigen amerikanischen *United States Navy* entspricht.

Aufrüstung der Kaiserlichen Kriegsmarine

	1870	1898*	1912**
Schlachtschiffe	0	19	41
Große Kreuzer	5	12	20
Kleine Kreuzer	5	30	40
insgesamt	**10**	**61**	**101**

* Flottengesetz 1898; ** Flottennovellen 1906 und 1912, geplante Aufstockung des Schiffsbestandes bis 1917

Quellen: Brockhaus Conversations-Lexikon; Kaulisch: Tirpitz; Hildebrand: Kriegsschiffe.

Durch den Tirpitz-Plan wuchs die deutsche Flotte in wenigen Jahren zur zweitstärksten Seemacht heran. Wenn wir Tirpitz glauben wollen, war sie eigentlich sogar stärker als die britische *Grand Fleet*, taktisch besser geschult – eine Spezialität von Tirpitz –, mit besserem Sinkschutz versehen und besser bewaffnet, dank der Kanonen von Krupp.

Es ist ein schlechter Brauch, unliebsame Personen der Zeitgeschichte persönlich herabzuwürdigen. So kursiert auch über Tirpitz ein Zerrbild. Der mit preußischen Sekundärtugenden in der Festungsstadt Küstrin und die Oder abwärts in Frankfurt aufgewachsene Tirpitz genoss eine mäßige Bildung und war kein herausragender Schüler. Mit Fünfzehn entzog er sich der Schule und wurde Kadett in der wenig angesehenen preußischen Flotte. Gleichwohl hatte Tirpitz, der sich im Krieg von

Medien-Experte: Großadmiral Alfred von Tirpitz; Foto nach 1911.

dem Impressionisten Lovis Corinth malen lassen sollte, Visionen, und er konnte sie in die Praxis umsetzen.

In seiner Biographie scheinen Sichtweisen durch, die der Zeit voraus waren: Er dachte in ökonomischen Kategorien, wollte private Monopole in der Rüstungsindustrie verhindern, setzte auf selbständig entscheidende Kommandanten auf hoher See und auf Hochtechnologie im Schiffbau. Im konservativen, am ritterlichen Zweikampf orientierten, dünkelhaften und fachlich schlecht qualifizierten Offizierskorps waren solche Vorstellungen selten. Und Tirpitz spürte wie nur wenige seiner Generation die Beschleunigung der Zeit: »Man merkte Mitte der neunziger Jahre, wie die Welt anfing, schneller zu gehen.«

Der Großadmiral a. D. hat sich nach dem Weltkrieg, für den er mitverantwortlich ist, missverstanden gefühlt. Weder habe er von Anfang an die Auseinandersetzung mit dem britischen Empire gesucht, noch habe er unbedingt auf einen Krieg zugesteuert. Das mag seine persönliche Wahrheit sein. Tirpitz trat für Kolonien ein – eine weitgehend populäre Forderung bis hinein in die Arbeiterbewegung –, und er war ein politisches Kind des deutschen Imperialismus, und der steuerte teils sehend, teils blind geradewegs auf das britische Empire zu, auf Kollisionskurs. Bereits Bismarck hatte England zum »gefährlichsten Gegner« erklärt, und als Fürst von Bülow noch vor dem Weltkrieg sein Buch »Auswärtige Politik« veröffentlichte, dreht sich dieses 135 Seiten lang nur um zwei Aspekte: die Flotte und England. Bülow hatte als Außenpolitiker und Reichskanzler das Flottenprogramm ermöglicht.

Dabei mag Tirpitz tatsächlich an Abschreckung und an Bündnisfähigkeit und nicht an Krieg gedacht haben, aber hieraus entwickelte sich eine militaristische Dynamik, für die er eine

Mitverantwortung trägt. Am Ende hatte er eine Flotte aufgebaut, die aus seiner Sicht die britische bei richtiger Führung hätte schlagen können. Die Flotte sei jedoch vom Kaiser und seinem Oberkommando »nicht rechtzeitig eingesetzt« worden.

Staatsminister Tirpitz war ein herausragender Akteur und sein Flottenprogramm ein wesentlicher Teil des kaiserlichen Maritimen Komplexes. Dessen Vorgänger, der Hanse-Komplex, war zwar nicht aus den untersten Schichten, jedoch aus dem unteren Mittelfeld der Gesellschaft entstanden, also »bottom-up«, wie es Wirtschaftssoziologen nennen. Im Unterschied dazu war das Flottenprogramm eine soziale Kopfgeburt und kommt »top-down« (von oben herab) aus der Spitze der Gesellschaftspyramide.

»Deutschland AG«

Der Maritime Komplex des wilhelminischen Kaiserreichs repräsentiert verschiedene wirtschaftliche, gesellschaftliche und politische Interessen, die miteinander vernetzt wurden. Der Kaiser, eine Mehrheit im Reichstag, ein bedeutender Teil der Industrie sowie weite Teile von Bürgertum und Adel wünschten sich Kolonien, Weltmacht und eine starke Flotte. Dieser »maritime Imperialismus« (Rolf Hobson) deckte sich nicht unbedingt mit den egoistischen Interessen der Akteure, sondern hatte oft eine ideologische, also irrationale und nationalistische Note.

Dies war nicht nur ein deutsches Phänomen: Kolonialismus und maritimer Imperialismus waren um 1900 auch außerhalb Deutschlands populär. Kapital und Bürger erwarteten sichere Absatzmärkte, billige Rohstoffe und köstliche Kolonialwaren; der bürgerliche Staat wollte aus diesen überseeischen Extraprofiten Löcher in der Staatskasse stopfen, die Arbeiterklasse korrumpieren und, wie es Lenin nannte, eine »Arbeiteraristokratie« schaffen; die Kirchen wollten das Christentum verbreiten und Sozialdarwinisten den »Wilden« die Zivilisation bringen. Kurzum, in den westlichen Industriestaaten hielten viele adlige und bürgerliche Kreise und ein Teil der Arbeiterklasse den maritimen Imperialismus nicht allein für nützlich, sondern auch für legal und sogar für legitim.

Die literarische Spur, wohin diese Vermessenheit die Kolonialisten selbst führte, legte Joseph Conrad, mit seiner 1902 erschienenen Erzählung »Herz der Finsternis«. Diese Finsternis schreckte jedoch die Staaten nicht ab. Die Großmächte Britannien und Frankreich, Russland, Österreich und das Osmanische Reich eroberten fremde Gebiete oder unterhielten Kolonien, wie auch Belgien, Dänemark, Italien, Portugal und Spanien sowie die kommende Weltmacht USA, China und Japan. Afrika wurde nahezu vollständig unter den europäischen Staaten aufgeteilt, und lediglich Südamerika war weitgehend frei von unmittelbaren Einflüssen der Kolonialmächte.

Im Deutschen Reich erhofften sich die herrschenden Kreise durch Weltpolitik und Seemacht eine Befriedung der sozialen Spannungen im Innern. Gerade das große und kleine Bürgertum hatte seit 1848 die Flottenbegeisterung zwischen Straßburg und Königsberg, München und Köln über Wasser gehalten. Wirtschaftskrisen, Spannungen zwischen dem agrarischen Junkertum sowie den alten und neuen Industrien, »Sozialistengesetze« gegen die stärker werdende Sozialdemokratie unter August Bebel, die konfessionelle Teilung in Nord und Süd, Landflucht, Streiks in Bergwerken und Häfen sowie das weit verbreitete soziale Elend in den Städten regten das pompöse Kaiserreich politisch und gesellschaftlich auf. Von »der guten, alten Zeit«, wie die Nachgeborenen das Kaiserreich verklären werden, merkten die meisten Menschen wenig. Noch kurz vor der Jahrhundertwende grassierte eine Cholera-Epidemie in den Armenvierteln Hamburgs, Tausende starben nur wenige Schritte entfernt von einem der größten Häfen der Welt.

Neben dem Handel und dem Militär gehörten die Häfen zu den Eckpfeilern des kaiserlichen Maritimen Komplexes. Hamburg war zum Jahrhundertwechsel bereits das Tor des kaiserlichen Reiches zur Welt. Um 1900 lebten in der Stadtregion eine Million Menschen, die Hansestadt war nach London und New York der drittgrößte Hafen, mit einem Anteil am globalen Handel von rund fünf Prozent. Die neue U-Bahn auf Stelzen, Hagenbecks Tierpark, kolossale Museen und Theater – alle diese heutigen Sehenswürdigkeiten wurden bereits vor dem Ersten Weltkrieg gebaut.

Dabei hatte sich Hamburg erst 1888, knapp zwei Jahrzehnte nach der Reichsgründung, dem Deutschen Zollverein angeschlossen und war damit sehr spät im Reich angekommen. Als

Preis für die Aufgabe seiner Unabhängigkeit erhielt Hamburg wie die Hansestädte Lübeck und Bremen einen Freihafen. Importeure konnten nun zollfrei ihre Waren im Hafen stapeln, verarbeiten und wieder ins Ausland ausführen. Hamburg wurde dadurch zu einem der wichtigsten globalen Umschlagplätze für Kaffee, Gewürze und andere Kolonialwaren. Zugleich war die Stadt Europas Anlaufhafen für die Schiffe aus Südostasien und – dank des neuen Kaiser-Wilhelm-Kanals – aus dem gesamten Ostseeraum bis nach Russland, zwei Zielregionen, die seit dem Jahrtausendwechsel für den Containerboom im Hamburger Hafen sorgen.

Mit seinen maritimen Ambitionen stieß Deutschland im späten 19. Jahrhundert in neue Dimensionen vor. Ein schon von Preußen gekauftes freies Areal im Großherzogtum Oldenburg wurde 1873 zum zweiten Reichskriegshafen neben Kiel. Man taufte den Ort auf den Namen Wilhelmshaven, *Haven* niederdeutsch mit »v« geschrieben. 1895 eröffnete der Kaiser den Kaiser-Wilhelm-Kanal, der die Ostsee direkt mit der Nordsee und die beiden Kriegshäfen miteinander verband. Die 99 Kilometer lange Wasserstraße ersparte 500 Kilometer Umweg über das Skagerrak und lag auf geschütztem deutschen Territorium. Heute ist die international *Kiel Canal* genannte Abkürzung die weltweit am meisten befahrene künstliche blaue Straße – vor dem 1914 eröffneten Panamakanal, bei dessen Bau viele tausend Arbeiter starben, und vor dem skandalumwitterten Suezkanal (1869), der noch mehr Menschenleben verschlang.

Aber es wurde zu Kaisers Zeiten trotz Flottenprogramm nicht nur fürs Militär gebuddelt. Um 1800 hatte es in Deutschland erst zwei Städte mit mehr als 100 000 Einwohnern gegeben, Berlin und Hamburg. 1871 kam München hinzu. 1880 waren es bereits 14 und bei Kriegsbeginn schließlich 48 Großstädte. Das allgemeine Bevölkerungswachstum, der Aufstieg des Ruhrgebietes und das schnelle Wachstum vieler Städte erzeugten einen enormen Transportbedarf. Dazu kamen der Fall der Zollschranken, die neuen technischen Möglichkeiten der Werften und der Ausbau der Wasserstraßen. All das führte zu einer »Euphorie«, schreibt Martin Eckoldt im Standardwerk der Binnenschifffahrt.

An vielen Orten, im Ruhrgebiet, an der Küste, in Bayern und Württemberg, entstanden Vereine und Komitees, die für den

Ausbau der Flüsse und den Bau von Kanälen warben. Landtage und Reichsregierungen bildeten regionale Schifffahrtsbehörden und verabschiedeten neue Gesetze, bauten Wasserstraßen und gründeten staatliche Schlepperdienste, um Schuten und Lastkähne stromaufwärts zu ziehen. 1890 wurde der Oder-Spree-Kanal als erste künstliche Wasserstraße für die Großschifffahrt dem Verkehr übergeben, 1899 folgte der Dortmund-Ems-Kanal. Die großen Ströme wurden ausgebaggert und die Fahrrinnen verbreitert. Die Kanäle wurden zu Reichswasserstraßen ernannt.

Nicht allein in Binnenschifffahrt und Häfen boomte es. Die drei staatlichen Marinewerften in Wilhelmshaven, Kiel und Danzig sowie private Werften wie Blohm & Voss, Howaldtswerke oder Vulkan gehörten zu den bedeutendsten der Welt. Im kommenden Krieg, der auch dieses Mal ein gutes Geschäft werden sollte, konnten sie ihre ausgedehnten Kapazitäten noch um 50 Prozent ausweiten. Die heutigen Schiffbaugiganten Thyssen und Krupp stiegen vor und während des Weltkrieges, wie andere Stahl-, Schwer- und Montanindustrielle sowie die Banken, in den Schiffbau ein und kauften Werften auf.

Der euphorischen Gründerzeit, der fruchtbaren *Belle Epoque,* waren ein dumpfer Börsenkrach und eine lange Depression gefolgt. Seit die bleierne Zeit des Mittelalters um 1800 mit der Zeit der Revolutionen verschmolzen war und damit das »Mittelalter« wirklich geendet hatte, war die Welt schneller, dynamischer, ja rasend geworden: Dampfmaschine und Eisenbahn, Elektrizität und weltweite Telegraphie, Stahl und chemische Industrie beschleunigten das Leben der Menschen rasant.

Das in alle Welt vordringende deutsche Unternehmertum wurde »energisch« von der Reichsleitung unterstützt. »Neomerkantilismus« nannte Fritz Fischer diese Politik. Neben Industriewaren wurden nun immer stärker Kapital und Investitionsgüter in andere Länder exportiert. Für die Innen- und die Außenpolitik sei die Förderung der Wirtschaft zur Maxime des Staates geworden, schrieb der Hamburger Historiker in »Griff nach der Weltmacht«. Zugleich wurden durch »Schutzzölle« die eigenen Grenzen undurchlässiger gemacht.

Der Staat baute bis Ende des 19. Jahrhunderts die Infrastruktur für den modernen Kapitalismus auf und sicherte die öffentliche und teilweise individuelle Daseinsvorsorge. Bahn, Post und

Telegraphenwesen wurden für private Unternehmen zu groß und wurden verstaatlicht. 1876 wurde die Reichsbank als sprudelnde Kreditquelle für die Wirtschaft gegründet. Sie entstand mit privatem Kapital und unter staatlicher Regie, ein sonderbarer »Mischmasch zwischen Nationalbank und Privatbank«, befand der Zeitgenosse Karl Marx. Damit hatte der Staat für den Aufschwung des Deutschen Reiches eine leistungsfähige nationale Infrastruktur geschaffen. Als solche sollte später auch die Kriegsflotte operieren, als Infrastruktur für die Handels- und Kolonialinteressen.

Wie zur Hansezeit wurde um 1900 aus Luxusgütern für Wenige ein Massenkonsum von Millionen. Der jährliche Güterumschlag im Hamburger Hafen expandierte zwischen der Reichsgründung und dem Weltkrieg von 1,8 auf 25,5 Millionen Tonnen. Transportiert wurde überwiegend über das Meer und auf Schiffen deutscher Reeder. Mit seinen über 22 Milliarden Mark Umsatz im Außenhandel war Deutschland hinter England – dem wichtigsten Abnehmer deutscher Exporte – und vor den Vereinigten Staaten zur zweitgrößten Handelsmacht aufgestiegen. »Der Anteil des Außenhandels stieg bis 1914 auf 34 Prozent des Volkseinkommens«, so Sebastian Conrad. Dieser Grad der Internationalisierung wurde erst in den sechziger, siebziger Jahren wieder erreicht.

Parallel dazu nahm die Abhängigkeit von Importen zu. Die schnell wachsenden Metropolen benötigten Nahrungsmittel, und strategische Rohstoffe für die Industrie mussten ebenfalls aus Übersee eingeführt werden, wie zum Beispiel Salpeter. Durch diese neuen Abhängigkeiten gewannen Handels- und Kriegsmarine einen ganz neuartigen Einfluss. »Das Meer«, schrieb Reichskanzler von Bülow, »hat eine Bedeutung fur unser nationales Leben gewonnen, wie niemals zuvor in unserer Geschichte, auch nicht in den großen Zeiten der deutschen Hansa.«

Und wie die »Hansa« war des Kaisers Flottenprogramm ein Versuch, grundlegende gesellschaftliche Umbrüche einzudämmen und zugleich auf diese Prozesse verändernd einzuwirken. Diese Grundgedanken liegen auch dem gegenwärtigen Maritimen Komplex zugrunde. Für eine solche Dialektik spricht, dass Maritime Komplexe um 1900 auch in Großbritannien, den USA und anderen Staaten entstanden. In unsicheren Zeiten wächst das Interesse an Vernetzung, verheißt sie doch einen sicheren

»Hafen«, der vor dem stürmischen Wandel schützt. Hierzulande wurde die Unsicherheit des Wandels durch den eigentümlichen deutschen Weg verschärft. So entstand viel später als in England oder Frankreich ein einiger Staat, und die Zuspätgekommenen fürchteten, bei Kolonien und politischer Weltmacht zu kurz zu kommen. Besondere Aggressivität in den Eliten, die zwischen Moderne und Tradition schwankte, war die Folge.

Folgte der Aufstieg der Hanse einer Agrarrevolution und frühen industriellen Umbrüchen, waren nun die von England ausgehende industrielle Revolution, der sich organisierende Kapitalismus und die nächste Globalisierungswelle entscheidende Herausforderungen. Auf sie musste das junge Deutsche Reich Antworten finden. Hatte um 1492 der Handelskapitalismus dominiert und es nur in städtischen Kernen oder Klöstern punktuell eine kapitalistische Produktionsweise gegeben, durchdrang der Kapitalismus bis 1900 fast überall die Produktion und nach und nach alle Lebensformen. Der Soziologe James Fulcher nennt diese Phase in Abgrenzung zum frühen Handelskapitalismus den »eigentlichen Kapitalismus«.

Eine besondere Antwort war die – so könnte man sie von heute aus nennen – »Deutschland AG«, die enge Verflechtung von Banken und Unternehmen, welche in der zweiten Hälfte des 19. Jahrhunderts entstand. Die im Vergleich zu England und Frankreich nachholende Modernisierung des bis dahin agrarisch geprägten Deutschlands brachte zunächst nur wenige finanzstarke Unternehmen und Aktiengesellschaften hervor. 1873 sorgten der Börsenkrach und die erste große Wirtschaftskrise im jungen Kaiserreich dafür, dass die Ökonomie schwächelte und Aktien als Eigenkapital – anders als in den USA und Großbritannien – dauerhaft in Verruf gerieten. Die schnell wachsende deutsche Industrie, die bereits um 1900 England überholte, und die Handelskonzerne beschafften sich ihr Kapital fortan vornehmlich bei Banken in Form eines Kredits. Kreditinstitute übernahmen zudem Kapitalbeteiligungen an Handelskonzernen und Reedereien, Industrie und Werften. An Letzteren beteiligten sich wiederum Schwer- und Elektroindustrie.

Die Geldverleiher waren ihrerseits vom Deutschen Reich unter Kanzler Bismarck gefördert worden. Politik, Privatbankiers und Wirtschaft hatten 1870/71 parallel zur Reichsgründung drei starke Großbanken in Form von Aktiengesellschaften gegründet: Deutsche, Dresdner und Commerzbank. Auch die Ziele der Banken waren schon vor der Amtszeit von Wilhelm II. »weltpolitisch«. In ihrem ersten Statut hat es die Deutsche Bank so formuliert: Der Zweck der Bank bestehe »insbesondere [in der] Förderung und Erleichterung der Handelsbeziehungen zwischen Deutschland, den übrigen europäischen Ländern und den überseeischen Märkten«.

Welche Bedeutung zugleich eine nationale Im- und Export-Finanzierung für die weitere Entwicklung der maritimen Wirtschaft hatte, verdeutlichte Hermann Wallich, neben Georg von Siemens aus der Elektro-Dynastie erster Chef der Deutschen Bank: »Bis 1870 konnte kein Ballen Baumwolle nach Deutschland eingeführt werden, der nicht durch englische Vermittlung finanziert wurde. Ähnlich ging es mit allen übrigen Rohprodukten, die zur Alimentierung der deutschen Industrie dienten. Auch der deutsche Export fand seinen Hauptweg nur über England. Diese überflüssige Vermittlungsgebühr kostet Deutschland jährlich viele Millionen, und es war ein glücklicher Gedanke, unser Vaterland von diesem Tribut zu befreien und unseren Handel selbständig zu machen.« Geld und Finanzen folgten also, wie zur Hansezeit, dem Handel aufs internationale Parkett.

In der verflochtenen und vermachteten deutschen Wirtschaft waren Kartelle auch außerhalb des Maritimen Komplexes im 19. und frühen 20. Jahrhundert nicht unüblich. Sie wurden – nicht allein in Deutschland – von Wirtschaft und Politik allgemein akzeptiert, denn zu viel Wettbewerb sei ruinös, koste Arbeitsplätze und münde im Chaos. Die aufkeimende Idee »Kooperation statt Konkurrenz« fiel um 1900 in weiten Teilen der Wirtschaft und Gesellschaft auf fruchtbaren Boden, Fusionen und Übernahmen von Unternehmen waren üblich, und die großen Konzerne wurden immer größer. Zugleich lockte und drohte die Globalisierung.

Weltmarkt und Nation

»Das ist, wenn es weit draußen in der Welt, sei's auf Island, sei's auf Java zu rollen und zu grollen beginnt oder gar der Aschenregen der hawaiischen Vulkane bis weit auf die Südsee hinausgetrieben wird. Dann regt's sich auch hier, und ein Wasserstrahl springt auf und sinkt wieder in die Tiefe.« So spürte Tirpitz' Zeitgenosse Theodor Fontane in seinem »Stechlin«, am Rande eines stillen brandenburgischen Sees, der globalisierten Welt nach.

Schon vorher hatten zwei andere berühmte Publizisten den Geist der Globalisierung verfolgt: »Die große Industrie hat den Weltmarkt hergestellt, den die Entdeckung Amerikas vorbereitete. Der Weltmarkt hat dem Handel, der Schifffahrt, den Landkommunikationen eine unermessliche Entwicklung gegeben. Diese hat wieder auf die Ausdehnung der Industrie zurückgewirkt, und in demselben Maße entwickelte sich die Bourgeoisie, vermehrte sie ihre Kapitalien, drängte sie alle vom Mittelalter her überlieferten Klassen in den Hintergrund.« Diese berühmten Sätze über die moderne Internationalisierungswelle waren bereits 1848 im »Kommunistischen Manifest« erschienen. Ein Jahrzehnt nach dem Untergang der DDR wurden sie im Atrium eines Ost-Berliner Gründerzeit-Palastes erneut referiert. Zu einer Vortragsveranstaltung der Gesellschaft für Unternehmensgeschichte waren die Spitzen der deutschen Wirtschaft, darunter Vorstände von Deutsche Bank, Allianz und Daimler-Chrysler, erschienen und wurden vom Pariser Professor Christopher Kobrak mit Friedrich Engels, Karl Marx und ihrem weitsichtigen Manifest konfrontiert. Die Kapitalisten blieben gelassen. Weniger gelassen hatten um 1900 Admiral Tirpitz und sein Kaiser auf diese nach der Hansezeit nun zweite »Globalisierungswelle« (Christopher Kobrak) reagiert.

Die deutschen Großunternehmen der Gründerjahre waren zur Jahrhundertwende international, geradezu global operierende Unternehmen. Sieht man von der »Eindeutschung« von rund 2,4 Millionen Polen und anderen nationalen Minderheiten ab, erlangte die eigentliche Kolonialisierung innerhalb der Globalisierung seit den 1880er Jahren im Kaiserreich allerdings wirtschaftlich kaum an Bedeutung und brachte dem Gemeinwesen unterm Strich weniger ein, als sie kostete. Zu den finanziellen Lasten trugen mehrere Kolonialkriege bei, zu den moralischen Belastungen unter anderem der Völkermord an den Hereros. Dennoch konnten, wie im Empire, zahlreiche Interessengruppen und (maritime) Unternehmen erheblich von den Kolonien, Halbkolonien und Einflussgebieten auf drei Kontinenten profitieren.

Gut dokumentiert ist dieser Globalisierungsschub bei der Deutschen Bank, der Hausbank der Reederei Hapag und zahlreicher Werften. Wenige Jahre nach ihrer Gründung arbeitete sie schon in vielen europäischen Ländern, in Ostasien sowie Südamerika erfolgreich und finanzierte beispielsweise den Bau von Eisenbahnen in Amerika und die legendäre 1600 Kilometer lange Bagdadbahn durchs Osmanische Reich. »Weltweite Aktivitäten« heißt das entsprechende Kapitel in der opulenten Hausgeschichte der Großbank. Ähnlich »informell«, so Wolfgang J. Mommsen, durchdrangen die deutsche und die englische Hochfinanz gemeinsam China.

Direktinvestitionen in alle Kontinente, ein internationales Zahlungsnetz über Tausende von Korrespondenzbanken und wachsende Im- und Exportströme komplettieren das Bild des Weltmarktes, der trotz Zollschranken und nationalem Protektionismus entstand. Selbst im kleinstaatlichen »Deutschland« vor dem Kaiserreich hatten zunehmend Firmen vom Außenhandel gelebt. Kobrak verweist auf prominente Namen wie Merck oder Krupp, die bereits zur Reichsgründung bis zu drei Viertel ihres Umsatzes im Ausland machten.

National oder International? Deutsche Industriekonzerne und Großbanken haben lange vor dem Kaiser und seinem Tirpitz nach einer nachholenden internationalen Rolle gesucht. Und es fand sich manche Hauptrolle. So erwuchs aus einem Protegé des preußischen Königs »der« europäische Rüstungskonzern schlechthin: Krupp. Die von Kobrak ins Feld geführte Firma habe seit 1870 vorrangig Waffen produziert. »Ein großes Geschäft begann«, ergänzt das Militärgeschichtliche Forschungsamt in seiner »Deutschen Militärgeschichte«. Das besondere an Krupp war die Internationalisierung des Konzerns – geduldet von Staat und Armee, die sich so den Erhalt der führenden deutschen Rüstungsschmiede kostengünstig sicherten. Krupp verkaufte im Zeitraum von 1875 bis 1891 nur 18 Prozent seiner Waffen im Inland, während der Auslandsanteil am Geschäftsvolumen 82 Prozent betrug. Im Weltkrieg sollte man sich auf beiden Seiten mit Geschützen von Krupp beschießen.

Im Maritimen Komplex dominierten Aufrüstungsanhänger und Kriegstreiber. Trotz einer bestimmten Exportausrichtung waren große Teile der Schwer- und Rüstungsindustrie aus Ruhrgebiet, Saarland und Sachsen nationalistisch eingestellt.

Dazu dürfte beigetragen haben, dass sie ökonomisch im Ausland häufig mit englischen oder französischen Konkurrenten zu kämpfen hatten. Auch die mit ihnen verflochtenen und expandierenden Werftkonzerne an den Küsten bis hoch nach Ostpreußen und die reichsweiten Zulieferindustrien Maschinenbau, Kommunikation und Elektro zählten zum Flotten-Komplex im Kaiserreich. Sie rechneten damit, unmittelbar vom maritimen Aufschwung und von den staatlichen Rüstungsaufträgen zu profitieren. Deutsche-Bank-Boss Siemens stimmte als Reichstagsabgeordneter in Berlin persönlich am 14. Juni 1900 für die Flottenvorlage und hatte seit langem eine planmäßige deutsche Kolonialpolitik unterstützt. Mit dem Centralverband Deutscher Industrieller stimmten Tirpitz und andere Repräsentanten des Maritimen Komplexes ihre flottenpolitischen Aktivitäten ab. Der Centralverband war eine der ersten Lobbyorganisationen, der seit 1876 »im« jungen Reichstag agierte.

Neben den harten wirtschaftlichen Interessen brachten Herdentrieb, Prestigedenken und Eitelkeiten, politische und ideologische Überzeugungen Unternehmer und Kapital in großer Zahl ins Flottenboot. Das prominenteste Beispiel lieferte die Reederei Hamburg-Amerikanische-Packetfahrt Actien-Gesellschaft, kurz Hapag. Sie organisierte und organisiert Welthandel. Nur scheinbar ein Widerspruch zur aggressiven Flottenrüstung des Kaisers, denn die Hapag gehörte zur handelspolitischen Minderheit im Komplex, der ökonomisch weniger an Annexionen und Kriegen, aber doch an Kolonien gelegen war, um die Handelsströme auszuweiten. Dazu bedurfte es, so die gängige Meinung, des Aufbaus einer führenden Kriegsflotte. Zugleich versprach das Flottenprogramm seinerseits den Schutz des Handels (und der Industrie) in Übersee. So passte das Motto des Hapag-Generaldirektors Albert Ballin »Mein Feld ist die Welt!«, das weiterhin in der Ballinhalle an der Hamburger Binnenalster prangt, zum Aufrüstungskurs des protestantischen Kaisers, der mit dem jüdischen Ballin auch privat verkehrte. Und wieder erwiesen sich die Engländer als die eigentlichen Kontrahenten, denn schließlich besaß ihr Empire die globale Seehoheit, und noch immer gehörte etwa die Hälfte der weltweiten Schiffstonnage britischem Kapital.

Um die Jahrhundertwende bröckelte aber diese Führungsposition zusehends. Die deutsche Schifffahrt stieg, so der Reederverband heute, aus dem »regionalen Nichts« zur zweitgrößten Handelsflotte der Welt auf. Bereits in der neuen Verfassung der konstitutionellen Monarchie war 1871 die »nationale« Handelsflotte unter gemeinsamer Flagge festgeschrieben worden. Deutschlands Anteil an der Welttonnage wuchs seit der Gründerzeit auf über 10 Prozent an, gefolgt von den USA (5,6 Prozent), Frankreich (4,4) und Norwegen (4,1). Konkurrenz wurde durch Kooperation ergänzt: In »Linienkonferenzen« – welche die Europäische Union erst vor kurzem untersagte – steckten die großen internationalen Reedereien Preise und Fahrtgebiete ab, bildeten globale Kartelle.

Aufstieg der deutschen Handelsflotte

Jahr	Tonnage*
1890	1569
1895	1887
1900	2650
1905	3565
1910	4333
1913	5082

* in 1000 Bruttoregistertonnen
Quelle: Hartmut Rübner, Konzentration und Krise der Deutschen Schiffahrt.

Die Hapag stieg unter Ballin zur weltgrößten Reederei auf, dicht gefolgt vom Norddeutschen Lloyd aus Bremen. Beide transportierten nicht allein Waren, sondern – teils unter erbärmlichen Bedingungen – Millionen von Deutschen und vor allem von jüdischen Russen, die nach Nord- und Südamerika auswandern wollten. Eine Geschichte, die im Auswandererhaus in Bremerhaven und in der Ballin-Stadt auf der Hamburger Veddel nacherzählt wird. Reeder Ballin erfand zudem die Kreuzfahrt und ließ die drei traumhaften Riesenschiffe »Imperator«, »Vaterland« und »Bismarck« bauen.

Auch wenn Ballin und andere Fraktionen des Kapitals (vergeblich) versuchten, eine Eskalation mit England und den USA zu verhindern, versprach die Hapag dem Kaiser, im Kriegsfall die besten Schiffe des Konzerns zu Hilfskreuzern der Marine umzurüsten, so Ballin-Biograph Eberhard Straub. Außerdem kaufte die Hapag die dänische Insel St. John in Westindien, um sie als deutschen Flottenstützpunkt im Vorhof der USA auszubauen.

Flottenpropaganda

Im hohen Alter wurde auch der »Lotse«, den der jugendliche Flottenkaiser von Bord geschickt hatte, noch zum maritimen Fan. Hapag-Chef Ballin überredete Altkanzler Bismarck, sein nahes Domizil in Friedrichsruh zu verlassen und den Hamburger Hafen mit seinen gewaltigen Docks und Riesenkränen zu besichtigen. Nach einer Rundfahrt bestieg der Achtzigjährige einen der beispiellosen transatlantischen Dampfer der Hamburg-Amerika-Linie. Solche 200 bis 300 Meter langen Luxusliner voller Glamour, schwimmende Städte auf hoher See, faszinierten ihre Zeitgenossen wie die gewaltigen Kriegsschiffe, die der Kaiser während der von ihm eröffneten »Kieler Woche« gern zur Schau stellte. Die schiere Größe, technische Brillanz und Rekordgeschwindigkeiten im Wettrennen über den Atlantik ums »Blaue Band« wurden zum Pausengespräch der Beschäftigten. »Sie sehen mich ergriffen und bewegt«, sagte der einst mächtigste Mann des Reiches, und Bismarck fuhr fort: »Ja, das ist eine neue Zeit – eine ganz neue Welt.«

Die vertrauten Segelschiffe und damit viele Berufe verschwanden nach und nach aus dem Hafenbild und wurden von schnelleren, größeren und planbareren Dampfschiffen ersetzt. Deren Qualm wurde zum Menetekel der Moderne. Für die kostengünstigen Windjammer blieben noch einige spezielle Routen übrig; so holten sie das militärisch kaum entbehrliche Salpeter aus Chile.

Neben dampf- und später dieselgetriebenen Motoren war es Stahl, der den Schiffbau umkrempelte. Frachter und vor allem die neuen Kriegsschiffe wurden nicht mehr aus leichten Holzplanken gezimmert, sondern der Rumpf wurde nun aus wuchtigen Stahlplatten zusammengebaut, die man dazu miteinander vernietete. Der neue Beruf des Nieters entstand. Er verband zwei Stahlplatten mit einem »Niet«, einem Nagel, der durch ein Loch geschoben und unter ohrenbetäubendem Lärm platt geklopft wurde. Dieses stählerne Hämmern sollte zusammen mit dem Tuten der Dampfschiffe jahrzehntelang die Geräuschkulisse aller Häfen der Welt prägen. Diese Industrialisierung der Schifffahrt hat der melancholische Marine-Dichter Gorch Fock mit seinem mystisch-realistischen Roman »Seefahrt ist not!« ausgeleuchtet. Fock beschreibt den chancenlosen Kampf der Fischer aus Finkenwerder mit ihren kleinen Segelkuttern gegen die Dampferriesen der Fischereifabriken auf hoher See.

Nicht allein die Erbauer von Kriegsschiffen verunsicherte diese stürmische Entwicklung. Auch die Politik ließ sich auf ein ideologisches und technisches Wettrüsten ein. Nur durch militärische Stärke zur See könnten Sicherheit und koloniale Expansion gewährleistet werden. Dieser »Navalismus« schlug in vielen Staaten hohe ideologische Wellen. Linienschiffe und Kreuzer wurden immer stärker gepanzert. Im Gegenzug wuchs das Kaliber der Geschütze bis auf 30,5 Zentimeter, nahm die Zahl dieser schweren Geschütze und der Türme zu und stieg die Feuergeschwindigkeit. Worauf die konkurrierenden Marineplaner wiederum mit noch stärkerer Panzerung und höheren Fahrgeschwindigkeiten reagierten. Und so weiter und so fort.

Die Entwicklung gipfelte vorläufig in der englischen »HMS Dreadnought«, auf deutsch »Null Angst«. Die fürchterliche Kampfmaschine war auf der staatlichen Werft in der Marinebasis Portsmouth in rekordverdächtigen 366 Tagen gebaut worden und verwandelte im Jahr 1906 alle bisherigen Linienschiffe, die fortan in jedem Gefecht hoffnungslos unterlegen waren, zu altem Eisen. Daraufhin begann weltweit ein erneuter Rüstungswettlauf. Auch Japan, USA, Österreich-Ungarn, Chile und mehrere andere Länder bestellten *Dreadnoughts*. Der Anteil der Marine am Militäretat stieg in vielen Ländern, in Russland verschlang er bald nach der Niederlage gegen Japan 1905 die Hälfte. Die *Dreadnought*-Aufrüstung sei »das Modell für alle modernen Rüstungswettläufe«, meint der Militärexperte Rolf Hobson vom Verteidigungsinstitut in Oslo.

Neben der Technik begeisterte viele Zeitgenossen der kaiserliche Ruf nach einer deutschen »Weltpolitik«. Wozu wiederum quasi per Definition eine Flotte gehörte – und Kolonien. Auch Kolonien waren damals keineswegs so verpönt, wie es uns heute erscheinen mag. Selbst in der Sozialdemokratie gab es diese Faszination der Ferne. Alfred Tirpitz wusste diese Abenteuerlust der Deutschen, von denen vermutlich die Mehrzahl ausgewanderte Verwandte in Übersee hatte, zu nutzen. Tirpitz habe in der Flottenfrage »ein ganzes Volk von 50 Millionen widerhaariger, nicht informierter, übergelaunter Deutscher zu orientieren« gewusst, lobte später der Kaiser.

Tirpitz' Flottenpropaganda knüpfte an maritime PR-Vereine an, die auf Expansion des Reiches setzten, wie die Kolonialgesellschaft oder der Alldeutsche Verband. Kaum im Amt als Chef des Reichsmarineamtes gründete er die »Abteilung für Nachrichtenwesen und Allgemeine Parlamentsangelegenheiten«, eine informelle Werbeagentur für seine Flottenpläne. Der Leiter August von Heeringen war, so Tirpitz, für »die Aufrüttelung des Volks« zuständig. Der Admiral sah sich als Mannschaftsspieler, nicht als Einzelkämpfer. Tirpitz' Propagandaabteilung arbeitete erfolgreich als Netzwerker. Sie initiierte den Deutschen Flottenverein (DFV), der im April 1898 gegründet wurde, kurz nachdem das erste, noch moderate Flottengesetz zum Ausbau der Marine den Reichstag passiert hatte. Selbst diese bald überaus prominente Massenorganisation war also keine Basisinitiative.

Neben dem »Marineministerium« unter Admiral Tirpitz, Militärs, Politikern und Ministern spielten wirtschaftlich Interessierte wie Krupp und Stinnes, Rathenau von der AEG, Albert Ballin und Bankiers wie Ludwig Delbrück eine Hauptrolle im Flottenverein. Der Verein »trat für eine aggressive Weltmachtpolitik Deutschlands ein und übte starken Einfluss auf die öffentliche Meinung aus«, fasst das Deutsche Historische Museum in Berlin zusammen; er war die »größte imperialistische Propaganda- und Massenorganisation vor 1914«, schreibt der marxistische Historiker Baldur Kaulisch.

Der Flottenverein stellte hochmoderne Kinematographen vor viel besuchten Bahnhöfen auf und verteilte vom Kaiser entworfene Sticker. Der wohlhabende Verein organisierte massenhaft Schülerreisen an die Wasserkante, brachte Marinetexte wie »Die deutschen Kriegshäfen« und »Deutscher Heldenmut zur See« in weit verbreiteten Schullesebüchern unter und führte Tausende Abendveranstaltungen für ein Millionenpublikum durch. Die Broschüre »Arbeiter und Flotte« erreichte eine Auflage von sechs Millionen Exemplaren. Der Einfluss des Flottenvereins auf Parteien und Regierungen war erheblich.

Schon nach zwei Jahren zählte der Flottenverein über 200 000

Mitglieder, großteils Bildungs- und Besitzbürger und in den Führungsgremien – wie in Flotte und Heer – zahlreiche Adlige. Dazu kamen der Flottenbund Deutscher Frauen und viele andere Vereine und Verbände sowie Unternehmen wie die Hapag. Die Zahl der Mitglieder des Flottenvereins stieg bis auf 1,1 Millionen Menschen, und das Verbandsorgan zählte zu den auflagenstärksten Zeitschriften im Kaiserreich. Kurz vor Kriegsausbruch verfügte der Flottenverein über 3845 Ortsgruppen. Wie populär die Marine und die Idee der Seemacht bis 1914 wurden, belegt der Siegeszug des neuen Matrosenanzuges im ganzen Reich und sogar in der Arbeiterbewegung. »Wohin man auch sah: Kinder in weißen Rüschenkleidern und hellen Matrosenanzügen«, schrieb der Arbeiterschriftsteller Willi Bredel über den Sommerausflug eines tausendköpfigen sozialdemokratischen Sparvereins.

Auf einen besonderen Reiz des Flottenvereins weist Peter Walkenhorst in seiner Studie »Nation – Volk – Rasse« hin, auf die politische »Vieldeutigkeit«. Jede nationalistische, rassistische, koloniale, aber auch gemäßigt maritime Position konnte sich im Vereinsleben wiederfinden, ganz gleich, ob man für Kreuzer oder Schlachtschiffe, für eine Expansion in Asien oder eine Attacke auf England plädierte. Im Kern vertrat dieser »Agitationsverband« jedoch einen »Radikalnationalismus« wie Alfred Hugenbergs ebenfalls flottenverliebter Alldeutscher Verband. Diese nationalistisch-maritimen Lobbyorganisationen und »Pressure Groups« standen im Gegensatz zu der seit 1871 weit verbreiteten Auffassung, dass die Gründung des Reiches einen herangereiften Höhepunkt und Schlusspunkt der preußisch-deutschen Geschichte darstelle. Dagegen sahen die Nationalisten den jungen Staat nur als Ausgangspunkt für die Expansion Deutschlands.

Tirpitz wusste die nationalen Extremisten zu nutzen. Die weitergehenden Positionen und teilweise persönlichen Angriffe aus dem Flottenverein hätten ihm genützt, seine tatsächlichen Forderungen im Reichstag durchzusetzen, bekannte er in seinen »Erinnerungen«. Auch in den Eliten betrieb Tirpitz Agitprop und knüpfte ein maritimes Netzwerk. Er selbst besuchte persönlich die Bürgermeister der Hansestädte, unterhielt enge Kontakte zu wichtigen Industriellen wie Krupp und Stinnes und zu Reedern wie Ballin, er suchte Generäle und Feldmarschälle auf, Herzöge, Landesminister (»ein gutes Werbemittel«) und Altkanzler Bismarck: »Von jetzt ab trat die Bismarcksche Presse für mich ein.«

Sein »treuer« Kapitän von Heeringen bediente inzwischen die Medien. Mit der neuen Massenpresse konnten erstmals Millionen Menschen direkt angesprochen werden, und die Presse war wie die bürgerlichen Parteien wohlwollend. Heeringen nutzte auch Bildungseinrichtungen für seine Propaganda. So lobte das Kultusministerium maritime Förderpreise für Schulen und Jugendliche aus. Heeringen warb populäre Schriftsteller an, tingelte durch die Universitäten, um erfolgreich prominente Historiker und Ökonomen wie Gustav Schmoller anzuheuern. Max Weber propagierte 1897 eine rücksichtslose Welt- und Flottenpolitik. Und auch das epochale Seemacht-Werk des amerikanischen Admirals Alfred Thayer Mahan wurde übersetzt, nicht allein auf Wunsch des Kaisers.

Auf Mahan basierten die immer wieder variierten »Kernsätze«, wie sie Baldur Kaulisch in seiner maßgeblichen Tirpitz-Biographie nennt, an die sich diejenigen zu halten hatten, die sich in den Dienst der Flotte stellten: Der Bau einer starken Flotte sei im Interesse der Machtstellung des Reiches, seiner Kolonialpolitik und seines überseeischen Handels unentbehrlich. »Der Handel folgt der Flagge« war ein in der verspäteten Schifffahrtsnation grassierendes Schlagwort. Alle Klassen und Schichten würden daher von der Flotte profitieren. Die für ihren Bau erforderlichen Gelder seien durchaus vorhanden. Der Flottenverein illustrierte den letzten Punkt mit dem abstinenten Hinweis auf die Milliarden Mark, die in flüssiger Form von Bier, Wein und Branntwein durch die durstigen Kehlen der Deutschen rinnen würden. Tatsächlich zahlten alle an der Zeche mit. Höhere Zollsätze für Lebensmittel – im Gegenzug stützten Agrarier das Flottenprogramm – schlugen sich in höheren Preisen nieder, und zum Leidwesen des Deutsche-Bank-Chefs Siemens wurde sogar die Börsensteuer angehoben.

Tirpitz, seinem trotz gelegentlicher Differenzen geistesverwandten Kanzler Bülow und sogar dem Kaiser muss der Flottenverein gelegentlich ziemlich auf die Nerven gegangen sein. So ärgerte sich Bülow über Versuche des in sich uneinheitlichen, doch insgesamt großindustriellen Vereins, der Regierung »die Wege der Flottenpolitik vorzuzeichnen«. Versöhnlich schrieb

Bülow aber auch: »Sehen Sie, welche Vereinsmeier wir [Deutsche] sind.«

Schon vor den ersten Flottengesetzen hatte Tirpitz 1896 die »stärkste Anteilnahme der direkt von der Flotte Nutzen ziehenden Privatindustrie zu Gunsten der Flotte« gefordert. Mit Alfred Woermann, Großreeder und Aufsichtsrat der Disconto-Gesellschaft – die Bank wurde später in der Weltwirtschaftskrise von der Deutschen Bank übernommen –, dem Textilunternehmer Theodor von Hassler, Vorsitzender des Zentralverbandes Deutscher Industrieller, und seinem Geschäftsführer Henry Axel Bueck und mit Alfred Ballin soll Tirpitz sich oft abgestimmt haben. Den Schlussstein der maritimen Koordinierung mit Wirtschaftskreisen bildeten zwei große Veranstaltungen in Hamburg im Dezember 1897 und im Berliner Hotel »Kaiserhof« im Januar 1898. Ein Jahrhundert später sollte Bundeskanzler Gerhard Schröder, vermutlich unbeabsichtigt, an diese Tradition mit seinen »Maritimen Konferenzen« anknüpfen.

War Heeringen für die allgemeine Werbung zuständig, kümmerte sich ein anderer Getreuer, Korvettenkapitän Eduard von Capelle, um den Reichstag. Tirpitz war er »unentbehrlich für die parlamentarische Arbeit«. So gelang es der Flottenfraktion, genügend Abgeordnete aus dem katholischen Zentrum mit ins Boot zu ziehen, um zusammen mit Nationalisten und maritimen Konservativen die Flottenprogramme durchs Parlament zu bringen. Das Zentrum war seit dem »Kulturkampf« mit Bismarck, der den Staat strikt von der katholischen Kirche trennen wollte, um demonstrative Staatstreue bemüht. Es ist bemerkenswert, wie sperrig das Parlament im autokratischen Kaiserreich war, trotz bürgerlichem Dreiklassenwahlrecht, in dem das Gewicht der einzelnen Wählerstimme mit größerer Steuerleistung zunahm. Frauen hatten kein Stimmrecht. Immer am Rande der politischen Niederlage, spielten Tirpitz und der Kaiser mit dem Gedanken, das Parlament notfalls aufzulösen. Angesichts zunehmender Wahlerfolge der Sozialdemokratie ein zweischneidiges Schwert.

Zunächst schien Tirpitz tatsächlich die britische Flotte einholen zu können. Während England zeitweilig nur zwei große Kriegsschiffe jährlich in Auftrag gab, legte das Reich bis zu vier neue Großkampfschiffe auf Kiel. Aber es kam, wie es eigentlich kommen musste: England rüstete verstärkt auf. Als Heeresmacht der deutschen Armee deutlich unterlegen, wurde die *Royal Navy* seit drei Jahrhunderten als militärische Lebensversicherung für das britische Empire angesehen, zu dem ein fünfter Teil der Erdoberfläche und ein Viertel der Menschheit gehörten. London hielt am Zweimächtestandard fest: Die englische Flotte sollte immer mindestens so stark sein wie die beiden nächstfolgenden zusammen. Eine nationalistische, mit antideutschen Ressentiments spielende Kampagne löste in Großbritannien die »Flottenpanik« aus, und in der englischen Öffentlichkeit wurde über einen Präventivkrieg gegen die noch im Aufbau befindliche deutsche Flotte gestritten. Auch in Großbritannien gab es – ebenso wie in Frankreich, Italien oder Österreich – einen Flottenverein, die *Navy League*. Im Sommer beendete das Parlament in London nach heftigen Debatten die Flottenpanik: Fortan konnten acht Großkampfschiffe pro Haushaltsjahr gebaut werden – doppelt so viele wie in Deutschland.

Dieses Tempo konnten Kaiser Wilhelm II. und Alfred von Tirpitz nicht mehr mitgehen. Die neuen deutschen *Dreadnoughts* der »Nassau«-Klasse sprengten den Finanzrahmen der Flottengesetze. Über Finanz- und Steuerfragen, ein undiplomatisches Interview des Kaisers und das Flottenprogramm entwickelte sich eine schwere Regierungskrise, die dem verbündeten Reichskanzler Bülow im Juli 1909 das Amt kostete. Sein Nachfolger Theobald von Bethmann Hollweg setzte wieder vorrangig auf eine Strategie der Landmacht. Die Armee sprach sich erstmals für ein klares Primat des Heeres aus, und selbst in der Flotte tauchten Zweifel an der Richtigkeit des bisherigen Kurses auf.

Tirpitz verlor auch innerhalb der Wirtschaft viele Verbündete, denen der aggressive außenpolitische Kurs und die Orientierung auf England als Hauptfeind missfiel. Selbst der Generaldirektor der Hapag, Albert Ballin, zweifelte nun am Nutzen einer weiteren Flottenvergrößerung. Der Pragmatiker focht vergeblich für eine »Verständigung« mit England. Auch dort wollte eine starke nationalistische Flottenlobby in den Krieg gegen »die Hunnen« ziehen. Tirpitz sei ein Störenfried, »der den Krieg will«, sagte Ballin einmal seinem Freund, dem Kaiser. Und doch träumte auch Ballin vom großen Sieg. Wäre der Sieg denn möglich, könnte man England »aus der Reihe der Großmächte auswischen, das wäre ein Erfolg so groß und gewaltig, dass man dafür den letzten Mann und den letzten Groschen zu opfern voll berechtigt ist«, soll er Tirpitz zwei Monate nach Kriegsbeginn geschrieben haben.

Tirpitz deprimierten solche politischen und ökonomischen Untiefen. Würde jetzt die Flotte von einem Hannibal Fischer versteigert, wie einst die 1848er Flotte, würden jenem »starke Hilfen von allen Seiten« zuteil, beklagte er sich bei einem Admiralskollegen. Immerhin setzten er und der Kaiser 1912 – zwei Jahre vor Kriegsausbruch – noch einmal eine Flottennovelle in Regierung und Reichstag durch. Aber eine zusätzliche Beschleunigung des Flottenausbaus war nicht mehr machbar. Bei Ausbruch des Krieges hatte Deutschland nicht wie erhofft mit England gleichgezogen, sondern das Verhältnis bei Großkampfschiffen betrug etwa 1:1,8 für die Briten. Trotz der Stärke von 300 Schiffen kam die teure deutsche Kriegsarmada im Weltkrieg kaum zum Einsatz, angeblich entgegen der Forderung von Tirpitz. Die deutsche Schlachtflotte dümpelte nutzlos in den Häfen herum, von der *Royal Navy* in der Nordsee blockiert, während England weiterhin unbehelligt die Weltmeere beherrschte.

Tirpitz verlor den Rückhalt beim Kaiser und das Vertrauen in seine Industriefreunde. So wandte er sich 1915 enttäuscht von Gustav Krupp von Bohlen und Halbach ab, dem er persönlich nahezustehen geglaubt hatte und mit dem er noch kurz vor Kriegsbeginn nach Flandern gereist war und die deutschen Kriegsziele diskutiert hatte. Am 15. März 1916 trat Tirpitz als Staatssekretär im Reichsmarineamt zurück. Seine Forderung nach »uneingeschränktem U-Boot-Krieg« traf (noch) auf die ablehnende Haltung Wilhelms II. und des Reichskanzlers Bethmann Hollweg. Beide fürchteten den Kriegseintritt der USA. Später sollte der Kaiser die U-Boote von der Kandare lassen, die Vereinigten Staaten sollten in den Krieg eintreten und Deutschlands Heere verlieren.

In den zwanziger Jahren zog der geschlagene Admiral für die rechtsextreme Deutschnationale Volkspartei (DNVP) in den Reichstag ein und überzeugte 1925 Generalfeldmarschall Paul von Hindenburg, sich zum Reichspräsidenten wählen zu lassen. Acht Jahre später ernannte Tirpitz' alter Vertrauter Hindenburg Adolf Hitler zum Kanzler.

Für das Selbstverständnis der Offiziere der kaiserlichen Marine – wie auch der *Royal Navy* – sei der Weltkrieg »ein Desaster« gewesen, ließ das Militärgeschichtliche Forschungsamt der Bundeswehr im Mai 2008 in einer Pressemitteilung verlauten. Nicht etwa aufgrund des furchtbaren Trommelfeuers in den Schützengräben der Champagne oder wegen des schrecklichen Taumels der Gasangriffe in Flandern, sondern dieses Desaster habe sich aus dem »Nichtstun« der gehinderten Meereskrieger ergeben. Die weiträumige britische Blockadestrategie hatte ein direktes Kräftemessen der beiden stärksten Schlachtflotten verhindert, und die einzige größere Seeschlacht führte 1916 vor dem Skagerrak keinerlei Entscheidung herbei. »Die Seeoffiziere, Angehörige einer militärischen wie gesellschaftlichen Elite, mussten sich damit zufrieden geben, beinahe wie im Frieden Dienst zu tun, obwohl beide Seiten das große Aufeinandertreffen sehnlichst erwarteten.« Das lange Warten wurde für Tirpitz' Flotte zur prägenden Erfahrung des Krieges.

Die ungenutzte Flotte hat trotz des Nichtstuns noch eine schillernde Rolle gespielt. Als wenn Geschichte einen schwarzen Humor besäße: Das Flottenprogramm des Deutschen Reiches hatte eine Mitschuld am Weltkrieg, und doch kam die hochtechnologische Kriegsmaschinerie nicht zum Einsatz, um am Ende eine politische Revolution auszulösen.

Im Sommer 1917 kam es an Bord der untätig im Hafen liegenden Schlachtschiffe erstmals zu Gehorsamsverweigerungen. Die Marineführung reagierte mit der Hinrichtung des Obermatrosen Max Reichpietsch und des Heizers Albin Köbis. Anders als die Offiziere führten die Mannschaften in den Häfen ein armseliges Leben mit kargem Essen, sie litten unter der Willkür überforderter Offiziere, sinnlosen Arbeiten und jahrelanger Abwesenheit von zu Hause. Außerdem zehrte die Langeweile. Verschärft wurde die üble Lage noch durch die neuartigen Großkampfschiffe: Im Unterschied zu früher drängten sich über 1000 Mann auf engstem Raum unter Deck. Ihnen vorgesetzt waren beispielsweise auf der »SMS Friedrich der Große« lediglich 41 Offiziere.

Neben den schlechten Lebensbedingungen sorgten der Krieg und die allgemeine politische Unzufriedenheit der oft sozial-

Industrialisiertes Kriegsschiff: Die 1084 Mann Besatzung der »SMS Friedrich der Große«, Weihnachten 1916.

demokratisch orientierten Seeleute für Konfliktstoff. Die Revolutionen in Russland hatten seit 1917 Hoffnungen in der Arbeiterbewegung auf demokratische Reformen und Sozialismus geweckt; und das Signal für den Sturm auf das Winterpalais in Sankt Petersburg, in dem die bürgerliche Regierung residierte, hatte der Kreuzer »Aurora« abgefeuert. Wenige Monate darauf übernahmen die Matrosen in der Adriabucht von Cattaro auf fast der Hälfte aller k.u.k.-Schiffe der österreichisch-ungarischen Marine das Kommando. Sie forderten Frieden und politische Reformen in Wien. Das Scheitern des Aufstandes inspirierte Friedrich Wolf zu seinem Drama »Cattaro«.

Als in diesem politischen Umfeld nun die deutsche Marineführung beschloss, in einem »letzten Einsatz« gegen England auszulaufen und die Flotte mit fliegenden Fahnen untergehen zu lassen, rebellierten die Matrosen in den beiden Kriegshäfen Wilhelmshaven und Kiel. Admiral Scheer und der Chef der Hochseeflotte, Konteradmiral von Trotha, hatten den eigentlich geheimen Flottenbefehl mündlich am 22. Oktober 1918 ausgegeben. Er sah eine letzte Schlacht der deutschen Hochseeflotte gegen die britische *Royal Navy* vor, »auch wenn [sie] ein Todeskampf wird«. Dahinter stand die Absicht, damit den Wiederaufbau der durch ihre Untätigkeit bloßgestellten Flotte nach dem Krieg zu ermöglichen. Eine heroische Tat sollte in der Zukunft die moralische und politische Zustimmung sichern. Derweil liefen bereits die Waffenstillstandsverhandlungen mit den Alliierten.

Eine Meuterei der Matrosen verhinderte das Himmelfahrtskommando. Soldatenräte übernahmen die Führung. Der Matrosenaufstand wirkte im ganzen Reich. Mit dem bewaffneten Aufstand der Seeleute in Kiel, darunter vereinzelt auch Offiziere, begann am 3. November die zweite deutsche Revolution. Von Kiel aus griff sie rasch aufs Land über, und am 9. November siegte auch in Berlin der bewaffnete Aufstand der Arbeiter und Soldaten. Die Meuterei führte in die Novemberrevolution, das Kaiserreich brach zusammen, und eine demokratische, wenngleich nicht, wie von vielen erhofft, sozialistische Republik entstand, mit Achtstundentag und Frauenwahlrecht.

Zur Zähmung der Revolution hat Gustav Noske beigetragen. Der führende Sozialdemokrat war sofort nach dem Matrosenaufstand von Berlin nach Kiel gereist und bildete während der Anfangsphase der Weimarer Republik »das entscheidende Bindeglied« zwischen den Kräften des neuen Systems und den Exponenten der alten Ordnung, meint das Militärgeschichtliche Forschungsamt. Der spätere Reichswehrminister Noske schaffte es sogar, die rebellierende Flotte wieder unter Dampf zu setzen. Die kaiserliche Flotte wurde gemäß den Waffenstillstandsverhandlungen in der Bucht von Scapa Flow hoch oben im Norden Schottlands interniert. Um eine endgültige Übergabe an die *Royal Navy* zu verhindern, gab Konteradmiral von Reuter im Juni 1919 den Befehl zur Selbstversenkung. Tirpitz' Flotten-Komplex versank fern der Heimat. Einige Schiffswracks liegen noch heute in den Untiefen Scapa Flows.

Kriegsverluste hatten die deutsche Handelsflotte bis 1918 halbiert. Derweil wurden im internationalen Handel der Alliierten und neutralen Länder allerhöchste Preise gezahlt. Von den bei Kriegsende verbliebenen 2,8 Millionen Bruttoregistertonnen an Schiffsraum musste Deutschland nach dem Versailler Vertrag 2,3 Millionen als Reparationen abliefern. Auch die deutsche Handelsflotte hörte 1919 auf zu existieren.

In jüngerer Zeit ist in Fachkreisen die Diskussion um Tirpitz und seine Bedeutung für den Ausbruch des Weltkrieges wieder aufgeflammt. Der in Norwegen forschende Rolf Hobson kritisiert in der Schriftenreihe des Militärgeschichtlichen Forschungsamtes differenziert das Tirpitz-Programm und wirft ihm in seiner Studie »Maritimer Imperialismus« eine falsche militärische Seestrategie vor. Eine wesentlich kleinere Flotte und ein Bündnis mit anderen zweit- oder drittklassigen Seestreitkräften hätten zu Verteidigungszwecken ausgereicht. Anderseits sieht Hobson in jenem überbordenden »Imperialismus zur See doch ein typisches Zeichen seiner Zeit«. Auch in England, Russland und Österreich-Ungarn habe er gewirkt. Im Herbst 2008 veröffentlichte der frühere NATO-General Franz Uhle-Wettler dagegen eine kenntnisreiche Biographie, die Alfred Tirpitz rechtfertigt.

Eigentlich verfolgte Tirpitz – aus heutiger Sicht – einen außenpolitisch äußerst riskanten Plan, der militärisch scheitern musste. Aber schon zu seiner Zeit wurden Schwächen und politische oder ökonomische Widersprüche von Kritikern gesehen und angeprangert. Der Kaiser, Tirpitz und maritime Interessengruppen konnten sich jedoch durchsetzen und innenpolitisch ihr Reich festigen.

Gewiss kann man weder dem Baumeister der Reichsflotte noch Deutschland die Alleinschuld am Ausbruch des Krieges zuschreiben. Aber der Maritime Komplex des Kaiserreiches trug entscheidend zur Destabilisierung Europas nach Bismarck bei, beschleunigte mittelbar die Flottenaufrüstung des Empire und löste die Urkatastrophe des 20. Jahrhunderts aus, der bald die zweite Katastrophe folgen sollte.

Maritime Komplexe haben wie Staaten keine Freunde, sondern Interessen. Die Hanse war von Handelsinteressen dominiert worden. Solche sind grundsätzlich, also im Allgemeinen friedlich. Davon profitierten auch Handwerk und Gewerbe. Die Hanse war daher ökonomisch und sozial breit aufgestellt. Außerdem verliefen Entstehung und Struktur – im Soziologendeutsch – »bottom-up«, gewissermaßen basisorientiert. Auch dies dürfte zu einem friedlichen Charakter beigetragen haben. Die Politik der von Patriziern geleiteten Städte, den Trägern der Hanse, war im Wesentlichen lokal und regional orientiert, was ebenfalls größere Kriege weitgehend verhinderte. Hinzu kam der für die Hanse wirtschaftlich glückliche Aspekt des Monopols im Ostseehandel. Erst als dieses Monopol bedroht wurde oder wichtige Privilegien in Frage standen, antwortete die Hanse geschlossen, aggressiv und militärisch.

Der wilhelminische Flotten-Komplex »an sich« war dagegen ein halbes Jahrtausend später angriffslustiger und militärisch streitbarer als die Hanse. Begünstigt wurde der aggressive Flottenkurs durch den sich ausweitenden Kolonialismus und Imperialismus in Europa. Dadurch entstanden neue ökonomische, soziale und politische Interessen in den Industriestaaten, die in brenzlige Stellvertreterkonflikte und regionale Kriege mündeten, in Marokko, zwischen der Türkei und Griechenland, auf dem Balkan, in Südafrika oder zwischen Russland und Japan. Deutschland war immer wieder in militärische Auseinandersetzungen verwickelt.

Entscheidend für die Aggressivität war die Schwer- und Rüstungsindustrie, die den Kern des Komplexes bildete. Vornehmlich ein Teil dieser Industriezweige – heute muss man noch Elektronik, Luft- und Raumfahrt hinzuzählen – haben ein grundlegendes ökonomisches Interesse an einer teuren Aufrüstung, möglicherweise auch an Kriegen. An beiden verdienen sie und vergrößern im Erfolgsfall ihren Macht- und Einflussbereich. Besonders aggressiv machte diesen Maritimen Komplex auch die politische Konstellation im Deutschen Reich, geprägt von nachholender Modernisierung, Nationalismus und kolonialer Begeisterung der Zuspätgekommenen. Aggressive Interessen und Kräfte wurden durch die international expansive Stimmung und Politik, vor allem in England, ermuntert. Und dennoch: Das von Kaiser Wilhelm II., Admiral Tirpitz und dem Maritimen Komplex durchgesetzte Flottenprogramm trägt eine maßgebliche Mitverantwortung für den Ausbruch des Ersten Weltkrieges.

»Vergessen« lässt sich nicht steigern, aber wie vergessen die ursprüngliche Katastrophe unserer Epoche und der Anteil der deutschen Schuld daran hierzulande ist, lässt sich in Flandern oder der Champagne leicht studieren. Bundesbürger trifft man auf den aufopferungsvoll gepflegten Friedhöfen des Ersten Weltkrieges kaum. In England gehört dieser Besuch des Festlandes für viele Schüler zum Lehrplan, und Millionen Franzosen und Belgier, US-Bürger und sogar Kanadier haben ihren Toten auf den Schlachtfeldern Europas die letzte Ehre erwiesen.

PASSAGE 2 – SCHIFFE UNTERM HAKENKREUZ

Das Verhältnis des Staates zur maritimen Wirtschaft ist traditionell ein besonderes. In der Weimarer Verfassung, wie auch später im Grundgesetz, wurde die Handelsflotte verankert. Politik und Ökonomie teilten Handelsflotte und Kriegsmarine wiederholt »eine strategisch wichtige Rolle« zu, fasst der Reederverband in seiner Verbandsgeschichte zusammen. Nach dem Ersten Weltkrieg finanzierte die Reichsregierung den Wiederaufbau der Schifffahrt. Ähnlich förderten England, die USA und andere Länder den Aufbau moderner Flotten. Frachter fuhren nun kaum noch unter Segeln und immer seltener mit Kohle und Dampf, sie wurden fortan von Dieselmotoren angetrieben, dem bis heute bevorzugten Antrieb. Das stark vergrößerte Nachkriegsangebot an Tonnage traf jedoch auf einen Rückgang des internationalen Handels.

Die »Gesundung« (Reederverband) der deutschen Schifffahrt setzte erst 1934 ein. Eine Folge der zyklisch anziehenden Weltkonjunktur, der Freihandelspolitik des »New Deal« in den USA und der faschistischen Wirtschaftspolitik in Berlin. Der Fokus in Deutschland lag allerdings auf der nationalen Selbstversorgung, aber selbst dafür bedufte es eines Ausbaus der Schiffsverkehrs mit Holland, Belgien und der Ostseeregion sowie im Zweiten Weltkrieg mit dem neutralen Schweden und dem besetzten Norwegen. Geostrategisch wurde spätestens mit Kriegsausbruch der historische Hanseraum reaktiviert.

Das Hitler-Regime schuf und nutzte den völkischen Mythos um die Hanse, mit »Führerprinzip« und germanischer Deutschtümelei. »Ein Zeitalter deutscher Weltgeltung«, jubelte während des Krieges der Historiker Ernst Hering über die Hanse. Andere national orientierte Wissenschaftler wie der in St. Blasien – dem Sommerdomizil von Admiral Tirpitz – geborene Fritz Rörig unterlegten solche maritime Ideologisierung mit dem »gemeinsamen Band des Blutes« zwischen Brügge und der östlichen Ostsee. Köln, die alte Handelsmetropole am Rhein, benannte Adolf Hitler am 1. Oktober 1935 in »Hansestadt Köln« um. Missbrauch und schlechtes Gewissen verdichteten sich ab 1945 auch im Fall der Hanse in einem Prozess der individuellen und kollektiven Verdrängung, der jahrzehntelang anhielt. Selbst im Kölnischen Stadtmuseum ist heute noch immer kein Wort, kein Bild über die Hanse und deren Vereinnahmung im Nationalsozialismus zu finden. Direktor Werner Schäfke hat versprochen, im zukünftigen Konzept seines Stadtmuseums die Hanse zu würdigen.

Der Hitler-Faschismus zehrte ideologisch nicht allein von der legendären Hanse. Zum heroischen Mythos umgedichtet wurden ebenso die kaiserliche Flotte, die Seeschlacht am Skagerrak sowie die Selbstversenkung in Scapa Flow. Dagegen war der Aufstand der Matrosen in Kiel und Wilhelmshaven in die Dolchstoßlegende eingeflossen, mit der nationale Kreise die Niederlage Deutschlands im Weltkrieg verklärten.

Militärisch hielt der österreichische Weltkriegheeresgefreite und schließliche Oberbefehlshaber der Wehrmacht, Adolf Hitler, wenig von Seemacht. Die Außenpolitik ab 1933 hatte eine »kontinentale Grundkomponente«, so der Kieler Historiker und Fregattenkapitän a.D. Michael Salewski. Die Kaiserliche Flotte nannte Hitler eine »romantische Spielerei, ein Paradestück« und den Grundsatz Wilhelm II., die Zukunft Deutschlands liege auf dem Wasser, bezeichnete er als »verkehrt und unheilvoll«.

Ideologisch dienten Hitler die Reichsmarine, ab 1935 Kriegsmarine, die Autobahnen oder das Radio als Symbol der Modernität des »Tausendjährigen Reiches«. Im Februar 1939 lief das imposante Schlachtschiff »Bismarck« bei Blohm & Voss vom Stapel – inszeniert als glanzvolle Propagandaschau. Der bei dieser Gelegenheit produzierte Film sollte dem eigenen Volk wie dem Ausland optisch die Gewalt und die technologische Stärke des Faschismus demonstrieren. Eine reale Mythologie, die schier endlos nachschwingt: Im offiziellen Deutschen Schifffahrtsmuseum kann heute der genaue Bauplan der »Bismarck« erworben werden, und Thyssen-Krupp wirbt auf seiner Internetseite mit dem Schlachtschiff für seine Werft Blohm & Voss. Im Weltkrieg spielte die Marine allerdings militärisch wieder nur eine Nebenrolle, und die »Bismarck« versank 1941 mit 1947 Mann im Atlantik.

Für Hitler und seinen Führungsstab war die Handelsflotte wichtiger als die Marine. Und das trotz eines erneut ergebnislosen U-Boot-Krieges gegen den Nachschub Englands über das Meer. Das »Dritte Reich« benötigte eine starke Handelsmarine für den Nachschub der Kriegsindustrie und seiner Landheere auf drei Kontinenten. Die maritime Wirtschaft konnte darum – trotz üppiger Unterstützung durch den Staat – ihre organisatorische Selbständigkeit behaupten und gewann sogar einen internen Konflikt mit der Kriegsmarine um mehr Schiffsraum. Beide Flotten blieben jedoch im strategisch auf Autarkie und auf Landmacht orientierten Nationalsozialismus zweitrangig. Gebremste Internationalisierung und der fehlende politische Wille verhinderten die Herausbildung eines Maritimen Komplexes. So verfügten die fast durchweg in Westdeutschland beheimateten Reedereien bei Kriegsbeginn am 1. September 1939 zwar wieder über einen Schiffsbestand von über vier Millionen Bruttoregistertonnen – dies waren jedoch noch immer eine Million Tonnen weniger als 1914. International lag Hitler-Deutschland damit immerhin auf Rang fünf, hinter Großbritannien, den USA, Japan und Norwegen (alles Flottenstaaten, welche die wiedervereinte Bundesrepublik heute weit abgehängt hat).

Der Hitler-Faschismus endete auch auf hoher See in einem Fiasko. Die Zahl der getöteten Matrosen auf Handelsschiffen dürfte die Zahl der Toten in allen anderen Wirtschaftsbereichen übertroffen haben; drei von vier Schiffen lagen am 8. Mai 1945 versenkt auf dem Meeresboden, und die restliche Flotte musste fast vollständig als Reparation zu gleichen Teilen an die USA, Großbritannien und die Sowjetunion abgeliefert werden. Die deutsche Handelsflotte ging innerhalb weniger Jahrzehnte zum zweiten Mal verloren.

Nach dem Krieg verboten die Sieger den Neubau von Schiffen. Erst 1949, nach dem Auseinanderbrechen der Anti-Hitler-Koalition und der sich zuspitzenden Konfrontation zwischen Kapitalismus und Sozialismus, gaben die Westalliierten den Schiffbau wieder frei. Finanziert wurde er über die Marshallplan-Gelder und organisiert vom sagenhaft mächtigen Deutsche-Bank-Boss Hermann Josef Abs und »seiner« Kreditanstalt für Wiederaufbau, der heutigen staatlichen KfW-Bank.

Hitler-Deutschland hatte, wie zuvor das Kaiserreich, die Flotte zerstört hinterlassen, und doch wirkte sein Tun und Lassen nach, im Allgemeinen wie im Konkreten. So hatte das Reichsverkehrsministerium 1935 dem Reederverband unter seinem »Führer der deutschen Seeschiffahrt«, dem Tankreeder John Essberger, den Auftrag gegeben, das Liniensystem zu reformieren, mit dem die Schifffahrt mit aller Welt verbunden war. Essberger grenzte die Fahrgebiete akkurat und ordentlich ab und vergab sie jeweils an nur eine Reederei. Dieses Gebietskartell hielt sich bis in die siebziger Jahre. Essbergers Deutsche Afrika-Linien (DAL) sind noch heute aktiv und führend im Handel mit dem Süden Afrikas.

Der aktuelle Maritime Komplex – Auf zu neuen Ufern

»Die Seemacht der Vereinigten Staaten
wird weltweit präsent sein,
um unser Heimatland und seine Bürger
vor direkten Angriffen zu schützen
und um unsere Interessen
auf der ganzen Welt zu fördern.«
Militärstrategie der USA
für das 21. Jahrhundert

Glänzender Horizont

Die Sonne strahlt über der Elbe. Strahlend leuchten auch die Gesichter im gläsernen Konferenzraum der Hansa Treuhand, von dem aus Manager und Journalisten über den Strom hinweg auf den geschäftigen und donnernden Containerterminal »Burchardkai« blicken. In keiner anderen Branche in Deutschland läuft das Geschäft während des ersten Jahrzehnts des neuen Jahrtausends so geschmiert wie in der maritimen Wirtschaft. Hier jagt eine Erfolgsmeldung die nächste, und die Spitzen der deutschen Schiffs- und Hafenwirtschaft sind in Champagnerlaune. Freude herrscht auch bei der Bundesregierung. Sie hat das Ihre zum Erfolg beigetragen. Den Startschuss dazu hatte Gerhard Schröder im Jahr 2000 abgefeuert, damals Kanzler, heute Lobbyist einer russischen Ostseepipeline.

Inhaber der erfolgreichen Hansa Treuhand ist Hermann Ebel. Auch er dürfte Altkanzler Schröder dankbar sein. Ebel macht sein Geld unter anderem mit Schiffsfinanzierungen. Dazu werden geschlossene Investmentfonds gebildet, die beispielsweise in ein neues Containerschiff investieren. Die Fondsanteile verkauft Ebels Hansa Treuhand an potente Anleger, die im Erfolgsfall außerordentlich hohe Renditen einstreichen. Der charmante, graumelierte Ebel hat allen Grund zur Freude, sein Geschäft läuft, und der Goldrand um die Hansa-Bilanz glänzt wie selten in der über 25-jährigen Firmengeschichte.

Aber nicht allein Ebel und andere Schiffsfinanziers wie MPC Capital oder die Deutsche Bank drehten – wenigstens bis zur Finanzkrise – ein großes Rad, sondern der gesamte maritime Bereich durchlebte ein Hochgefühl, wie man es seit der Epoche der Hanse nicht mehr gekannt hatte. Beispiel Schifffahrt: Zwischen 1996 und 2008 betrug das Wachstum der deutschen Handelsflotte mehr als 600 Prozent. Beispiel Hamburger Hafen: Der postmoderne Containerhafen hat New York, Tokio und London weit hinter sich gelassen. Noch zur Zeitenwende 1990 hatte sich das geopolitisch an den Rand gedrängte »Tor zur Welt« mit weniger als zwei Millionen Containern begnügen müssen, vier Millionen waren es am Beginn des neuen Jahrtausends und zehn Millionen sind es 2008, achtzehn Millionen sollen es 2015 sein, prognostiziert der Dachverband Hafen Hamburg Marketing – ein nahezu beispielloser Boom.

Danach hatte es vor etwas mehr als einem Jahrzehnt nicht ausgesehen. Im Lauf des Jahres 1995 – der reale Sozialismus war inzwischen Geschichte – avancierte »Globalisierung« zu einem politischen Kampfbegriff und wurde von Managern und Politikern zu einer Drohkulisse aufgebaut. Aus ihrer Sicht verband »Billiglohnländer« und »Tigerstaaten« in Asien und Osteuropa, günstige »Standortbedingungen« in den USA und Japan, der weltweite Handel und später die »Internetrevolution«, die »Neuen Industrien« und der »Neue Markt« eine gefährliche Gemeinsamkeit: Sie alle zusammen bedrohten den »Standort Deutschland«. Abhilfe, versprach die dominierende Elite, könne in dieser Lage nur noch ein radikaler Sozialabbau schaffen, Lohnverzicht, Senkung der Unternehmenssteuern, Liberalisierung von Finanzdienstleistungen, Deregulierung, Privatisierung des öffentlichen Sektors – und Netzwerke nach innen.

Schon wenige Jahre später ist die Stimmung umgeschlagen. Im neuen Jahrtausend spielt Deutschland Saison für Saison erfolgreich um den Titel »Exportweltmeister« mit. Während die Binnennachfrage und die Kaufkraft der Bürger dauerhaft stagnieren, verkaufen sich die Produkte der klassischen deutschen Erfolgsbranchen Maschinenbau, Chemie, Elektro und Auto rund um den Globus hervorragend, und VW setzt inzwischen mehr Autos in China als in Deutschland ab. Das Auslandsgeschäft von Deutscher Bank, Allianz, Siemens und Daimler-Benz, Bayer und Thyssen-Krupp trägt heute 50 Prozent und mehr zum Konzernumsatz bei. Manchmal sogar noch deutlich mehr, so wie bei der maritimen Zulieferindustrie zwischen Müritz und Bodensee, für die Korea oder China längst wichtiger sind als der heimische Markt. Auch die Werften produzieren vor allem fürs Ausland: Etwa 60 Prozent des Umsatzes machen sie mit der Türkei, Saudi-Arabien und Vietnam. Auf dem satten heimischen Konsummarkt sind dagegen keine großen Sprünge mehr möglich, und auch die Märkte der anderen herkömmlichen Industriestaaten sind weitgehend gesättigt.

Die »globalisierten« Konzerne haben einen Ausweg gefunden. Sie exportierten das Modell des Kapitalismus in asiatische Sonderwirtschaftszonen, in neue ökonomische Atolle, aus denen sich die reale »Globalisierung« zusammensetzt. Solche Atolle finden sich an der Ostküste Chinas, das seine Großmachttradition fortschreibt, auf englischsprachigen Software-

Inseln wie Bangalore und Bombay, berühmt durch die Filmfabrik Bollywood, oder im holländisch geprägten Jakarta. Diese und einige wenige andere globalisierte Atolle agieren auf Augenhöhe mit den führenden Industriestaaten und bilden die Eckpunkte für den Welthandel.

Während des Kalten Krieges hatte sich die westdeutsche Exportwirtschaft auf Westeuropa konzentriert, in den neunziger Jahren kamen Mittel- und Osteuropa durch das wiedervereinigte Deutschland als Kunden hinzu. Dorthin floss durch den Nord-Ostseekanal und über die Donau der Großteil der Güterströme per Schiff. Zwischenzeitlich machte das Geschäft mit Europa drei Viertel des gesamten Exports aus, und die früheren realsozialistischen Staaten wurden wichtiger für die Handelsbilanz als die USA. Die »Globalisierung« ist also vor allem eine Internationalisierung in den jeweiligen kontinentalen Regionen. Das gilt auch für Asien. Dort wächst besonders der Handel innerhalb des Kontinents.

Der Boom des Welthandels folgte daher vor allem dem rasenden Wachstum Chinas. Der deutsche Export mit diesem »roten Hoffnungsträger der Weltkonjunktur« legte im Jahr 2002 erstmals um sagenhafte zwanzig Prozent zu. Ein Aufschwung, der sich bis 2008, bis zur Olympiade in Peking, kräftig fortsetzte. Als globales Ergebnis zeichnete die Konferenz der Vereinten Nationen für Handel und Entwicklung (Unctad) eine »neue Geographie«, das Gewicht der aufstrebenden Länder im Nord-Süd-Handel nehme rasch zu und auch der Süd-Süd-Handel wachse stark. Allein die Regionen in Afrika und Asien, die weit ab vom Meer liegen, haben in dieser neuen Geographie noch keinen geräumigen Platz gefunden.

Dass sich einige aufstrebende Länder in nur wenigen Jahren zu attraktiven Handelspartnern gemausert haben, hat vornehmlich zwei Gründe. Zum einen entwickelten sich neue Exportmärkte für exquisite Investitions- und Konsumgüter, zum Beispiel in den früheren realsozialistischen Staaten wie China, Russland oder Polen. Zum anderen tauchen nun Länder auf, die von der wachsenden Nachfrage nach Rohstoffen profitieren, wie Saudi-Arabien oder Brasilien, oder deren kapitalistische Modernisierung voranschreitet, wie in Indien. Auch in diesen Ländern sind es nur bestimmte Regionen und Klassen, die vom wirtschaftlichen Aufschwung profitieren.

Die Entwicklung im seewärtigen Handel
(in Millionen Tonnen)

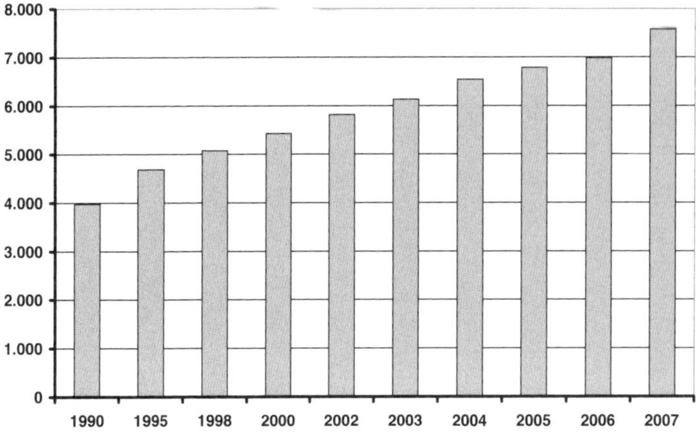

Quelle: Deutsche Marine, Flottenkommando, Jahresbericht 2008.

Insgesamt zieht Deutschlands Wirtschaft besonderen Nutzen aus der wirtschaftlichen Modernisierung der Aufsteiger. Dies liegt unter anderem an einer besondere Stärke des Standortes, nämlich schlüsselfertige Komplettlösungen für ganze Industrieareale abzuliefern. Durch großzügige staatliche Hermes-Bürgschaften werden diese finanziell abgesichert. Zudem beflügelt den Außenhandel die Verlagerung von vergleichsweise einfacher Produktionen aus dem Westen nach Osteuropa und Asien, denn die verlängerten Werkbänke müssen mit Hightech-Komponenten gespickt werden und liefern ihrerseits Halbfertigprodukte nach Stuttgart-Untertürkheim wie nach Flins bei Paris, Detroit oder Tokio, zurück. So betragt in Deutschland der Importanteil an den Exporten vierzig Prozent, schätzt das Statistische Bundesamt, und diese »Basar-Ökonomie« wächst. Immer mehr Waren, mit denen die alten Industriestaaten die Welt beliefern, werden in diesen Ländern nur noch teilweise oder gar nicht mehr produziert. Zugleich gibt diese moderne, grenzüberschreitende Arbeitsteilung in Industrie und Ökonomie dem Handel enormen Auftrieb. Während die Weltwirtschaft in den vergangenen zwanzig Jahren rasant wuchs, legte der weltweite Handel noch deutlich schneller zu. So steigerte die Weltwirtschaft, laut Internationalem Währungsfonds, zwischen 1990 und 2009 Jahr für Jahr ihren Ausstoß um durchschnittlich mehr als drei Prozent, während im selben Zeitraum der Welthandel um jährlich fast sechs Prozent anschwoll.

Der allgemeine Megatrend zu mehr Handel wird sich allerdings nicht auf ewig zuspitzen, und Statistiken legen sogar den Schluss nahe, dass sich seit den neunziger Jahren die Schere zwischen Produktion und Handel langsam wieder schließt. Trotzdem wird der Trend noch über einige konjunkturelle Dellen und über die aktuelle Finanz- und Wirtschaftskrise hinweg zugunsten des Handels anhalten. Der Welthandel wird auch in absehbarer Zukunft schneller als die Weltwirtschaft wachsen oder in der Rezession langsamer schrumpfen. Maritime Wirtschaft und Logistik werden selbst aus der Krise als Sieger hervorgehen. Denn die Beschleunigung des globalen Warenumschlags, wie auch die zunehmende internationale Arbeitsteilung, basieren auf preiswerten Transportmöglichkeiten, wie sie nur das Meer bietet. Ohne Schifffahrt gäbe es keine Globalisierung.

Welthandel im Zeichen des Containers

Der prosperierende Welthandel wäre ohne eine simple Box undenkbar. Die zündende Idee will Malcolm McLean, US-Amerikaner mit schottischen Wurzeln, schon in den dreißiger Jahren beim Anblick eines Zigarettenautomaten bekommen haben. 1956 verwirklichte der Kaufmann seine Idee, ließ einen alten Tanker umbauen, einige noch ungenormte Stahlboxen voller Baumwollballen darin verstauen und »erfand« so den Container, die Grundlage für den heutigen globalen Warenverkehr. Seinen ersten Großeinsatz erlebte der Container übrigens im Vietnam-Krieg, bei der Versorgung der US-Truppen.

Die Begeisterung der Akteure in Vorstandsetagen und Amtsstuben hielt sich jedoch in den Grenzen der Tradition. »Diese Kiste kommt mir nicht in meinen Hafen«, soll der damalige hamburgische Hafen-Senator Ernst Plate geschimpft haben. Der Hamburger Senat zögerte in den sechziger Jahren lange, 35 Millionen DM in einen staatlichen Containerterminal zu investieren – es gab keine einzige Zusage einer Reederei, tatsächlich einmal Stahlboxen nach Hamburg zu fahren. Medien und Teile der Wirtschaft hielten die Anfahrt über mehr als hundert Flusskilometer für zu lang; der Hafen der Zukunft werde direkt an der Küste liegen. Einige Länder wie Skandinavien setzten statt auf die Box lieber auf die schon bewährte Palette, und die traditionsreiche Hafenwirtschaft – Betriebe ebenso wie Gewerkschaften – sorgte sich um ihre Zukunft.

In den sechziger Jahren, zur Blütezeit des Stückgutumschlags, waren im Hafen täglich 60 000 Arbeiter unterwegs. »Hier tobte das Leben, überall war Stimmengewirr, es gellten Rufe und Weisungen über Wasser und Land«, berichtet Katrin Meyer von der Hamburger Handelskammer. Über siebzig verschiedene Berufe gab es, die fürs Löschen und Laden verantwortlich waren. Da es damals noch auf Muskelkraft ankam, machten die Schiffe meist mehrere Tage fest. Das sollte sich durch den Container bald ändern.

Damit die Kiste wirklich die Welt verändern konnte, brauchte sie jedoch eine Norm, an die sich Reeder, Häfen und Spediteure in aller Welt orientieren konnten. Mitte der sechziger Jahre wurde sie in Paris festgelegt: zwanzig mal acht Fuß misst der Standardcontainer, kurz TEU genannt (Twenty Foot Equivalent Unit). Er ist also rund 6 Meter lang, 2,60 Meter hoch und 2,40 Meter breit. In Paris schlug damit die Geburtsstunde der modernen Globalisierung. Fortan konnte man in jedem Hafen der Welt anlanden und Container problemlos löschen und laden, erinnert sich der damalige Hamburger Wirtschaftssenator Helmuth Kern auf der Geburtstagsparty »40 Jahre Containerumschlag«, die der städtische Hafenbetreiber, die Hamburger Hafen- und Lagerhaus AG (HHLA), im Juli 2008 auf dem Terminal Burchardkai mit zweihundert Gästen feierte.

Hier am Burchardkai hatte Senator Kern im Sommer 1968 das erste reine Containerschiff im Hamburger Hafen empfangen, die »American Lancer« der US Reederei United States Lines. Sozialdemokrat Kern gehörte als Hafensenator zu den wenigen mit dem richtigen Riecher und konnte die konservativen Bedenken in Senat, SPD und Unternehmerschaft überwinden. Bremen, nach dem Zweiten Weltkrieg Hafen der amerikanischen Streitkräfte, hatte schon vierundzwanzig Monate vor Hamburg mit dem Containerumschlag begonnen.

Auch im Osten setzte sich in den Sechzigern die Erkenntnis durch, dass »eine neue Transporttechnologie die Kontinente eroberte«, schrieb das DDR-Fachblatt »Panorama Maritim« im Rückblick. Im Unterschied zum Westen wurde zunächst im Hinterland die Infrastruktur angepasst. Daher begann der Containerverkehr in der DDR mit einem Zug, der ab Juni 1968 zunächst wöchentlich von Dresden über Berlin nach Rostock-Überseehafen fuhr. Im November startete dann das Motorschiff »Falke« mit 32 Containern zu dem Londoner Hafen Tilbury. Die Containerschifffahrt wurde bald zum Valuta-Renner, denn transportiert wurde hauptsächlich für Dritte, vornehmlich aus dem »Nichtsozialistischen Wirtschaftsgebiet«.

Jobs kostete die neue Ära zunächst nicht, schließlich wurden die Container am Burchardkai ausgepackt und die Waren wie gehabt auf Lastwagen oder Bahnwaggons verteilt, berichtet HHLA-Veteran Jan Beckmann. Bald waren Kais und Schuppen zu eng, und die meiste Arbeit wurde in – wie man später sagen wird – Logistikzentren ausgelagert. Dort, wo früher eine Schicht mit einem Dutzend Leuten zwanzig Tonnen auf ein Schiff verlud, so viel wie in einen Container hineinpasst, dort dreht heute nur noch ein Kranfahrer seine einsamen Runden.

Mit dem Aufschwung des Welthandels seit den neunziger Jahren und dem Containerboom, der aus China und Südostasien in die deutschen Seehäfen schwappte, kamen jedoch auch die Jobs zurück. Die Boxen reihen sich nun in eine hochkomplexe Logistikkette ein, und ein Großteil der im Hafen ankommenden Produkte wird in und um Hamburg weiterverarbeitet. So sichert der Hafen nach Schätzung des Senats heute in Stadt und Region 150 000 Arbeitsplätze, wahrscheinlich mehr als jemals zuvor. In ganz Deutschland sind mittlerweile 500 000 Arbeitsplätze direkt oder indirekt hafenabhängig, veranschlagt das Flottenkommando der Deutschen Marine.

Der Container hat die erdumspannende Logistikkette beschleunigt und verbilligt. Wie beim Bau von Autos oder Computern helfen auch der maritimen Logistikindustrie die sogenannten Skaleneffekte: Immer größere Schiffe machen den Transport über See immer preiswerter. Die mehrwöchige Schifffahrt von Hongkong nach Hamburg macht heute von den Fahrtkosten sogar nur noch 20 Prozent aus, während die folgende kurze Strecke per Zug oder Lkw nach Prag 80 Prozent verschlingt. Daher gewinnt der Versand per Schiff tendenziell an Attraktivität gegenüber dem Landverkehr per Bahn oder Automobil.

Freiheit der Meere

Für Adam Smith (»Unsichtbare Hand des Marktes«) war die Sache klar: Welthandel lohnt sich für alle. Wenn das kalte England seine Wollprodukte mit dem Wein aus dem warmen Portugal tauscht, gewinnen beide Seiten, eine Win-win-Situation also. Der Nationalökonom Friedrich List, der auch für eine preußische Marine- und Stützpunktpolitik eintrat, hielt Smith' Idee für falsch, wenn ein Industrieland wie England Waren mit einem Agrarland wie Portugal austauscht. List riet daher den industriellen Nachzüglern wie Deutschland und den Vereinigten Staaten, ihre Wirtschaft durch Zölle vor der ausländischen Konkurrenz zu schützen. Hinter diesem fiskalischen Deich könne sich die Binnenwirtschaft ungestört entwickeln, bis sie fit für den Weltmarkt sei.

Was heute wie ATTAC oder Arbeitsgruppe Alternative Wirtschaftspolitik klingt, forderte List bereits Anfang des 19. Jahrhunderts. Für ähnliche Auffassungen wie List erhielt Paul Krugman im vergangenen Jahr den Nobelpreis: Der Fall sämtlicher Handelsschranken führe nicht zu einer tendenziellen Angleichung der Einkommen zwischen den Ländern, wie es die neoliberalen Ökonomen erhoffen. Aber auch Krugman hält den Welthandel nicht für ein Nullsummenspiel, bei dem der eine gewinnt, was der andere verliert.

Freier Handel benötigt die Freiheit der Meere. Der Niederländer Hugo Grotius hatte 1609 diesen Grundsatz aufgestellt, und es waren die Holländer, die das *mare liberum* faktisch durchsetzten. Gegen den Widerstand der Hanse und später gegen den Widerstand der Engländer. Letztere wollten die Meere in Interessensphären aufteilen – und für sich das größte Stück. Für die Freiheit der Meere trat das Empire erst ab 1840 ein: Die Industrie des ersten Industriestaates wollte ihre Produkte ungestört von kostspieligen Scharmützeln nach Europa und in die ganze Welt exportieren.

1994 schränkten die Vereinten Nationen durch das Seerechtsübereinkommen die Freiheit der Meere in Küstennähe wieder ein. Die Hoheitsgewässer eines Staates reichen heute 12 Seemeilen (über 20 Kilometer) ins Meer hinein. In der »Ausschließlichen Wirtschaftszone« kann der Anrainerstaat bis zu 200 Seemeilen (360 Kilometer) über die natürlichen Ressourcen, über Fischfang und Bodenschätze frei verfügen. Die Vereinigten Staaten haben den Vertrag nicht unterschrieben, weil sie den über 200 Seemeilen hinausreichenden Festlandsockel vor ihrer Küste zur wirtschaftlichen Ausbeutung für sich allein beanspruchen. Streitigkeiten zwischen den 157 Vertragsstaaten werden am Internationalen Seegerichtshof der Vereinten Nationen in Hamburg entschieden.

Alle Häfen profitierten – mehr oder weniger – vom rasant wachsenden Welthandel, denn von Land zu Land und von Kontinent zu Kontinent werden die Waren fast vollständig auf dem kostengünstigen Seeweg transportiert. Neunzig Prozent des internationalen Handels entfallen auf den Seehandel. Entsprechend boomt der Schiffsverkehr.

Dessen friedliche Flaggschiffe sind heute die gewaltigen, über 300 Meter langen Containerriesen. Die Zahl der Standardboxen TEU, die zwischen Europa, Amerika und Asien hin- und herschippern, wird nach den optimistischen Voraussagen der Ökonomen mittel- und langfristig weiter kräftig zulegen. So erwartet das Hamburgische Weltwirtschaftsinstitut (HWWI) bis zur Mitte des kommenden Jahrzehnts eine weitere Verdoppelung der Boxenzahl (gegenüber 2007). Zur Freude der Reeder, die noch Mitte 2002, als die Charterraten gerade auf einen Tiefpunkt abgesunken waren, einen Hilfsfonds für beschäftigungslose Schiffe gegründet hatten. Wenn es dann trotz Flaute mal eine Passage gab, musste sich mancher Schiffseigner mit 10 000 US-Dollar, der Währung der internationalen Schifffahrt, begnügen – zwei Jahre später strichen Reeder schon 40 000 Dollar am Tag ein. »Schweinezyklus« nennen die Reeder das konjunkturelle Auf und Ab.

Der Ausdruck »Schweinezyklus« wurde in den zwanziger Jahren von der Agrarwissenschaft in Umlauf gebracht. Bei einem hohen Schweinepreis werden vermehrt Ferkel gezüchtet, und das führt zu einem Überangebot von Schlachtschweinen. Der Markt reagiert darauf mit fallenden Preisen. Zu diesem niedrigen Preis lohnt sich aber die Aufzucht von Ferkeln nicht mehr, und es werden weniger aufgezogen. Am Markt führt dieser Mangel dann wieder zu steigenden Schweinepreisen. Und so weiter und so fort. John Maynard Keynes hat allerdings schon 1936, unter dem Eindruck der Weltwirtschaftskrise, den »regelmäßigen Ablauf« dieser Konjunkturzyklen bezweifelt und darauf mit seiner »Allgemeinen Theorie« geantwortet. Keynes hoffte, mit staatlichen Eingriffen den Schweinezyklus zu entschärfen. Lange vorher hatte jedoch Karl Marx schon Zweifel an der Wirksamkeit solcher Konjunkturrettungsprogramme gesät. Er analysierte den Schweinezyklus als eine für den Kapitalismus typische Überproduktionskrise.

Zurück zur maritimen Wirtschaft im Boom: Von der maritimen Erfolgswelle profitieren Makler, Notare und Rechtsanwälte ebenso wie Schifffahrtskaufleute und Spediteure. Selbst die Lage der Werften zwischen Kieler Förde und Bodensee ist trotz des scharfen globalen Wettbewerbs besser als ihr Ruf, weitaus besser sogar. »Ermöglicht wurde dies dadurch, dass die Unternehmen ihre Technologieführerschaft ausbauten«, heißt es beim Verband für Schiffbau und Meerestechnik (VSM). Traditionell macht sich der bundesdeutsche Schiffbau gern kleiner als er ist: Weltweit ist er die Nummer vier, in Europa liegt er auf Platz eins. Fast alle Werften sind noch auf Jahre voll ausgebucht.

Begünstigt wurde die hiesige Hochkonjunktur von der Überlastung der Billigwerften in Asien. »Die Werften in Korea«, freut sich die deutsche Hightech-Konkurrenz, »hatten vor allem (simple) Großcontainerschiffe akquiriert und ihre Kapazitäten damit weitgehend ausgebucht.« Trotz Hochkonjunktur und voller Auftragsbücher blieben einige kleinere Werften wie die Lindenau Werft in Kiel finanziell schwach auf der Brust. Im Herbst 2008 rettete die öffentliche HSH Nordbank mit einem Kredit bis auf weiteres die Jobs der 370 Angestellten und 150 Leiharbeiter. Zuvor war die Vorfinanzierung eines bereits im Bau befindlichen Tankers durch eine private Bank geplatzt. Eine Folge der Finanzmarktkrise, die auch die HSH Nordbank hart traf.

In den sechziger Jahren hatte die deutsche Werftindustrie ihre einstige Weltgeltung eingebüßt. Japan eroberte die Spitzenposition und verlor sie später an Südkorea. »Aber Koreas Werften sind in den achtziger Jahren nicht wie von selbst zur

Entwicklung der deutschen Handelsflotte 1907–2008
(in 1000 Bruttoregistertonnen)

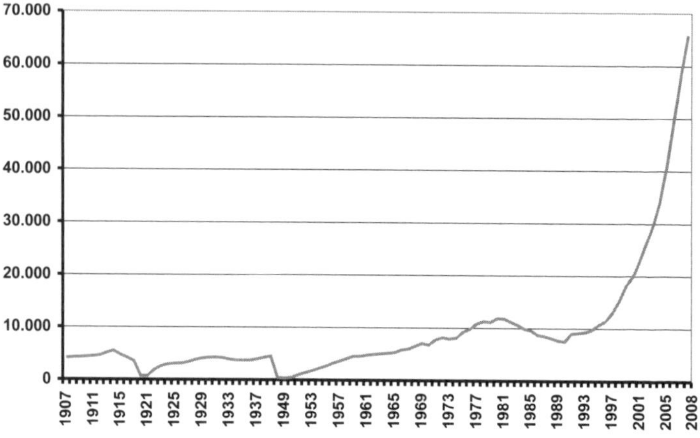

(2008: Schätzung)
Quelle: Verband Deutscher Reeder.

Nummer eins aufgestiegen«, kritisiert Branchenboss Werner Lundt vom VSM, »von staatlicher Seite wurde erhebliche Unterstützung gegeben.« Das gilt auch für China: Spätestens 2010 dürften die chinesischen Staatswerften im Massenschiffbau vorneweg fahren. Japan und Korea sind mittlerweile selbst zu teuer geworden. Um China Paroli zu bieten, bauen japanische und koreanische Konzerne in Vietnam oder Bangladesch neue Billig-Werften auf. Global zeichnet sich daher für die nächsten Jahre trotz des steigenden Welthandels eine doppelte Überproduktionskrise zumindest bei großen Containerschiffen und Frachtern ab: Die Neubaukapazitäten der Werften dürften im nächsten Jahrzehnt die Nachfrage nach Schiffen übersteigen; aber auch die von Reedern und Fonds bestellten Neubauten könnten den tatsächlichen Bedarf an Frachtkapazitäten übertreffen. Diese beiden Entwicklungen werden auch die deutschen Hightech-Fabriken wenigstens am Rande berühren. Aber gerade in Abschwung und Krise dürften Verflechtung und Kooperation im Maritimen Komplex zunehmen. Und im nächsten Aufschwung werden maritime Wirtschaft und Logistik wieder überproportional profitieren.

Von Überproduktion war in den letzten zehn Jahren jedoch

nicht die Rede, als sich selbst die Preise für gebrauchte Schiffe verdoppelten und noch das Abwracken zum immer lukrativeren Geschäft wurde. Als beispielsweise die Bundesmarine den ausgedienten Zerstörer »Rommel« losschlagen wollte, balgten sich sieben Bieter aus ganz Europa um das schrottreife Kriegsschiff im Wilhelmshavener Marinearsenal. Den Zuschlag erhielt das deutsche Unternehmen Eckhardt. Ein gutes Geschäft, denn angesichts traumhafter Charterraten und hoher Neubaupreise zögerten viele Reeder das Ende ihre alten Schiffe lange hinaus. Was wiederum den Schrott auf dem Weltmarkt verknappte. Zugleich puschte der ungestillte Hunger Chinas nach Schiffsstahl die Schrottpreise weltweit nach oben. Goldgräberstimmung herrschte daher auch bei deutschen Stahlkonzernen und im Erz- und Kohlehandel.

Zum erfolgreichen Maritimen Komplex in Deutschland gehört auch die Zulieferindustrie mit etwa 80 000 Beschäftigten. So rüstet die frühere Daimler-Tochter Tognum, besser bekannt als MTU Friedrichshafen, nach eigenem Bekunden jede zweite Schnellfähre mit einem Antrieb aus, und bei Marinemotoren für Fregatten und andere Kriegsschiffe gilt der Konzern vom Bodensee weltweit als Nummer eins. Ähnlich bedeutend ist die Münchner Siemens AG in der maritimen Elektronik oder die weitgehend unbekannte Mecklenburger Metallguss GmbH (MMG). Sie ist in Waren an der Müritz zuhause und stellt die kolossalsten Schiffsschrauben der Welt her, ein kompliziertes Hochtechnologieprodukt. Die Mecklenburger aus dem ruhigen Tourismusort haben einen Weltmarktanteil von sechzig Prozent bei großen Propellern mit einem Gewicht von über achtzig Tonnen – »Propeller« sagen Werftarbeiter und Marineingenieure zu Schiffsschrauben. Auch die deutsche Zulieferindustrie kennt längst Lieferengpässe, so müssen ihre Kunden Antriebsaggregate lange im Voraus ordern, manchmal jahrelang im Voraus. Auch diese maritime Zulieferbranche gilt innerhalb der Bundesregierung als »Exportweltmeister«, und Fachleute loben »die internationale Technologieführerschaft«.

Dabei profitiert die maritime Industrie – anders als beispielsweise die Automobilbranche – nicht allein von der »normalen« Ausfuhr in die Europäische Union oder in maritime Niemandsländer wie die Türkei oder Südafrika, sondern weit stärker von einer bemerkenswerten Rückkoppelung der Globalisierung.

Containerschiffsflotte der Welt nach Eigentümern

Rang	Land	1000 TEU
1	Deutschland	3521
2	Japan	785
3	Schweiz	651
4	Dänemark	601
5	Taiwan	523
6	VR China	502
7	Griechenland	479
8	Großbritannien	322
9	Frankreich	258
10	Singapur	221

Quelle: Verband Deutscher Reeder, Jahresbericht 2007.

Die Zulieferer in Mecklenburg-Vorpommern, Bayern oder Baden-Württemberg profitieren von den »hohen Bestellungen« deutscher Reeder in Asien und zwar »nachhaltig«, so eine Verbandsanalyse. Obwohl ihnen also Kunden ins Ausland verloren gehen, profitiert die maritime Wirtschaft doch als Teil der internationalen Wertschöpfungskette.

Große Containerschiffe, auf denen 8000, 10 000 oder mehr TEU Platz finden, werden meist in Südkorea und zunehmend in China gebaut – und sichern trotzdem Gewinne und Arbeitsplätze in Deutschland: Der Stahl und die Außenhaut der Schiffe werden zwar in Pusan oder Shanghai zusammengeschweißt, aber beispielsweise die klotzigen Schiffsschrauben kommen aus Deutschland von besagter MMG. Ebenso stammen die Motoren und das technische, elektronische Innenleben von Schiffsneubauten häufig aus deutschen Landen, wie auch die ingenieurtechnische Bauaufsicht auf den Werften vor Ort und die Kontrolleure des internationalen Normgebers Germanischer Lloyd.

Zudem kommen die Finanziers von Elbe, Main und Isar: Ein Drittel der weltweiten Containerflotte wurde mit deutschem Geld finanziert. Damit unterhält Deutschland weltweit die größte Containerflotte, weit vor den USA, Japan oder dem entindustrialisierten England, an dem die heutigen Handelsströme vorbeifließen. Die Basis der modernen Globalisierung gehört Eigentümern zwischen Freiburg und Flensburg, Ludwigshafen und Leipzig.

Deutschland ist wieder eine Seemacht! Eine unbekannte Seemacht: »Die volkswirtschaftliche Bedeutung dieses Industriezweiges ist zu wenig bekannt«, beklagte 2002 der Don unter den Unternehmensberatern, Roland Berger, am Beginn der Hausse. Er verglich die maritime Wirtschaft mit der im allerhöchsten Ansehen stehenden Luft- und Raumfahrt, die in der informellen Hochtechnologie-Hitliste vor der Autoindustrie rangiert: »Ein Flugzeug besteht aus einer ganzen Menge Hightech wie Elektronik, Steuerungssysteme, Antriebssysteme etc. – ein Schiff ebenso.« Folglich verdiene die Meeresindustrie die gleiche Unterstützung von Wirtschaft, Gesellschaft und Politik wie Flugzeugbau oder Autoindustrie.

Vernetzte Knotenpunkte

Passé ist die frühere Romantik der Matrosen und Schauermänner. Sie gab es in Wirklichkeit nie. Die Arbeit an Bord und Kai war hart, der Zusammenhalt eng, und Hafenarbeiter gehören bis heute zum Kern der Gewerkschaftsbewegung und der politischen Linken. In dem Buch »Kraftproben« haben Udo Achten und der Betriebsratsvorsitzende der Gesamthafenarbeiter Bernt Kamin-Seggewies die Kämpfe der Beschäftigten »gegen die Liberalisierung der Hafenarbeit« beschrieben. Handfeste Arbeit ist in einem modernen Hafen wie Hamburg oder Rotterdam allerdings kaum noch gefragt. Stattdessen dominiert eine hypermoderne Logistikindustrie das milliardenschwere Business, werden Waren im Hafen weiterverarbeitet und neue Produkte kreiert. Das Nadelöhr für jeden internationalen Handel, die Schnittstelle Schiff/Land, ist heute in eine »intermodale Transportkette« integriert, der klassische Hafenumschlag wird mit dem Hinterlandtransport räumlich und zeitlich immer enger vernetzt.

Im jungen Container Terminal Altenwerder (CTA) wurden während des Probelaufs in 48 Stunden aus dem Ozeanriesen »OOCL Shenzhen« 7422 Standardcontainer durch Superkräne gelöscht, die aus China importiert und mit deutscher Computertechnik aufgerüstet worden waren. 2002 eröffnet und seitdem mehrfach erweitert, gehört der weitgehend automatisierte CTA weltweit zu den modernsten Anlagen. Für einen zusätzlichen Schiffsliegeplatz hatte der Shanghaier Stahlbaukonzern Zhenhua Port Machinery vier weitere Maxi-Containerbrücken geliefert. Jeder ist 80 Meter hoch, 140 Meter lang und hat eine Spannweite, die über 22 Containerreihen schwebt. Den Weg von Shanghai bis Altenwerder fuhren die kolossalen Kräne fast vollständig montiert auf einem Spezialschiff des Herstellers.

Ausgerechnet Altenwerder wurde globalisiert. Früher stand auf der Logistikfläche ein heimeliges Bauern- und Fischerdorf. 1998 mussten die letzten Einwohner ihre Heimat im fruchtbaren Marschland unterhalb der Harburger Berge verlassen. Nun sorgen gelbe, fahrerlose Transportfahrzeuge und eine computergesteuerte Informationstechnologie dafür, dass genormte Stahlbehälter und Kühlcontainer ihren richtigen Standort in einem der zwei Dutzend Lagerblöcke finden, um kurz darauf reibungslos von einem Lkw oder Güterwagen Huckepack genommen zu werden. Container aus aller Welt werden in Logistiklagern im Hafen kommissioniert, etikettiert, aus-, ein- und verpackt, konfiguriert, konfektioniert, auf Qualität kontrolliert, fakturiert, geordert, montiert und dokumentiert – egal, ob der Inhalt aus Bananen oder Fernsehapparaten besteht. Zugleich werden ungezählte Leercontainer gestaut und gewartet. Über das System »COAST« können Spediteure alles Wichtige über »ihren« Container jederzeit im Internet erfahren.

Kleinere Containerschiffe, sogenannte Feeder, übernehmen fünfhundert oder tausend TEU und bringen ihre Ladung nach Schottland oder Schweden. Durch den Nord-Ostsee-Kanal werden das Baltikum und Russland versorgt. Der Hamburger Hafen ist auch ein Eisenbahnhafen. Über Nacht rasen Linienzüge ins Ruhrgebiet und in die Schweiz, nach Österreich und Polen bis Moskau. Zum alten Partner aus Hansezeiten, Lübeck, verkehren regelmäßig Shuttlezüge. Lübeck ist längst zum Spielbein für den hamburgischen Ostseeverkehr geworden. Vollbeladene Eisenbahnwaggons werden über Cuxhaven nach England verschifft und rollen dort von Bord direkt ins wieder verstaatlichte britische Bahnnetz. In Prag betreibt Hamburgs Hafen eine Logistik-Drehscheibe, die über Nacht vom Elbe-Hafen per

Knotenpunkt der Globalisierung: Containerhafen.

Schiene gefüttert wird und in Tschechien, Ungarn und Mitteleuropa Container frei Haus liefert. An jedem Werktag fahren von und zum Hamburger Hafen bis zu 200 Güterzüge. Die Binnenschifffahrt elbaufwärts bleibt dagegen trotz des Verschwindens der DDR-Grenze ein Stiefkind, nimmt aber immerhin an Bedeutung zu und stellt noch ein großes Reservoir für die Zukunft dar. Dazu müsste allerdings die naturnahe Elbe flussaufwärts ins Binnenland hinein vertieft werden. Ein Plan, der auf ökonomische Zweifel und ökologischen Widerstand stößt.

Außerdem verkauft der Hamburger Hafen sein gewonnenes Wissen weiter. Die Software aus einem der weltweit komplexesten Logistikcenter, eben des Container Terminal Altenwerder, wird auch in Frankreich, Pakistan und Westafrika genutzt.

Das rasante Wachstum des Welthandels sorgt gewissermaßen automatisch dafür, dass nicht allein der Hamburger Hafen ständig größer wird, sondern auch die halb so große nationale Konkurrenz Bremen-Bremerhaven und die einzigen verbliebenen europäischen Widersacher Antwerpen und Rotterdam. Aber Hamburg ist seit 1990 schneller als die Premium-Konkurrenz gewachsen. Was an der geographischen Nähe zum geöffneten Osten liegt und der Drehscheibenfunktion zur Ostsee, einem der strategisch interessantesten Wirtschaftsräume. Auch die traditionell guten Beziehungen der alten Hansekaufleute nach China und Südostasien, den Lokomotiven des heutigen Welthandelshochs, zahlen sich aus. Bremen profitiert dagegen von seinem traditionellen Atlantikverkehr in die USA.

Von Schifffahrt und Hafenlogistik allein kann selbst Hamburg nicht mehr leben. Im Containerzeitalter musste ein wachsender Anteil an der Wertschöpfungskette gewonnen werden. Heute werden Container, Erdöl und andere Rohstoffe, wie Kaffee, nicht nur von Schiffen gebracht oder abgeholt, sie werden auch in der Metropolregion, die bis Lüneburg im Süden und Lübeck im Norden reicht, umgepackt, und ihr Inhalt wird hafennah zu Turbinenmotoren und Flugzeugkabinen, Gesichtscremes, Benzin und Röstkaffee verarbeitet. So legten auch verarbeitendes Gewerbe, Mittelstand und sogar das Handwerk kräftig zu, oft stärker als im Bund. Und bei den Jobs schnitt in der Hochkonjunktur die »wachsende Stadt« – so das Motto des Hamburger CDU-Bürgermeisters Ole von Beust – besser ab als alle anderen Metropolen in Deutschland, versichert das Institut der deutschen Wirtschaft in Köln.

Der Boom hat jedoch Engpässe hervorgerufen. »Das über Dekaden anhaltende zweistellige Wachstum an Importcontainermengen und Rekorde bei Schiffs- und damit Ladungsgrößen führen zu immer längeren Liegezeiten und Abfertigungsproblemen in den Seehäfen«, beklagte das in Dortmund ansässige Fraunhofer-Institut für Materialfluss und Logistik. Vor vielen Häfen in Europa und Amerika mussten Schiffe manchmal tagelang warten, bis sie an die Reihe kommen und abgefertigt wurden. Der Abfertigungsdruck auf die internationale Seehäfen stieg weiter.

Vor der Finanzkrise sagten Prognosen eine weitere Verdopplung des Containervolumens bis 2015 voraus. Im vergangenen Jahr lagen Häfen, Reeder und Werftindustrie trotz der heftigen Abkühlung der Weltkonjunktur – Fabriken standen wochenlang still – weiterhin auf Wachstumskurs. Nach der »vorübergehenden Wachstumsdelle« im ersten Halbjahr 2009 infolge der Finanzkrise erwartet der Zentralverband der Deutschen Seehäfen (ZDS) wieder einen Aufschwung. An den langfristigen Wachstumserwartungen von jährlich etwa acht Prozent hält die maritime Wirtschaft für das kommende Jahrzehnt fest. Die Seehäfen sind daher auf immer leistungsfähigere Hinterlandanbindungen und Bündelungspunkte, sogenannte Hubs, angewiesen, um die Überlastung in den Griff zu bekommen. Einer dieser Hubs ist Europas größter Binnenhafen, er liegt symbolträchtig in der ehemaligen Stahlmetropole Duisburg.

Bis in die frühen neunziger Jahre hinein hatte die geplante Schließung des kruppschen Hüttenwerkes bundesweit Schlagzeilen gemacht. Wütende Proteste der Belegschaft auf der »Brücke der Solidarität« wurden zum nationalen Bild für den (vergeblichen) Widerstand der Arbeiterklasse gegen den Wandel des Industriekapitalismus. Im Sommer 1993 war endgültig »Schicht im Schacht«, Schluss bei Krupp. Ausgerechnet bei der Firma Krupp, die wie zu Kaisers Zeiten nun auch heute wieder eine Hauptrolle im Maritimen Komplex spielt. Die Schließung in Duisburg bedeutet das bittere Ende einer fast hundertjährigen Industriegeschichte. Auf dem Gelände des ehemaligen Krupp-Stahlwerkes entstand seit 1999 ein Zentrum für Logistik unter dem Namen »Logport«. In diesem Jahr soll rechtsrheinisch »Logport II« folgen.

Logport gehört zum Duisburger Hafen »Duisport«. Mittlerweile ist die westliche Ruhrgebietsmetropole der wichtigste Hinterland-Hub der Nordseehäfen und Verteiler für die Rhein-Ruhr-Region. 30 Millionen Menschen leben hier in einem Radius von 150 Kilometern. Duisport stößt jedoch an Kapazitätsgrenzen. Wie andernorts auch schaffen selbst leere Container enorme Probleme, und so wenden Hafen und Logistikfirmen bis zu 40 Prozent ihrer Kapazität für den Umgang mit den leeren Boxen auf. Duisport sowie die Häfen in Essen und Gelsenkirchen wollen darum zusammen mit den Forschern im Fraunhofer-Institut ein beispielloses »intelligentes Leercontainermanagementkonzept« entwickeln. Container sind weltweit eine Mangelware. Wie wichtig ein reibungsloser Ablauf der Transportkette inzwischen ist, belegen die Hoffnungen, die das Ruhrpott-Konsortium hegt: Es verspricht sich allein durch einen zügigeren Umgang mit den globalisierten Stahlboxen einen – wörtlich – »Standortvorteil« für ganz Nordrhein-Westfalen.

Obwohl lange ein bundesweites Hafenkonzept fehlte, wurde und wird längst jeder nennenswerte Schiffsanleger in Deutschland ausgebaut, und die logistischen Kapazitäten werden kräftig erweitert. »Um fit für die Zukunft zu werden«, heißt es überschäumend bei Duisport. Auch im Binnenland werden die Boxengassen immer größer. Erst 2007 wurde der nagelneue Eurohafen Emsland feierlich eröffnet. In Ostdeutschlands wichtigstem Binnenhafen ließ die Stadt Magdeburg für 35 Millionen Euro ein neues Areal mit einer 1,4 Kilometer langen Kaimauer bauen. Schiffe bis zu 185 Meter Länge sollen ganzjährig ins Ruhrgebiet, nach Berlin und die Ostsee fahren können, ohne auf Hochwasser in der Elbe warten zu müssen.

Heute erschöpft sich die Aufgabe der maritimen Logisik nicht darin, 28 Millionen Container (Stand: Ende 2008) kreuz und quer über die Weltmeere zu schippern. Sie ist Teil einer modernen Logistikindustrie, die über Erfolg oder Misserfolg der Produzenten und Verkäufer mitentscheidet. Die Logistik hat sich zu einer Hochtechnologie-Branche entwickelt.

Der Käufer eines Autos kann sich aus Tausenden von Kombinationsmöglichkeiten seinen Wagen nach ganz persönlichen Wünschen anfertigen lassen. Allein für den Dachhimmel einer BMW-Luxuskarosse gibt es angeblich 90 000 Varianten. Damit sich aber der Himmel nicht verdunkelt, bedarf es einer ausgeklügelten Lieferkette, im Fachjargon »Supply Chain Management« genannt. Eine solche Kette reicht von der Rohstoffgewinnung in Australien über die Fabrik in Frankreich, den Käufer in Deutschland bis zur Entsorgung des Altwagens in Afrika und verbraucht immer mehr Raum in den Häfen und deren Hinterland. Und diese Wertschöpfungskette erfordert immer mehr Kapital.

»Die Zukunft produzierender Unternehmen wird entscheidend von ihrer logistischen Leistungsfähigkeit bestimmt«, fasst Professor Günther Pawellek von der TU Hamburg-Harburg seine Forschungen zusammen. Die alte Fabrik, in der alles aus einer Hand kam, ist in Europa ausgestorben. Typisch sind stattdessen Unternehmen wie Großwerften oder Automobilfabriken, die höchstens noch ein Drittel eines Schiffes oder Autos selbst herstellen. Da moderne Unternehmen zudem weitgehend auf ein eigenes Lager verzichten, hängt ein reibungsloser Produktionsprozess entscheidend von Kraftfahrern, Lageristen und Speditionskaufleuten ab. In der Chemieindustrie frisst die Logistikkette mittlerweile 26 Prozent des Umsatzes auf, in der Nahrungsmittelbranche sind es sogar 35 Prozent.

Der Industrie genügt es nicht mehr, wenn Tausende Einzelteile »just in time«, also pünktlich zur Montage von Spediteuren angeliefert werden. Heute werden fertige Autohimmel in beliebigen Farben und Formen in der richtigen Reihenfolge passgenau direkt in die Produktionsstraßen von BMW, VW oder Daimler geliefert (»just in sequence«). Mit der bloßen Weitergabe des Kostendrucks an seine Lieferanten war Daimler in den neunziger Jahren an ökonomische Grenzen gestoßen, eingespart wurden nur noch minimale zwei Prozent. Japanische Autobauer hatten dagegen durch partnerschaftliche Kooperationen mit ihren Lieferanten die Kosten um sagenhafte 30 Prozent gesenkt. Heute baut Daimler den »Smart« im französischen Hambach in lediglich vier Stunden aus nur noch drei Dutzend Modulen zusammen, die fix und fertig angeliefert werden. Aus abhängigen Zulieferbetrieben wurden dienstbare Partner, die untereinander und mit der Zentrale in einem dichten Informationsnetz verbunden sind. Eingebunden werden als strategische Partner zudem andere Automobilhersteller. Markt und Konkurrenz spielen in und neben solchen Netzwerken nur noch Nebenrollen, was zählt ist eine gut funktionierende Kooperation.

Die immer komplizierter werdenden Produktions- und Vertriebsprozesse lassen Industrie und Handel zunehmend ihre Logistik an Spezialisten vergeben. Der drittgrößte Wirtschaftsbereich Deutschlands wächst seit langem um jährlich sieben Prozent und damit deutlich stärker als das Bruttoinlandsprodukt. Diese bereits weltweit festgestellte Asymmetrie zwischen Produktion und Handel ist hierzulande auch eine Folge des besonderen maritimen Booms sowie der zentralen Lage im wiedervereinten Europa. Weltweit ist der Logistikmarkt Deutschland mittlerweile die Nummer eins. Der Umsatz der hiesigen Logistikindustrie betrug 2008 über 200 Milliarden Euro, der Logistikumsatz in allen anderen EU-Ländern plus Norwegen und der Schweiz beläuft sich auf »nur« 700 Milliarden Euro. In der deutschen Logistikindustrie arbeiten 2,7 Millionen Menschen.

Das »Tor zur Welt«, bislang eine hamburgische Spezialität, soll an die Nordsee verlegt werden. »Warum«, fragt ein süddeutscher Logistikexperte zweifelnd, »muss die Elbe für die großen Containerriesen immer tiefer ausgebaggert werden?« Es würde doch die Umwelt schonen und obendrein weit wirtschaftlicher sein, wenn die Millionen Stahlboxen aus China und Asien statt nach Hamburg direkt zu einem Superhafen an der Nordsee schippern würden. Teile der Grünen und der Sozialdemokratie wünschen sich daher einen von der Bundesregierung geplanten Hafenausbau in Wilhelmshaven, der globale »Markt« werde sich dann schon nach diesen Plänen richten, hofft man. An diesen planwirtschaftlichen Ansatz glaubt man auch im ansonsten wirtschaftsliberalen Kabinett in Hannover. Trotzdem kommt selbst das niedersächsische »Jahrhundertprojekt« an der Nordsee nur langsam voran.

Für den »Jade-Weser-Port« vor Wilhelmshaven sollen einmal 44 Millionen Kubikmeter Sand aufgespült werden – eine Menge, die der Ladung von rund drei Millionen schwerer Lkw entspricht. Stahl, Beton und Steine sollen später verhindern, dass die Gezeiten den Sand in die See hinaustragen. Matthias Schrell, Standortmanager der Logistikfirma Rhenus, schwärmt von einem »elementaren Ereignis« und nennt den auf der grünen Wiese geplanten Tiefseehafen eine kühne »Vision«. Die war allerdings bereits 1994 schon recht handfest. Umgesetzt wurde davon jedoch bislang nur wenig, immer wieder verschob sich der Baubeginn.

Eine Mitverantwortung daran trägt der größte deutsche Baukonzern. Dabei schien Hochtief den Auftrag schon im Seesack zu haben: Ab 2010 sollten die größten Containerschiffe der Welt den Nordseehafen in der Provinz erstmals anlaufen – bis ein Gericht in Celle das nationale Milliardenprojekt abrupt stoppte. In dem Celler Rechtsstreit ging es um den Zuschlag für den 480-Millionen-Euro-Auftrag, den die staatliche JadeWeser-Port Realisierungs GmbH & Co. KG erst wenige Monate vorher an den Großkonzern vergeben hatte. Dagegen hatte der unterlegene Mittelständler Johann Bunte aus Papenburg geklagt. Nach Auffassung der Richter hatte Hochtief schlicht gepfuscht, so fehle in deren Konzept ein ausreichender Hochwasserschutz.

Der Gewinner der Ausschreibung sei deshalb »zwingend von der Wertung auszuschließen«. Der Beschluss ist rechtskräftig (Aktenzeichen: 13Verg 9/07). Damit schloss das Oberlandesgericht im September 2007 den Essener Konzern Hochtief vom Bau des Containerhafens aus.

In Essen zeigte man sich geschockt, schließlich schienen die Ausschreibungsbedingungen Hochtief wie auf den Leib geschrieben zu sein, munkelt man in Wilhelmshaven. »Wir sind sehr überrascht und können die Entscheidung des Gerichts nicht nachvollziehen«, klagte ein Sprecher von Hochtief. Hochtief sei vom Fach, schließlich baue das Unternehmen gerade Häfen im benachbarten Bremerhaven, in Gdansk und Südafrika.

Durch den Gerichtsbeschluss wurde der Zeitplan weit über den Deich geworfen. Eigentlich sollten noch im Herbst 2007 die ersten Bagger anrollen. Der gerichtliche Stopp und aufkeimender Korruptionsverdacht könnten der alten und neuen Landesregierung noch schwer zu schaffen machen. Wirtschaftsminister Walter Hirche (FDP) und Ministerpräsident Christian Wulff (CDU) hatten sich vehement hinter die Entscheidung für Hochtief gestellt. Der Hoffnungsträger in der Bundes-CDU Wulff muss es nun notgedrungen hinnehmen, dass die wenig prestigeträchtige Firma Bunte das teuerste Prestigeprojekt des Landes bauen darf.

Kaiser Wilhelm II. hatte dort kurz nach seiner Thronbesteigung 1888 seinen Reichskriegshafen an der Nordsee ausbauen lassen, als Gegenstück zum Ostseestützpunkt Kiel, und ihm gleich seinen Namen verpasst. Von der einstigen Sonderstellung ist der schrumpfenden Kaiserstadt inzwischen nur noch ein Marinestützpunkt mit 8000 Bundeswehrsoldaten geblieben, und die Schließung der Olympia-Büromaschinenwerke Anfang der neunziger Jahre steht für den Niedergang des Industriestandortes am Rande der Republik. Für die Region mit überdurchschnittlich hoher Arbeitslosigkeit erscheint der Jade-Weser-Port daher als eine letzte wirtschaftliche Chance. Etwa 1000 neue Arbeitsplätze sollen direkt im Hafen entstehen, weitere 1000 in Logistikfirmen, die sich neu ansiedeln sollen. Das Projekt hat seinen Preis: Insgesamt werden die Kosten für Land und Bund auf mehr als eine Milliarde Euro geschätzt.

Bei den Menschen in der Region weckt der Jade-Weser-Port Hoffnungen auf bessere Zeiten, Ministerpräsident Wulff hofft auf Wählerstimmen. Eine Rechnung, die bei der Landtagswahl 2008 nicht aufging: Im Wahlkreis Wilhelmshaven gab es für die CDU genau so viele Stimmen wie im Landesschnitt. Aber auch SPD-Bundesumweltminister Sigmar Gabriel und sein grüner Vorgänger Jürgen Trittin machten sich mit der umstrittenen Studie »Nachhaltigkeitsaspekte der nationalen Seehafenkonzeption« gemeinsam um den Hafen in ihrem Stammland verdient, dessen Kaianlage einmal 1725 Meter lang sein soll. Im Schulterschluss mit der Umwelt-Lobby von Greenpeace bis World Wildlife Fund (WWF) forderten sie mit klassischen Ökoargumenten eine »nationale Hafenpolitik«, die wirtschaftlich Wilhelmshaven nützen würde – auf Kosten der logistisch weit günstiger gelegenen Städte Bremen und Hamburg. Für dessen Tor zur Welt soll der letzte naturnahe Strom in Deutschland in den nächsten Jahren zum siebten Mal vertieft werden. Experten – wirklich unabhängige sind allerdings in einem solchen lokalpatriotischen Zwist kaum zu erwarten, und da schließt sich der Autor nicht aus – halten die Studie für fachlich dürftig, und da man die Absicht merkt, für politisch verfehlt.

Doch auch der Jade-Weser-Port fordert einen Kompromiss zwischen Ökonomie und Ökologie. Er muss erst noch an das deutsche Fernstraßennetz angeschlossen werden, und – ökologisch weit brisanter – weder der teilweise eingleisige Bahnanschluss noch die Anbindung an das europäische Wasserstraßennetz reichen aus. Das weiß auch die Landesregierung. Noch im Oktober 2008 musste Wirtschaftsminister Hirche den Landtag besänftigen: »Das Land unternimmt alles, um die bedarfsgerechte verkehrliche Anbindung des Jade-Weser-Ports sicherzustellen.« Hier scheint ein eigentümliches Konzept durch: erst der Hafen, dann die Anbindung?

Ein Untersuchungsausschuss des niedersächsischen Landtages sollte Klarheit in das trübe Hafenwasser bringen. Hat sich bei der Vergabe des 480-Millionen-Euro-Bauloses die Politik zugunsten des Essener Baugiganten Hochtief eingemischt? Die Antwort könnte für Ministerpräsident Wulff und seinen Kompagnon Hirche unangenehm werden. Aber auch Wulffs Amtsvorgänger, den jetzigen Bundesumweltminister Gabriel, belastet der Ausschuss. Der Jade-Weser-Port wird, wenn er denn eines Tages fertig ist, hauptsächlich vom internationalen Hafenbetreiber Eurogate genutzt werden. An dem ist wiederum die Stadt Bremen maßgeblich beteiligt. Zu den Baukosten trägt allerdings Eurogate/Bremen nur den kleinsten Teil bei. Hat also der damalige SPD-Ministerpräsident Gabriel mit dem bremischen SPD-Bürgermeister Henning Scherf einen parteifreundlichen Handel auf Kosten des Landes Niedersachsen abgeschlossen?

165 Ordner gab das CDU-FDP-Kabinett für den parlamentarischen Untersuchungsausschuss frei. Der Bremer Manager der Jade-Weser-Port-Gesellschaft, Jürgen Holtermann, erhob schwere Vorwürfe. In dem Vergabeverfahren habe es eine Manipulation gegeben, Gutachten seien unter den Tisch gekehrt worden, und das ganze Prozedere sei nicht diskriminierungsfrei abgelaufen, soll Holtermann laut Presseberichten vor dem Landtags-Untersuchungsausschuss gesagt haben. Die seit 2008 im Parlament vertretene Linkspartei kritisiert beim Jahrhundertprojekt ebenfalls das »Missmanagement« und den Verstoß gegen Umweltrichtlinien. Die SPD will Hamburg wieder ins Boot holen. Im Mai 2002 hatte sich die Freie und Hansestadt dafür entschieden, ihre Option für einen zwanzigprozentigen Gesellschafteranteil am Jade-Weser-Port wahrzunehmen. Hamburg stärkte stattdessen lieber Cuxhaven. Die Stadt an der Elbmündung gehörte früher zu Hamburg. Erst 2005 unterzeichneten der niedersächsische Wirtschaftsminister Walter Hirche (FDP) und Wirtschaftssenator Gunnar Uldall (CDU) im Hamburger Rathaus den Staatsvertrag zur Aufhebung der Containersperrklausel. Damit wurde der Weg für eine unbeschränkte Weiterentwicklung des Cuxhavener Hafens frei.

Der Tiefseehafen in Wilhelmshaven wird entgegen der ursprünglichen Planung nicht bereits 2010 fertig, sondern entsteht etappenweise. Erst 2016 dürften dann insgesamt vier Liegeplätze für Containerriesen mit mehr als 300 Metern Länge entstanden sein. Pro Jahr sollen dort 2,7 Millionen Standardcontainer TEU umgeschlagen werden. »Kleinkram« aus Sicht der Hansestädte, die dem selbsternannten Konkurrenten längst weit enteilt sind. Wenn in Wilhelmshaven der Startschuss fällt, werden Bremen und Hamburg laut Prognosen genau das Zehnfache, also 27 Millionen TEU, bewegen. Dieser geplante Boom könnte allerdings ohne einen weiteren Ausbau von Weser und Elbe auf einer politischen Sandbank enden.

Selbstverständlich kann niemand in die Zukunft schauen.

Skepsis gegenüber Prognosen aller Art bleibt geboten. Seit 1990, seit der Wiedervereinigung wurden kühne maritime Zukunftserwartungen in der Realität wiederholt weit übertroffen. Trotzdem, im selben Zeitraum wurde die Branche des Öfteren von wirtschaftlichen Abschwüngen überrascht, zuletzt im Herbst 2008 von einem besoners heftigen Konjunktureinbruch. Letztlich zählen jedoch nicht das konjunkturelle Auf und Ab, sondern langfristige Trends und strategische Grundsatzentscheidungen, die für Jahrzehnte gefällt werden.

Die Hamburger Hafen- und Lagerhaus AG (HHLA) und ihre Mehrheitsaktionärin, die Stadt Hamburg, investierten in den letzten Jahren rund eine halbe Milliarde Euro allein in den Hafenausbau. Ein Börsengang der HHLA sollte die Finanzierung erleichtern. Aufgrund des Widerstandes in Belegschaft und Bevölkerung wurde daraus eine »Hamburger Lösung«: Lokalpatriotische Unternehmen, heimatverbundene Betuchte und die Beschäftigten teilten den »Streubesitz« weitgehend unter sich auf, und siebzig Prozent behielt der bisherige Alleineigentümer, der Staat. Die Hansestadt will bis 2015 mindestens 2,9 Milliarden Euro in die Entwicklung der Hafeninfrastruktur stecken. Im Hafen sollen neue Logistikterminals entstehen, eine Querachse soll den Dauerstau im Straßenverkehr auflösen, und die über siebzig Brücken führende städtische Hafenbahn soll modernisiert werden. In den Containerterminals werden weitere Liegeplätze für Schiffe gebaut, und alteingesessene Speditionskonzerne »optimieren« ihre Standorte. Um die begrenzten Flächenreserven im stadtnahen Hafen zu erweitern, soll der Containerverkehr an »Satelliten-Standorte« im Hinterland ausgelagert werden, etwa nach Braunschweig.

Umstritten in der Bevölkerung, auch unter Ökologen und Ökonomen, ist hauptsächlich die Vertiefung der Elbe. Dafür muss allerdings nicht etwa der ganze Strom ausgebaggert werden, denn im Längsschnitt erinnert der über hundert Kilometer lange Flussabschnitt zwischen Hamburg und der Nordsee an die Alpen: Tiefe Täler und ebene Almen werden von spitzen Bergkuppen überragt. Für eine »Fahrrinnenanpassung« – so der Terminus technicus der Befürworter – müssen darum lediglich einige Bergspitzen abgetragen werden, um die heutige »Solltiefe« von mindestens 15,80 Meter um anderthalb bis zwei Meter abzusenken. Selbst dann werden die neuen »Mega-

Boxer« Hamburg, aufgrund der zu geringen Fahrrinnentiefe, nicht vollbeladen mit 12 000 TEU erreichen können. Das wird allerdings auch nicht nötig sein, denn die Hansestadt liegt am Ende der *Nordrange*. Schiffe auf dieser Route haben vorher schon einen Großteil ihrer Ladung gelöscht, in Zeebrugge, dem heutigen Hafen des ehemaligen Hansekontors Brügge, in dem früheren Hansestandort Antwerpen und in Rotterdam, dem aktuellen Gegenspieler Hamburgs.

Die Befürworter der Elbvertiefung verweisen auf frühere positive Erfahrungen. Kurz nach dem letzten Ausbaggern fuhren mehr und vollere Schiffsgiganten durchs Tor zur Welt, das Geschäft der Hanseaten erfuhr einen deutlichen Auftrieb. Darauf hoffen Hafenwirtschaft und Senat auch nach der neuerlichen Elbvertiefung. Anderseits floss der Fluss nach jeder Vertiefung schneller und unberechenbarer. Dadurch versanden beispielsweise die Hafenbecken in kurzer Zeit, immer mehr teilweise belastetes Sediment muss ausgebaggert, abtransportiert und im Wasser oder sogar an Land abgelagert werden. Das ist kostspielig und birgt Risiken für Flusslandschaft und Deutsche Bucht. Den Bedenken von Umweltschützern begegnet der schwarzgrüne Senat, seitdem Hamburgs Regierungs-Grüne widerwillig die Elbvertiefung akzeptierten, mit einem Ausgleichsfonds, der die ökologische Situation der Elbe verbessern soll. Hamburgs Pläne erzürnen aber auch die Flussanwohner in Niedersachsen wegen des Risikos der Deichsicherheit – an Flüssen und Küsten eine Urangst der Menschen.

Den klotzigen Hafeninvestitionen von Stadt und Land Hamburg sowie dem Bund sollen Milliardeninvestitionen der privaten Wirtschaft folgen. Dabei ist die seit der Hansezeit gewinnträchtige Privatwirtschaft eigentlich nur Gast: Hafenbecken, Kais und Flächen, kurzum der Hafen, gehören der Stadt. Außerhalb der Stadtgrenzen ist die Elbe eine Bundeswasserstraße, in ihrem Status vergleichbar mit einer Bundesautobahn. Infrastruktur und Hafengrundstücke verpachtet die Eigentümerin, die Stadt Hamburg, an öffentliche und private Unternehmen, so die 1866 gegründete Hafenbahn an die Deutsche Bahn. Die Pächter von Hafenflächen errichten und betreiben auf den städtischen Grundstücken Kaiumschlaganlagen, Lagerhallen und Kräne, die als »Suprastruktur« bezeichnet werden. Nutznießer ist vor allem die HHLA. Etwa zwei Drittel des Kuchens schneidet sie sich ab, vielleicht ein Viertel die privat-staatliche Eurogate-Gruppe. Eurogate, mit Wurzeln in Bremen, bezeichnet sich selbst als Nummer eins in Europa bei der Containerlogistik, mit Seeterminals am Atlantik und im süditalienischen Gioia Tauro, dem Drehkreuz des Südens im Mittelmeer. Neben den zwei Großen teilen sich den Rest des hamburgischen Kuchens hundert andere Hafenfirmen.

Am Hamburger Hafen hängen nach Schätzungen des Senats etwa 250 000 Jobs, die meisten in der Stadt und in der weiten Metropolregion, aber auch im ganzen Bundesgebiet. Damit beschäftigt allein die hanseatische Logistikindustrie weit mehr Menschen in Deutschland als Daimler-Chrysler oder Siemens zusammen. Entsprechend selbstbewusst tritt der juvenile, heimliche Hafenboss Klaus-Dieter Peters auf: Die HHLA zähle zu den wichtigsten Konjunkturlokomotiven »mit Ausstrahlung auf das gesamte Bundesgebiet«. Mit einer solchen »nationalen« Bedeutung der Seehäfen rechnet man auch in Bremen, Wilhelmshaven und in Rostock.

Vom prosperierenden Welthandel haben auch die ostdeutschen Häfen und Werftenstandorte später profitieren können, nachdem zunächst mit dem Zusammenbruch des Staates und der realsozialistischen Länder sowie der Einführung der (teuren) D-Mark 1990 der gewachsene Markt weggebrochen war. Ein neuer war nicht zu erobern, denn die Schiffe waren nun zu kostspielig im Vergleich mit der kapitalistischen, vom Staat geförderten Konkurrenz aus Korea, Japan und Westdeutschland.

Die Staatsreederei und die Werften der DDR wurden von Unternehmen aus dem Westen übernommen. Erst nach dem Sturz des Ministerpräsidenten Alfred Gomolka (CDU) in Schwerin, nach Subventionsbetrug mit EU-Fördermitteln und der Insolvenz der bremischen Vulkan-Werft im Jahr 1996, die den Großteil des DDR-Schiffbaus verschlungen hatte, um lästige Konkurrenz loszuwerden, haben sich nach der Jahrtausendwende die Schiffbaubetriebe im Osten wieder stabilisiert. Dazu trug eine international anziehende Schiffbaukonjunktur bei.

Nach Zwischenspielen des dänischen Logistikriesens A.P. Møller-Mærsk und der norwegischen Aker-Gruppe gehören die Schiffbaubetriebe in Stralsund und Wolgast heute der Hegemann-Gruppe. Die Neptun-Werft in Rostock wurde von der für ihre Kreuzfahrtschiffe berühmten Meyer Werft im emsländischen Papenburg geschluckt, und die Großwerft in Wismar sowie die einst vom Schriftsteller Franz Fühmann besungene Warnow-Werft in Rostock-Warnemünde wurden letztlich von einer Investorengruppe mit Kapital aus Moskau aufgekauft. 2008 stieg die russische Investmentgesellschaft FLC West ein. Der Staatsfonds FLC West zahlte für seine Mehrheitsbeteiligung die überaus stattliche Summe von 292 Millionen Euro. Die Maritime Koordinatorin der Bundesregierung, Dagmar Wöhrl, sieht den Eigentümerwechsel »nicht negativ« und betont die »Chancen«, den russischen Markt zurückzuerobern, der durch das Ende der DDR verloren gegangen sei. Grundsätzlich positiv sieht den Einstieg auch der Verband für Schiffbau und Meerestechnik (VSM), vorausgesetzt, es handele sich um eine nachhaltige Investition. Es spricht einiges dafür, dass hier Akteure in Politik und Wirtschaft eine deutsch-russische strategische Allianz wie in der Energiepolitik schmieden wollen.

Einen langen Atem dürfte der russische Staatsfonds mitbringen. Ministerpräsident Wladimir Putin macht sich für einen Ausbau der Handelsmarine stark, denn seit dem Untergang der UdSSR wurde kaum noch in die russische Flotte investiert. Bei der Erneuerung der russischen Handelsflotte könnten die beiden Ostseewerften kurzfristig helfen, langfristig – daraus sollen die neuen Eigentümer intern kein Geheimnis machen – geht es um Know-how-Transfer nach Russland. In zehn, fünfzehn Jahren könne man den deutschen Standard von heute erreicht haben. »Auf den ersten Blick sieht es nicht nach einem Finanzinvestor aus«, sagte der Wismarer Betriebratsvorsitzender Ronald Zier. Dagegen spreche auch die beträchtliche Kaufsumme. »Wir sind zuversichtlich, dass die Russen nicht nur ein kurzfristiges Intermezzo geben, sondern als Industrieinvestor langfristige Interessen vertreten.« Beide Werften beschäftigen zusammen rund 2500 Menschen.

Einen bitteren Beigeschmack behält der Deal jedoch. Die beiden Großwerften wurden in den neunziger Jahren mit umgerechnet etwa 750 Millionen Euro aus der Staatskasse über Wasser gehalten und auch die anderen DDR-Werften mittels staatlicher Subventionen fit gespritzt für den Hochtechnologie-Weltmarkt der Internet-Ära. Die Beschäftigten mussten für die Modernisierung einen hohen Preis zahlen. Seit 1990 verschwanden fünf von sechs Jobs (im Westen nur drei von sechs), davon tauchte allerdings ein Teil in der Zulieferindustrie wieder auf. Anderseits war die Neptun-Werft wirtschaftlich am Ende, als die Meyer-Werft das Schnäppchen schluckte. Heute arbeiten auf Neptun wieder 400 Menschen und bauen erfolgreich Flusskreuzfahrtschiffe.

Insgesamt beschäftigt der bundesdeutsche Schiffbau heute direkt über 20 000 Menschen fest. Dazu kommen Tausende Zeit- und Kontraktarbeiter vorwiegend aus Polen, dessen einst stolze Schiffbauindustrie auf dem Trockenen sitzt. Angesichts der geringen Fertigungstiefe im modernen Schiffbau hängen in der Zulieferindustrie durchschnittlich etwa 80 000 Arbeitsplätze an den Werften, Jobs, die überwiegend im Binnenland liegen.

Die deutschen Seewerften mit einem Auftragsbestand von mehr als 15 Milliarden Euro sind bis mindestens Ende 2010 ausgebucht, manche bis 2012 und länger. Mittlerweile mangelt es der Branche an Facharbeitern und Ingenieuren. Wenigstens ist die Auszubildenden-Quote in den Betrieben auf über sieben Prozent angestiegen, weit höher als in der Automobilindustrie. Mittelfristig droht aber weiterhin eine Ausbildungsdungslücke, wie eine Studie des Bremer Instituts Arbeit und Wirtschaft (IAW) belegt, die im Auftrag der IG Metall erstellt wurde. Ein Grund ist der demographische Wandel, junger Nachwuchs wird bald knapp. Die Hälfte der deutschen Werften leide bereits heute unter Facharbeitermangel, heißt es in Gewerkschaftskreisen. Ein europaweites Manko, dem die EU-Kommission seit 2008 mit einer alljährlichen »Europäischen Schiffbauwoche« abhelfen will.

Auch in der Ausbildung von Ingenieuren tut sich etwas, wenngleich ebenfalls schleppend. Immerhin hat sich die Zahl der Schiffbaustudenten in wenigen Jahren von 700 auf über 1000 erhöht. Trotzdem stagniert die Zahl der Abschlüsse, weil die Mehrzahl der Studienanfänger entnervt die Hochschulausbildung abbricht. Woran das liegt, konnten auch die Branchenkenner zum Auftakt der »Europäischen Schiffbauwoche 2008« in Hamburg nicht schlüssig erklären. Walter Kühnlein, Chef der Schiffbauversuchsanstalt HSVA und charismatischer Werber für die maritime Wirtschaft, vermutet zu viele »Segler« unter den Anfängern, die dann von den unromantischen Studieninhalten desillusioniert würden. Laura Pflughaupt, die als tausendste Schiffbaustudierende geehrt wurde, kritisiert die Schule. Die Lehrer würden es versäumen, auf die nützlichen Anwendungsmöglichkeiten von Mathematik und Physik genügend hinzuweisen, beides Kernfächer der Schiffbauer und Meerestechniker.

Nicht allein der Norden, sondern auch der Süden gewinnt durch Seehäfen und Schifffahrt. Davon ist auch die schwarzrote Bundesregierung überzeugt. »Die maritime Wirtschaft ist existenziell für die ganze Wirtschaft, existenziell auch für den ganzen Süden«, sagte die Staatssekretärin im Bundesverkehrsministerium Karin Roth (SPD) in einem Konferenzsaal hoch über dem Hamburger Hafen, während ihr Blick durch die Glaskuppel bis zu den Harburger Bergen südlich der Elbe schweifte. So sei die Fahrrinnenanpassung von Elbe und Weser eine erfreuliche Nachricht für Hessen, Bayern oder Baden-Württemberg, meinte Roth, die in Esslingen bei Stuttgart lebt. Es lägen beispielsweise wichtige Zulieferbetriebe für die Werftindustrie in Süddeutschland, und pro Jahr würden eine Million Pkw über die Häfen an Nord- und Ostsee in alle Welt exportiert.

Bundesverkehrsministerium und der Verband der Seehafenbetriebe tingelten sogar mit einer »Roadshow« (Karin Roth) durch Süddeutschland, um marinefremde Ministerpräsidenten wie den baden-württembergischen Günther Oettinger (CDU) mit ins Boot zu ziehen. Die »Roadshow« muss gut gelaufen sein. Ministerpräsident Oettinger zeigte sich nach einem Besuch der Hafenanlagen und Containerterminals von Bremerhaven tief beeindruckt, die Wirtschaftskraft Baden-Württembergs sei auf die logistische Kompetenz der großen deutschen Seehäfen an Weser und Elbe angewiesen.

Deutschland ist wieder eine Seemacht. Ähnlich wie einst die Hanse oder wie das Flottenprogramm des Kaisers von Netzwerken aus Wirtschaft, Gesellschaft und staatlichen Institutionen getragen wurden, basiert die Seemacht heute auf einem Maritimen Komplex. Dafür sorgte allen voran ein Mann: Bundeskanzler Gerhard Schröder.

Schröders Strategiewechsel

Gutgelaunt, ja fröhlich, genoss Bundeskanzler Gerhard Schröder (SPD) seinen Auftritt auf dem Gipfeltreffen des deutschen Maritimen Komplexes im Januar 2005 im Congress Centrum

Bremen. Der angebliche Autokanzler hatte auch allen Grund, die Seefahrt ins Herz zu schließen, denn Handelsflotte, Nord- und Ostseehäfen, die speziell in Süddeutschland starke Zulieferindustrie und sogar die Werften, die wenige Jahre zuvor noch von einer Pleite bedroht waren, dürfen sich inzwischen als Sieger der Globalisierung feiern lassen. Sieger? Obwohl gerade sie direkter als viele andere Wirtschaftszweige die weltweite Internationalisierung zu spüren bekamen? Ja. Entscheidend zum Sieg beigetragen hat die enge Verknüpfung von Wirtschaft und Staat, Politik, Wissenschaft und Gewerkschaft zu einem schlagkräftigen Maritimen Komplex – sagen die Insider.

Für diesen stillen Erfolg unterhalb der Wasserlinie des öffentlichen Interesses hatte die rot-grüne Bundesregierung Schröders an vielen industriepolitischen Stellschrauben gedreht, von der Forschungsfinanzierung, über Lohnzuschüsse bis hin zur Tonnagesteuer, dank derer Schiffseigentümer üppige Gewinne fast steuerfrei einstreichen. Selbst einige Reeder meinen, damit habe die Bundesregierung doch des Guten zu viel getan.

Mit seiner Industriepolitik ist Schröder international jedoch kein Einzelgänger gewesen. Wenngleich in Deutschland Manager und Wirtschaftswissenschaftler brav im neoliberalen Hauptstrom mitschwammen, konnte bereits mit der Asienkrise 1997/98 in Teilen der herrschenden Klassen ein Umdenken, weg vom neoliberalen Leichtsinn, hin zu mehr staatlicher Grenzziehung und Regulierung beobachtet werden. Vor einem Jahrzehnt hatte der Finanzkapitalismus scheinbar schon einmal vor dem Zusammenbruch gestanden, wie 2008. Ohnehin war der Staat nie so weit aus der Ökonomie verschwunden, wie seine Gegner und Teile der Linken es oft behauptet und die meisten Beschäftigten des »Leviathan« geglaubt haben. (Thomas Hobbes' Staatsmoloch »Leviathan« geht übrigens auf ein mythologisches, vorbiblisches Seeungeheuer zurück).

Im Zusammenspiel sollten der Internationale Währungsfonds, dessen Chef bis 2004 der heutige Bundespräsident Horst Köhler war, die Weltbank und die Zentralbank der Zentralbanken, die Bank für Internationalen Zahlungsausgleich in Basel, das Chaos der Märkte richten. Trotz gewisser Erfolge der Regulierer siegte die neoliberale Grundströmung. Ausgerechnet in den USA wuchs jedoch unter dem republikanischen Präsidenten George Bush jun. der Staat über die von der Ideologie zugewiesene Rolle hinaus. Militärische Expansion (Irak, Afghanistan) sowie der Schock von Bilanzmanipulationen und großen Konzernpleiten, wie Enron und Worldcom, verwandelten die Regierenden in Washington zu heimlichen Keynesianern, die schärfere Kontrollen durch staatliche Aufsichtsorgane und hohe staatliche Ausgaben einsetzen, um das System zu stützen und die Konjunktur zu pushen. Aber auch in einigen anderen Ländern, allen voran Großbritannien, ist der Staat nicht nur der letzte Rettungsanker für pleite Banken und kaputtspekulierte Finanzsysteme. Er setzt Rahmenbedingungen für wirtschaftliches Handeln, subventioniert mehr oder weniger wettbewerbsneutral, und er knüpft aktiv an wirtschaftlichen Netzen.

Zum wirksamsten politischen Instrument, das Kanzler Schröder einsetzte, wurde jedoch der alle zwei Jahre stattfindende »Nationale Maritime Kongress«. Er bietet ein Forum, über das sich der gesamte Wirtschaftszweig untereinander verständigt und vernetzt. Schon Großadmiral Alfred von Tirpitz hatte im Kaiserreich mit mehreren großen Konferenzen auseinanderdriftende wirtschaftliche und politische Interessen in einem zentralen Punkt fokussiert, dem Flottenprogramm. Auch für Tirpitz waren maritime Konferenzen ein Mittel für seine Politik.

Die Akteure im Kapitalismus bewegen sich auf ihrer Jagd nach Profit immer zwischen den Polen »Konkurrenz« und »Kooperation«. Im Einzelnen wie im Gesamten schwankt das Pendel mal mehr in die eine, mal mehr in die andere Richtung, ohne je ins Extreme auszuschlagen. Das inoffizielle Motto im bundesdeutschen Maritimen Komplex lautet zugespitzt »Kooperation statt Konkurrenz«. Im Maritimen Komplex sind Unternehmen und Verbände, Maschinenbau- und Logistikindustrie, Banken und Finanziers, Dienstleister aller Art vom Reeder bis zum Makler und Rechtsanwalt, Staat und Politik sowie Medien, Hochschulen und Gewerkschaften fest verankert.

Für seine guten Taten ließ sich an einem sonnigkalten Januartag im Congress Centrum Bremen fast das halbe Kabinett feiern, nicht allein Wirtschaftsminister Wolfgang Clement, sondern auch Forschungsministerin Edelgard Bulmahn, die aus einer Binnenschifferfamilie stammt, und Verkehrskollege Manfred Stolpe. Selbst der grüne Umweltminister Jürgen Trittin, der sich mit der Ausbaggerung von Weser und Elbe schwer tut, war zum Grußwort angereist.

Trotz neoliberaler Ideologie tritt der Staat als Akteur auf. So agiert er hinter dem globalen Erfolg der nationalen maritimen Industrie mit strategischem Weitblick als »ideeller Gesamtkapitalist« (Friedrich Engels), und folglich hat die Bundesregierung mehr als eine Hand im maritimen Spiel. Das staatliche Handlungsfeld reicht vom kostspieligen Ausbaggern der Flüsse, heißen sie nun Elbe oder Ems, Rhein oder Donau, über Dumpingfinanzierungen durch die staatliche KfW-Bank, die frühere Kreditanstalt für Wiederaufbau, und Wissenschaftsprogrammen an einem Dutzend maritimer Lehrstühle und Forschungseinrichtungen, bis hin zu üppigen Werftenhilfen, die heute Technologiehilfen heißen und keineswegs nur ein subventionsfreies Abwehrinstrument gegen koreanische Dumpingpreise sind. Alte und neue Instrumente gehören zu einer Industriepolitik, die einen Wirtschaftszweig mit globalem Führungsanspruch in einem strategischen Hightech-Bereich fördern will.

Getrieben wurde die Regierung nicht von der Öffentlichkeit oder den Medien. Getrieben wurde sie von den Lobbyorganisationen der Wirtschaft und parteipolitischen Klüngeln, von gewerkschaftlichen Interessen und wissenschaftlichen Zukunftsprognosen. Die Interessen der Akteure können sich im Einzelnen durchaus unterscheiden, gemeinsam ist ihnen aber das Interesse am Komplex als Netzwerkorganisation, gemeinsam ist ihnen das Interesse an staatlicher Unterstützung durch Berlin und Brüssel für einen Maritimen Komplex, und gemeinsam ist ihnen das Interesse an ökonomischer und politischer Macht gegenüber anderen nationalen und internationalen Interessengruppen. Die Regierung ist jedoch kein bloß passives Objekt ökonomischer und politischer Interessen. Sie folgt eigener Einsicht in Kanzleramt, Wirtschafts- und Verkehrsministerium. Die Führung des Projektes »Maritimer Komplex« haben Regierung und Staat inne. Dialektik pur, aber klar ist: Die Zukunft liegt im Meer!

In Bremen versicherte der Kanzler den 800 Tagungsexperten, dass die maritime Wirtschaft eine strategische Bedeutung für die ganze Republik habe. »Wir müssen deutlich machen, welche Wirtschaftskraft dahinter steht, welche Perspektiven und Entwicklungen für unsere und für die europäische Volkswirtschaft darin stecken«, sagte Gerhard Schröder. »Es muss sich also ein Bewusstsein dafür entwickeln, wie groß die Bedeutung dieser maritimen Wirtschaft nicht nur für die Hafenstädte, sondern für das Land insgesamt ist.«

Gerhard Schröder hatte seit den siebziger Jahren Politik in und für Niedersachsen gemacht. Von 1990 bis 1998 war er Ministerpräsident in Hannover. Das zweitgrößte Bundesland wird zwar wie Hessen oder Bayern überwiegend als Binnenland wahrgenommen, hat aber ökonomisch und kulturell eine enge Bindung zur Küste. Daher war Schröder mit den Problemen der maritimen Wirtschaft vertraut, als er 1998 Bundeskanzler in Bonn wurde. Kaum zwei Jahre später ließ das Kabinett Schröder programmatische Taten folgen: Am 13. Juni 2000 verkündete der Bundeskanzler in Emden seine »Leitlinien zur Förderung der maritimen Wirtschaft«, im Beisein der erfreuten Schifffahrts- und Hafenprominenz. In der Stadt an der Mündung der Ems ist neben dem Komiker Otto und dem Henri-Nannen-Museum auch das VW-Werk und einer der wichtigen Häfen Niedersachsens zu Hause. Die maritime Wirtschaft, so Schröder wörtlich, sei »von zentralem Interesse für unser Land«.

Seither wird dem Bundestag, in dem die SPD eine »Küsten-Gang« und die CDU einen »Arbeitskreis Küste« unterhalten, und dem eigentlichen Kassenwart der Nation, dem Haushaltsausschuss, »eine enge Verbindung« (Gerlach) zur maritimen Wirtschaft nachgesagt. Die Akteure schufen gewissermaßen einen maritimen Staatsmonopolistischen Kapitalismus. Das Zauberwort des ersten regierungsamtlichen Marinekoordinators, Staatsekretär Axel Gerlach, hieß »Vernetzung«: Vernetzung von Staat, Politik und Wirtschaft, Wirtschaft und Wissenschaft und der Wirtschaft untereinander. Der altgediente und in Wirtschaftskreisen anerkannte Beamte Gerlach war einen Monat nach der ersten Nationalen Maritimen Konferenz von Bundeskanzler Schröder zum »Koordinator für die maritime Wirtschaft« ernannt worden. Ein Erfolgsmodell, das später die schwarz-rote Große Koalition fortsetzen sollte. Bundesminister und Exjournalist Wolfgang Clement (damals SPD) trieb derweil ein deftiges »Innovationsförderprogramm« voran, und den Wissenstransfer förderte die Bundesregierung tatkräftig mit dem bundesweiten Netzwerk »Center of Maritime Technologies«, an dem Industrie und Wissenschaft beteiligt sind. Diverse staatliche Förderpakete dürften sich schätzungsweise bereits

2004 zu einer Größenordnung von 400 Millionen Euro aufgetürmt haben.

Der Zeitgeist war neoliberal, und auch manche Taten der rot-grünen Bundesregierung waren es, nachdem Finanzminister Oskar Lafontaine (damals SPD) wenige Monate nach dem Wahlsieg sein Amt niedergelegt hatte. Die in der Kohl-Ära begonnene Privatisierung staatlicher Konzerne wie der ehemaligen Bundespost und der Bahn wurden fortgesetzt, das Bank- und Finanzsystem nach angelsächsischem Muster liberalisiert, und das soziale Netz wurde weitmaschiger. Maritim wirkte der Kanzler jedoch als nationaler Industriekapitän. So verkuppelte die Bundesregierung die richtungsweisenden deutschen Werftenkonzerne unter der industriellen Führung von Thyssen-Krupp miteinander und schuf ein Flaggschiff, das durch eine Stiftung vor feindlichen Übernahmen von außen abgesichert ist. Erst seit 2005 arbeiten die Großen der Branche – Blohm & Voss, Howaldtswerke-Deutsche Werft (HDW) und Nordseewerke – unter dem traditionsreichen, stählernen Dach von Thyssen-Krupp zusammen. Der neue Werftenbund beschäftigt hierzulande rund 10 000 Mitarbeiter. Zum Konzern gehören auch die beiden Marinewerften Kockums in Schweden und Hellenic Shipyards in Griechenland.

Die Akteure hatten kein leichtes Spiel. Damit Thyssen-Krupp Marine Systems (TKMS) entstehen konnte, musste zunächst der Widerstand von lokalen und wirtschaftsliberalen Politikern, Professoren und Beschäftigten überwunden und der US-Konzern One Equity Partners (OEP) ausgebootet werden. Der amerikanische Finanzinvestor war Eigentümer von HDW und besaß 25 Prozent des Kapitals des neuen nationalen Werftriesens TKMS. Die Zentralisierung gelang mit Hilfe des Maritimen Komplexes. »Die Politik, allen voran die damalige Bundesregierung, hat die Bildung des Werftenverbundes nachdrücklich unterstützt und begrüßt«, lobte im Rückblick der damalige TKMS-Vorstandsvorsitzende Klaus Borgschulte das Zusammenspiel von Wirtschaft und Politik. Angesichts der Konkurrenz aus Fernost und der staatlich subventionierten Werften Europas sei es »nur in einem Verbund möglich«, die Wettbewerbsfähigkeit der Werften zu stärken und die deutsche Schiffbauindustrie langfristig zu erhalten. Mittlerweile ist Thyssen-Krupp nach Firmenangaben weltweit führend bei Fregatten,

Korvetten und bei U-Booten mit Brennstoffzellenantrieb. Als Option für die Zukunft gilt der Aufbau eines westeuropäischen Global Players nach dem Vorbild EADS, aber weitgehend unter deutscher Führung. Der in Paris und München, Toulouse und Hamburg ansässige Luftfahrt- und Rüstungskonzern European Aeronautic Defence and Space Company produziert Airbus, Eurofighter und Lenkwaffen, wie beispielsweise die Anti-Schiff-Rakete Exocet.

Ihr »staatsmonopolistisches« Meisterstück lieferte die Bundesregierung unter Schröder und dem grünen Außenminister Fischer jedoch mit der Tonnagesteuer, die noch unter Vorgänger Kohl auf Kurs gebracht worden war. Im Reederverband spricht man von einer historischen »Zäsur«: Dass heute jedes dritte Containerschiff auf den Weltmeeren ein deutsches ist und mindestens jeder dritte Neubau mit deutschem Kapital finanziert wird, wurde erst durch eine sogenannte Liberalisierung der Finanzmarktregeln möglich, die wiederum schon Wiedervereinigungs-Kanzler Helmut Kohl gelockert hatte. Abschreibungsmodelle sollten in der Nachwendezeit helfen – so jedenfalls die offizielle Lesart –, die frühere DDR in »blühende Landschaften« umzugestalten. Die Folgen dieser teuren staatlichen Subventionen waren zunächst Überinvestitionen in Immobilien und Büros, später Bauruinen, Firmenpleiten und ein gähnendes Loch im Staatshaushalt.

Auch um ein Gleichgewicht zwischen Ost und West herzustellen, förderte die Kohl-Administration unter anderem Schiffsbeteiligungen in Form von geschlossenen Investmentfonds. Sie wurden zu einer überaus attraktiven Kapitalanlage für einkommensstarke Kenner, ein Steuersparmodell für Reiche: Dank »Verlustzuweisungen« musste der Anleger für eine Beteiligung von 100 000 DM nur 2000 DM selbst aufbringen, »der Rest« finanzierte sich aus der Steuerersparnis. Schiffe waren allerdings bis in die neunziger Jahre noch oft ein Verlustgeschäft, ohne Steueranreiz wären sie in Deutschland kaum zu finanzieren gewesen.

Seit dem Jahr 1999 freut sich die Branche über eine sogenannte Tonnagesteuer, die Steuerdumping für erfolgreiche Reeder und ihre Finanzinvestoren bei Gewinnen erlaubt. Die Tonnagegewinnermittlung (»Tonnagesteuer«) ist eine sehr besondere Art, den Gewinn zu »ermitteln«. Den Nutzen davon –

wie von einem Zwei-Drittel-Nachlass bei den Lohnnebenkosten – haben die Eigentümer der Schiffe, egal ob es ein Reeder ist, eine Finanzierungsgesellschaft oder der Anteilseigner eines Schiffsfonds. Ihre Gewinne aus einem Schiff werden bei der Einkommen- und Körperschaftsteuer kaum noch belastet: Pro 100 Tonnen Ladung berechnet der Fiskus bei größeren Handelsschiffen pauschal einen täglichen Gewinn von gerade mal 0,23 Cent. Diesen »Gewinn« müssen Eigentümer dann je nach ihrem individuellen Steuersatz versteuern. Faktisch bleiben durch die rot-grüne Tonnagesteuer üppige Milliardengewinne aus dem Betrieb der gigantischen Containerriesen steuerfrei. Die Tonnagesteuer ist eine genehmigungspflichtige Beihilfe, eine staatliche Subvention also, die von der EU-Kommission in Brüssel genehmigt werden muss. Aber Deutschland subventioniert nicht allein, ein Dutzend weiterer Mitgliedsländer setzen ebenfalls die Tonnagesteuer zur maritimen Standortpflege ein.

Diese staatliche Beihilfe überlebte sogar die scharfe Debatte um Subventionsabbau im ersten Jahrzehnt des neuen Jahrtausends. Um in den Genuss dieser Dumpingsteuer zu kommen, verlangt das Bundesfinanzministerium lediglich eine, aber bedeutsame Bedingung: Das Schiff muss komplett im Inland »bereedert« werden. So profitieren auch Reeder, die keine eigenen Schiffe besitzen und nur Schiffe *chartern*, also mieten. »Reeder« sind die Spediteure der Meere.

Nach dem erklärten Willen der Politik soll die Tonnagesteuer alle Schifffahrtsbetriebe am Standort Deutschland fördern, nicht aber »die Flagge«. Es bleibt grundsätzlich gleich, ob ein deutsches Schiff unter deutscher Flagge fährt oder nicht. Ein bundesdeutscher Reeder kann die Tonnagesteuer daher für seine Flotte nutzen, selbst wenn sie unter ausländischer Flagge fährt. Ausflaggen nach Panama, Zypern oder den Bahamas spart dem Reeder einige Gebühren und vor allem viel Heuer, denn nun ist es ihm möglich, Seeleute aus Billiglohnländern anzuheuern und entsprechend niedrig zu bezahlen.

Die Flaggenfrage ist politisch interessant vor dem Hintergrund einer aktuellen Staatsdiskussion, die den (National-)Staat in Auflösung sieht, und vor dem Hintergrund der früheren Maritimen Komplexe: Im wilhelminischen Kaiserreich war die Flagge unerlässlich als Kristallisationspunkt der Erfindung des Nationalen und damit des Nationalstaates; dagegen kannte die

Hanse keine »nationale« Flagge, jede Stadt führte ihre eigene – allerdings oft mit den Hansefarben Weiß und Rot unterlegt, als Symbol der Gemeinsamkeit in der Vielfalt. Vordergründig verzichtet die maritime Wirtschaft heute auf das gemeinsame Symbol und nutzt die Möglichkeiten der Internationalisierung zu ihren Gunsten aus. Gleichzeitig nutzt sie über die Flaggenfrage den bundesdeutschen Staat und seine föderalen Untergliederungen zur Durchsetzung eigener Interessen.

Die lukrativen Schiffsfonds, die in der Rechtsform einer Kommanditgesellschaft (KG) geführt werden – das »German KG-System« wurde international zum Synonym für die deutsche Schiffsfinanzierung, die den Aufstieg zur Seemacht bezahlte –, lockten im Abschwung durch Abschreibungsmodelle und im Aufschwung durch die Tonnagesteuer und verschafften der Investmentbranche kräftigen Rückenwind. Insbesondere mittelständische Anbieter wie Ebels Hansa Treuhand in Hamburg, die Dr.-Peters-Gruppe in Dortmund oder Conti in München nahmen kräftig Fahrt auf. Aber nicht allein die Schiffe, sondern auch die Boxen werden mittels Fonds vor allem aus Deutschland finanziert. Allein Marktführer P&R in München hat 1,5 Millionen Container von seinen Anlegern bezahlen lassen, und die Finanz-Tochtergesellschaft des Logistikkonzerns Buss verwaltet 1,3 Millionen Container im Wert von rund 1,5 Milliarden Euro.

Maritime Beteiligungen sind eigentlich nur etwas für erfahrene Anleger, trotzdem überfluten geschlossene Schiffsfonds seit einiger Zeit den gehobenen Massenmarkt. Als »geschlossen« werden die Fonds bezeichnet, weil im Gegensatz zu normalen Investmentfonds der Kreis der Anleger zu einem bestimmten Zeitpunk geschlossen wird. Der Verkauf eines Anteils ist danach nur noch möglich, wenn man einen Käufer findet, ein Rücknahmerecht wie bei normalen »offenen« Investmentfonds gibt es nicht. Üblich sind Fondslaufzeiten zwischen 15 und 20 Jahren. Wenn dieser Zeitraum abgelaufen und das nun alte Schiff verkauft wird, schlägt die Stunde der Wahrheit. Der Erfolg des Investors hängt maßgeblich von dem Verkaufspreis ab, der letztendlich für das Schiff erzielt wird. Erst dann klärt sich, ob unterm Strich eine überdurchschnittliche Rendite auftaucht, was wahrscheinlich ist, oder vielleicht ein kräftiges Minus zu verzeichnen ist.

Deutsche Anleger haben die Schifffahrtshausse der vergangenen Jahre genutzt und 30 Milliarden Euro in maritime Fonds investiert. Dazu dürfte in etwa die gleiche Summe von Reedern und Investoren kommen, die direkt in Schiffe investiert wurde. Neben den Fonds und Investoren haben Banken erhebliche Kredite bereitgestellt. Allein die HSH Nordbank hat rund 3400 Schiffe mit Darlehen über rund 30 Milliarden Euro finanziert. Die Landesbank von Hamburg und Schleswig-Holstein wirbt damit, »der weltweit größte Schiffsfinanzier« zu sein. In der Verfolgergruppe tummeln sich auch die Münchner Hypo-Vereinsbank und die Deutsche Bank. Es ist also nicht übertrieben, festzustellen, dass die weltweite Flotte mit über 100 Milliarden Euro Kapital aus Deutschland finanziert wurde. Staatlich gefördert, ist die Bundesrepublik als stiller Finanzier zu einem führenden Schifffahrtsland aufgestiegen.

Im politischen Gegenzug versprach die maritime Wirtschaft, 200 ausgeflaggte Schiffe bis Ende 2008 wieder unter die deutsche Flagge zurückzuholen und mit einer kostspieligeren deutschen Besatzung zu versehen. Der Reederverband sieht seine Mitglieder im abgesprochenen Zielkorridor, während der Gewerkschaft Verdi »das Erreichte nicht reicht«. Wie auch immer: Laut Reederverband fahren gegenwärtig rund 550 Schiffe unter deutscher Flagge – von 3220 Schiffen der deutschen Flotte!

Trotz mancher Kritik sehen sich die Gewerkschaften mit im Boot. »Es gibt ein Bündnis zwischen Verdi/IG Metall sowie Unternehmerverbänden und Bundesregierung – mit gemeinsamen Aufgaben, um die maritime Wirtschaft zu stärken«, bestätigt Jan Kahmann von Verdi gewohnt trocken das Vorhandensein eines Maritimen Komplexes. Lange habe die Bundespolitik »mit dem Rücken zur Küste gestanden«, das habe sich mit Gerhard Schröders Kanzlerschaft endlich geändert. Kahmann gehörte bis 2007 dem Bundesvorstand der weltweit größten Dienstleistungsgewerkschaft Verdi an und formte den Maritimen Komplex mit. Er sieht in ihm »eine vernünftige Mussehe«, und Kompromisse seien daher unumgänglich. So akzeptiere Verdi beispielsweise den Wunsch der Reeder, nicht alle Schiffe wieder unter die deutsche Flagge zurückzuholen, dafür werde im Gegenzug die Beschäftigung von Offizieren und die Ausbildung auf deutschen Schiffen unter fremder Flagge abgesichert. Der Verkehrsexperte ist selbst Kapitän auf großer Fahrt. Ausflaggen war bereits vor dem Ersten Weltkrieg eine Option und wurde von den Reedern als Drohpotential eingesetzt, um ihre Forderungen bei Politik und Gewerkschaften durchzusetzen. In Zukunft wird eher das Zurückflaggen für sie ein Faustpfand sein, um von Gewerkschaft und Politik Zugeständnisse in anderen Punkten zu erlangen.

Auch in Hafenbetrieben wie der HHLA oder Eurogate und der angelagerten Logistikindustrie stieg die Zahl der Beschäftigten und Auszubildenden, neue Firmenansiedlungen bringen Jobs nach Deutschland. Die langfristige Auslastung hat im Schiffbau wie in der bundesweiten Zulieferwirtschaft neue Arbeitsplätze entstehen lassen, berichtet IG-Metall-Experte Heino Bade. Genug ist aber auch für die Gewerkschaften nicht genug. So wurden von Werft-Managern in der Hochkonjunktur fest angestellte Stammbelegschaften abgebaut und durch meist ausländische Zeit- und Kontraktarbeiter ersetzt, die jederzeit wieder vom Hof gejagt werden können, wie 2009 geschehen.

Zurück nach Bremen: Auf der Nationalen Maritimen Konferenz lobten die Unternehmerverbände den Marine-Kanzler Schröder auch, weil er zu »den Initiatoren« gehöre, die bei der EU-Kommission eine starke maritime Industriepolitik durchzusetzen versuchen. EU-Vizepräsident Günter Verheugen ließ sich von der deutschen Erfolgsgeschichte für seine europäische Industriepolitik inspirieren. Er gestand zwar auf der Bremer Konferenz ein, dass er die maritime Wirtschaft noch bis gestern unterschätzt habe, aber zukünftig wolle er das deutsche Modell eines maritimen Clusters in die ganze EU importieren und auch für andere Branchen, wie die Automobilindustrie, nutzen. Der lange verpönte Begriff Industriepolitik »darf wieder in den Mund genommen werden«, freute sich Verheugen. Dirigismus und Protektionismus seien damit aber nicht gemeint, sagte ein gut gelaunter Kommissar.

Verheugen hielt Wort. Erst kürzlich erklärte er leistungsfähige »Cluster« – Cluster ist die unverfängliche Umschreibung von Politikern für den heiklen Begriff »Komplex« – zum »Hauptmotor« der Wettbewerbsfähigkeit Europas. »Wir brauchen mehr Cluster von Weltrang in der EU.« Sie seien unverzichtbar für dringend benötigte Innovationen und für neue Jobs. Der EU-Vizepräsident weiter: »Wir schlagen daher clusterpolitische Anstrengungen auf allen Ebenen vor.« Verheugen will dafür

2009 eine hochrangig besetzte »Europäische Clusterpolitikgruppe« schaffen. Angeblich widersprechen solche Netzwerke weder dem Wettbewerbsgedanken noch der Marktideologie.

Merkels Masterplan

Den Kurs von Gerhard Schröder setzte seine Amtsnachfolgerin, die Physikerin und CDU-Vorsitzende Angela Merkel, fort. Im Koalitionsvertrag der Großen Koalition wurde der maritimen Wirtschaft eine strategische Schlüsselfunktion zugewiesen, sie sei »ein wesentlicher Garant für die Wettbewerbsfähigkeit des Standortes Deutschland«. Auf ihrer ersten Nationalen Maritimen Konferenz in Hamburg im Dezember 2006 freute sich eine entspannte Kanzlerin vor mehr als tausend Teilnehmern darüber, dass die deutsche maritime Wirtschaft trotz »hartem, sehr energischem Wettbewerb« in die »Spitzengruppe der Welt« eingedrungen sei. Ein Platz, der nur zu halten sei, »wenn wir Bündnisse bilden«. Ihre von CDU, CSU und SPD getragene Regierung spannte dazu fünf Ministerien ein und ernannte eine Frau als »Koordinatorin der Bundesregierung für die maritime Wirtschaft«, Dagmar Wöhrl. Die Politikerin kommt aus Franken und ist Mitglied der bayerischen CSU. Sie dient der Wirtschaft als direkte Ansprechpartnerin. Mittlerweile hat sich die anfängliche Skepsis gegenüber Frau, Fränkin und CSU-Herkunft in der Branche gelegt. Dagmar Wöhrl hat sich bewährt.

Strategisch wird mit den Sozialpartnern auf der Basis eines nationalen Zukunftskonzeptes mit dem unbescheidenen Titel »LeaderSHIP Deutschland« zusammengearbeitet. Eine »Go Subsea«-Initiative wurde gestartet, um die Unterwasser-Technik auf hoher See zu fördern. Ein »Short Sea Shipping Promotion Center« beim Bundesverkehrsministerium managt die Verlagerung des Güterverkehrs auf Binnenschiffe und Feederschiffe, die kurze Stecken entlang den europäischen Küsten fahren. Im Haushalt 2009 wurden allein die Investitionen in Bundeswasserstraßen, das sind vor allem große Flüsse und Kanäle, noch einmal um 50 Millionen Euro auf insgesamt 850 Millionen Euro erhöht. Ein Programm, das von Brüssel ebenso gefördert wird wie die Meerestechnik. Mit solchen Maßnahmen soll die Gegenwart des Maritimen Komplexes gemeistert und die Zukunft

Netzwerkerin: Bundeskanzlerin Angela Merkel auf der Fünften Nationalen Maritimen Konferenz in Hamburg am 4. Dezember 2006.

gestaltet werden. Forschung, Entwicklung und Innovation fördern Angela Merkel und Finanzminister Peer Steinbrück mit 150 Millionen bis 2009 und unterstützen sie politisch wie personell. Bund und Länder investieren gemeinsam in maritime Ausbildung und maritime Hochschulinstitute.

Investiert wird in die Hafeninfrastruktur und deren Hinterlandanbindung, die sich zum Nadelöhr des globalen Seeverkehrs zu entwickeln droht. Verkehrsminister Wolfgang Tiefensee hat dazu 2008 seinen »Masterplan Güterverkehr und Logistik« veröffentlicht und mit dem Koordinator für Güterverkehr und Logistik einen eigenen Chef-Organisator berufen.

Mit diesem Masterplan legte die Bundesregierung ein strategisches Konzept und konkrete Maßnahmen für die künftige Ausrichtung des Güterverkehrs vor. Gegenüber dem Vorjahr wird 2009 mit rund zehn Milliarden Euro über eine Milliarde zusätzlich in die Verkehrsinfrastruktur investiert. Tiefensee: »Wir wollen einen besonderen Schwerpunkt auf die Investitionen für die Hafenanbindungen legen.« Die Seefahrt soll dadurch erleichtert, und Güter sollen auf die umweltfreundlichen Verkehrsträger Schiene und Wasserstraße umgelenkt werden.

Viele Milliarden Euro sollen zudem in den Ausbau der Hinterlandanbindung der Häfen über Schiene und Straße fließen, etwa in die »Y-Trasse« für den Bahngüterverkehr von Hamburg und Bremen in den Süden. Tiefensee sieht hier einen »Schwerpunkt« der deutschen Verkehrsinvestitionen. Legt man den Investitionsrahmenplan des Bundes für die Jahre 2006 bis 2010 sowie das Sofortprogramm Seehafenhinterlandanbindung und die Konjunkturprogramme von November 2008 und Januar 2009 zugrunde, sollen ein Fünftel der Verkehrsinfrastrukturausgaben des Bundes allein in die Anbindung der Seehäfen gesteckt werden. Zu diesen rund sechs Milliarden Euro kommen noch weitere sechs Milliarden, die in den Ausbau der Bundeswasserstraßen geflossen sind oder fließen werden. Zusätzlich investieren noch die Länder rund vier Milliarden Euro. Die private Hafenwirtschaft will bis 2012 mit über drei Milliarden Euro ihre Terminals ausbauen. Die konkreten Planungen und teilweise die Umsetzungen haben begonnen.

Mit einem »Nationalen Hafenkonzept« fand die Regierung für die Nationale Maritime Konferenz in Rostock 2009 eine »Verpackung«, so ein Staatssekretär a. D., um die geplanten Investitionen zugunsten der ganzen maritimen Wirtschaft zu bündeln und politisch leichter durchzusetzen. Denn selbstverständlich gibt es gegen die maritime Ausrichtung der Bundesregierung in Parteien, Wirtschaft und Bundesrat starken Gegenwind, etwa aus dem Süden, von der Autolobby oder auch von einigen Umweltverbänden.

Masterplan und Hafenplan vorangegangen war ein zweijähriger, vom Bundesministerium für Verkehr, Bau und Stadtentwicklung »geplanter und gesteuerter« Diskussionsprozess, an dem Hunderte Experten aus Unternehmen, Gewerkschaften, Politik, Wirtschafts- und Umweltverbänden sowie der Wissenschaft beteiligt waren. Sie haben zahlreiche Vorschläge und Ideen eingebracht, die sich nicht allein an die Bundesregierung, sondern auch an andere Adressaten in diesem »Feld« richten, heißt es aus dem Verkehrsministerium. Danach beabsichtigen die beteiligten Akteure, auch bei der Umsetzung des Masterplans die erfolgreiche Zusammenarbeit in einem »Netzwerk« fortzusetzen.

Die maritime Wirtschaft ist es zufrieden. Schließlich hatte sie das »dramatisch wachsende Transportaufkommen in Deutschland« mit ausgelöst, so Minister Tiefensee. Bis 2015 werde der Verkehr um 70 Prozent wachsen, prognostiziert sein Ministerium. Dabei sind es die Häfen, in denen der globalisierte Warenstrom ins deutsche Logistik-Netz eingespeist wird. Ein Grund, warum Logistikunternehmen wie Kühne+Nagel, die Bahntochter Schenker oder die Postgesellschaft DHL auch dem Maritimen Komplex angehören. Nebenbei: Viele Logistikkonzerne sind selbst als Reeder aktiv. So transportiert das Postunternehmen DHL jährlich rund zwei Millionen Container übers Meer.

Teil des Maritimen Komplexes sind weitere Beziehungsgeflechte. Unterhalb der obersten Ebene – Nationale Maritime Konferenzen und bundesweite Netzwerke wie das »Deutsche Maritime Kompetenz Netz«, das der Deutschen Marine nahesteht – haben sich weitere Kooperationen herausgebildet. Innerhalb einzelner Branchen und Technologiebereiche existieren Interessengemeinschaften, es gibt Verflechtungen um einzelne Konzerne herum und regional organisierte, landesweite Gruppenbeziehungen. So hat beispielsweise der rührige Dietrich Austermann (CDU) – er war von 2005 bis Juli 2008 Doppelminister für Wirtschaft und Wissenschaft in Kiel – das »Maritime Cluster Schleswig-Holstein« mit eigenem »Maritimen Koordinator« und seit dem Sommer auch eigenem Aktionsplan vorangetrieben.

Das Interesse der Wirtschaft an solchen Netzwerken ist groß. Gemeinsam soll dem nationalen und internationalen Wettbewerb getrotzt werden. Der Wissenstransfer im Netz schafft Innovationen, die den einzelnen Akteuren sonst unmöglich wären. Die Geschäfte lassen sich verstetigen, und es besteht die berechtigte Hoffnung, eine durchschnittlich höhere Profitrate zu erzielen. Aber wo Gewinner sind, sind im ökonomischen

Prozess oft auch Verlierer. In diesem Fall sind das diejenigen, die nicht Mitglieder im nationalen Netzwerk sind, weniger vernetzte Nationen und die Verlierer der Globalisierung.

An dieser Stelle sind noch zwei zentrale Bereiche des Maritimen Komplexes zu nennen: die Marine und die Meerestechnik. Letztere hat weit mehr zu bieten als die vergleichsweise naheliegende und mittlerweile recht populäre Offshore-Windenergie.

Bedrohte und begehrte Schatztruhe Meer

Maritime Themen stehen im Binnenland, in den Newsrooms der Medien und in einigen Regierungsämtern immer noch in dem abstrusen Ruf, nur etwas für Liebhaber zu sein, ein Hobby für Fans von Shantys und Seefahrtromantik. Stellt man sich aber im Geiste unseren blauen Planeten vor, versinken solche Vorurteile schnell in den Tiefen der Meere: Die »Erde« wird zu 71 Prozent von (Salz-)Wasser bedeckt, die Kontinente treiben in den Ozeanen, und die Halbinsel Europa wird von den Fluten des Atlantiks, der Ostsee und des Mittelmeeres umspült. Unbekannte Wassermassen, kaum ausgelotet, flach oder kilometertief und am Boden voller Rohstoffe. Bislang erntet die Menschheit nur wenige Früchte des Meeres, aber in der gewaltigen Schatztruhe verbergen sich Rohstoffe, Energie und Wirkstoffe für Jahrtausende und auch die Chance, dem Reizgas CO_2 Herr zu werden. Meerespolitik ist schon deshalb ein brisantes Thema, weil das Klima unserer Erde maßgeblich durch das Meer bestimmt wird.

In Europa lebt jeder dritte Bürger an einer Küste, weltweit sogar jeder zweite, mit steigender Tendenz. Die Menschheit versammelt sich zunehmend um die wenigen großen Seehäfen, die Bahnhöfe der Globalisierung. Zudem wohnt und arbeitet ein Großteil der übrigen Weltbevölkerung in der Nähe eines Flusses, der das Süßwasser dahin zurückträgt, wo es herkommt – in das salzige Meer. Eine angemessene Diskussion über die ökonomischen und ökologischen Folgen der Globalisierung ist also unmöglich, ohne das Meer, also drei Viertel der Erde, zu bedenken.

Es hat lange gedauert, bis sich die Regierungen dessen bewusst geworden sind und sich der Herausforderung gestellt haben, einen »Kodex der Nationen« für den Umgang mit dem Meer zu formulieren. Den hatte schon der französische Historiker Jules Michelet 1861 in seinem wegweisenden Buch »La mer« gefordert. Es sei an der Zeit, so Michelet schon damals, dass die großen Nationen die »chaotischen Zustände« beenden und auf einen »Zustand der Zivilisation« setzen. Anderthalb Jahrhunderte später hat die Europäische Union dazu einen Beitrag geleistet, mit dem 56-seitigen »Grünbuch Meerespolitik« und einer EU-Richtlinie zum Schutz der Meere. Die »europäische Vision für Ozeane und Meere« wurde in allen EU-Staaten diskutiert. Herauskommen soll eine integrierte Meerespolitik der Union, von der Logistik bis zur Reinhaltung des Wassers. Angestrebt wird nach dem Vorbild des deutschen Maritimen Komplexes ein »europäisches Netzwerk von maritimen Clustern«, die als »Schnittstelle zwischen Industrie und den wichtigsten Partnern« dienen sollen. Der für maritime Angelegenheiten und Fischerei zuständige EU-Kommissar Joe Borg aus Malta zeigt sich in einer ersten Bilanz zufrieden: »Die Integrierte Meerespolitik der EU macht sehr gute Fortschritte, und die Liste konkreter Errungenschaften ist bereits sehr beachtlich.«

Von den Visionen ist die Realität jedoch noch weit entfernt. So ist die Schifffahrt eine Hauptquelle der Luftverschmutzung in Europa. Sie sondert laut EU-Verlautbarungen mehr Kohlendioxyd und Schwefel ab als der Luftverkehr. Unterdessen versuchen einige Staaten, die Europäische Union und multinationale Organisationen, Standards und Normen zugunsten des Umweltschutzes zu verschärfen. Regelungsinstanz ist die in London ansässige Internationale Maritime Organisation (IMO). So gelten für die Ost- und Nordsee sowie für den Ärmelkanal seit kurzem strengere Normen für den Schwefelausstoß der Schiffsaggregate. Gleichzeitig befürchten Nord-Süd-Initiativen, dass die Industriestaaten durch höhere Umweltnormen die ärmeren Länder aus dem maritimen Wettbewerb drängen. Die Herausforderungen, nicht nur die politischen, sind enorm.

Von allen modernen Verkehrsmitteln belastet die Schifffahrt unsere Umwelt – relativ gesehen – am wenigsten. Dieses saubere Bild stimmt allerdings nur, wenn die gefahrenen Tonnenkilometer kreuz und quer über unseren Globus in die Ökobilanz einfließen. In absoluten Zahlen gehören Tanker und Containerriesen dagegen zu den größten Dreckschleudern.

Seit 1959 kümmert sich die IMO von London aus um die Sicherheit in der Seefahrt. Seit den siebziger Jahren versuchen diese Vereinten Nationen des Meeres, das Wasser zudem vor Verschmutzung zu schützen. Dabei sieht man sich auf gutem Kurs. Trotz des rasanten Wachstums der Schifffahrt hätten beispielsweise die Ölunfälle um 85 Prozent abgenommen, betont der Grieche Efthimios Mitropoulos, Generalsekretär der IMO: »Tanker verlieren weniger als einen Teelöffel Öl, wenn sie fünf Millionen Liter transportieren.« In Zukunft soll auch der Ausstoß von Treibhausgasen stärker reguliert werden. Als Vorbilder nennt Mitropoulos die Nord- und Ostsee, für die vergleichsweise strenge Richtwerte für Abgase festgelegt wurden.

Der Treibstoff für 100 000-PS-starke Schiffsmotoren wird hauptsächlich aus Dieselöl und Schweröl gemixt. Schweröl fällt bei der Raffinierung von Erdöl als Abfallprodukt an. Dieser gummiartige, stark rußende Stoff wäre an Land Sondermüll. Darum wurde dieser Treibstoff für Kraftwerke und Fahrzeuge aus dem Verkehr gezogen. An Land ist nur ein minimaler Schwefelanteil von 0,001 Prozent erlaubt, in der Seeschifffahrt sind laut IMO 2,7 Prozent üblich – der 2700fache Wert. Für Schiffstreibstoffe gilt die Faustformel »je dreckiger, desto billiger«, und daher kreuzen notgedrungen die schlimmsten Dreckschleudern vor den Küsten der Entwicklungsländer. Aber selbst die jüngsten Grenzwerte – für die Ost- und Nordsee sowie für den Ärmelkanal auf 1,5 Prozent festgesetzt – gelten als wenig ehrgeizig. Umweltorganisationen fordern eine weitere, drastische Absenkung der erlaubten Abgaswerte und erhalten Beistand aus Brüssel. EU-Umweltkommissar Stavros Dimas hält die geltenden IMO-Normen seines griechischen Landsmannes für »schlicht unzureichend«. Angesichts des wachsenden Seeverkehrs würde dadurch die Luftverschmutzung nicht verringert, sondern nur die Zunahme verlangsamt.

Schiffsabgase sind nicht allein auf hoher See ein Problem. An küstennahen Schiffsrouten und Kanälen bringen sie den Wäldern sauren Regen und führen zu verstärkter Wolkenbildung. Viele Häfen in Europa liegen außerdem inmitten großer Städte. Da am Kai die Schiffsgeneratoren Tag und Nacht laufen, um Strom etwa für Tausende Kühlcontainer zu erzeugen, werden sogar Wohngebiete verrußt. So sollen in Lübeck-Travemünde 90 Prozent des Schwefeldioxids und 65 Prozent des Feinstaubs aus den Schiffsschornsteinen dampfen. Alternativ könnten Liegeplätze und Schiffe mit Hafensteckdosen ausgerüstet werden, um Strom klimafreundlicher von Land zu beziehen. Dafür fehlen aber bislang international gültige Normen und in vielen Häfen müssten neue Kraftwerke gebaut werden. In Lübeck wird an einem Kai seit kurzem Landstrom getestet.

Angesichts solcher Untiefen bleibt der IMO viel zu tun. Generalsekretär Mitropoulos schwebt, so sagt er, ein ehrgeiziges Programm vor, um Schadstoffe und CO_2-Emissionen zu senken. Die Palette reicht von optimierten Propellern bis zum Segelantrieb für Frachtschiffe. Die Hamburger Firma Skysails testet seit 2008 auf zwei Frachtern Zugdrachen als Windantrieb. Damit Mitropoulos guter Wille allerdings die Weltschifffahrt umweltschonender macht, muss er 167 Mitgliedsländer mit an Bord nehmen.

»Der Schatz der Schätze ist das Meer.« Diese Sichtweise des französischen Wirtschaftshistorikers Fernand Braudel hat sich der Bundesregierung und langsam auch der Europäischen Kommission bemächtigt. Rund die Hälfte der EU-Fläche besteht aus Wasser, und die Menschen an den Küsten Europas tragen 40 Prozent zum Bruttoinlandsprodukt bei. Dennoch seien die Bürger über die Bedeutung der See uninformiert, kritisiert die Europäische Union. Sie wüssten zwar, wie lebenswichtig Wasser sei, doch sie übersähen, dass es aus dem Meer komme.

Aus dem Meer kommt aber nicht allein Wasser als »Rohstoff«. Fidele Goldgräberstimmung herrscht beispielsweise im Pazifik. Die Bundesrepublik hat dort vor der Küste Hawaiis einen riesigen Claim abgesteckt, größer als die Landfläche von Bayern. Dazu unterzeichnete die Bundesanstalt für Geowissenschaften und Rohstoffe (BGR) 2006 ein Abkommen mit der in Jamaika ansässigen Internationalen Meeresbodenbehörde (IMB), einer Unterorganisation der Vereinten Nationen. Der Vertrag sichert Deutschland eigene Schürfrechte mitten im Manganknollen-Gürtel, der sich nördlich des Äquators von Mexiko bis jenseits von Hawaii erstreckt. Dort ist der Meeresboden in einer Wassertiefe von mehreren tausend Metern dicht von kleinen schwarzbraunen Knollen bedeckt, die neben Mangan- und Eisenverbindungen wertvolle Metalle wie Kupfer, Nickel und Kobalt enthalten. Für Bernhard Stribrny bildet der pazifische Claim »eine Maßnahme der strategischen Zukunftsvorsorge«. Der damalige Präsident der Bundesrohstoffamtes weiter: »Durch die rechtzeitige Erkundung wollen wir einen wichtigen Beitrag zur zukünftigen Rohstoffsicherung unseres Landes leisten.« Kobalt, Kupfer und Nickel machen zwar nur wenige Prozente einer Knolle aus, aber genug, um die Meereszwiebeln als eine Metallbasis für die Zukunft anzusehen. Der Marktwert der wertvollen Buntmetalle beträgt mehr als eine Billion Euro, und – wichtiger – die Ressourcen könnten den Weltbedarf für ein halbes Jahrhundert und länger decken.

Bereits in den siebziger Jahren hatten Rohstoffamt und der staatlich gelenkte Bergbaukonzern Preussag – der bis 2002 zum privaten Reisekonzern TUI mutierte – den Manganknollen-Gürtel im zentralen Pazifik intensiv untersucht. Die Exploration wurde jedoch wegen der sinkenden Rohstoffnachfrage erst einmal ausgesetzt. Danach blieben die Weltmarktpreise für Kupfer und Konsorten lange Zeit viel zu niedrig, um es lukrativ erscheinen zu lassen, den heutigen Billionenschatz zu heben. Denn ein langfristig hoher Preis ist eine Voraussetzung, damit sich die technisch noch ungelöste industrielle Ausbeutung im Meer lohnt.

Diese Situation könnte bald wieder gegeben sein. So warnt die Bundesregierung in ihrem aktuellen »Umweltbericht« vor einer dramatischen Verknappung der Rohstoffe. Im Jahr 2050 werde die Weltbevölkerung auf neun Milliarden Menschen gestiegen sein, doch schon bei derzeit sechs Milliarden Erdbewohnern schwinden die leicht zugänglichen Ressourcen drastisch. Nicht allein bei Öl und Gas, die im Fokus von Öffentlichkeit und Politik stehen, sondern auch bei den für die Industrie notwendigen Rohstoffen wie Erz, Kupfer und Eisen (Stahl) zeichnet sich eine unheilvolle Lücke ab. So machen inzwischen die reinen Materialkosten die Hälfte des Preises eines Autos aus. »Wir müssen unsere Ressourcenpolitik dramatisch ändern«, fordert Bundesumweltminister Sigmar Gabriel (SPD).

Noch könnte der weltweite Bedarf an Kupfer aus aktiven Landbergwerken etwa 30 Jahre lang und für Nickel sowie Kobalt noch etwa 25 Jahre bedient werden, schätzt die Bundesanstalt für Geowissenschaft. Darüber hinaus decken die bereits entdeckten Vorkommen noch mal die gleiche Zeitspanne ab. Diese Zeiträume erscheinen bestenfalls auf den ersten Blick lang, sind aber doch überschaubar genug, um heute schon die

Der Anstieg der Rohstoffpreise

(HWWI-Index 2000=100, US-Dollar-Basis, Jahresdurchschnitte)

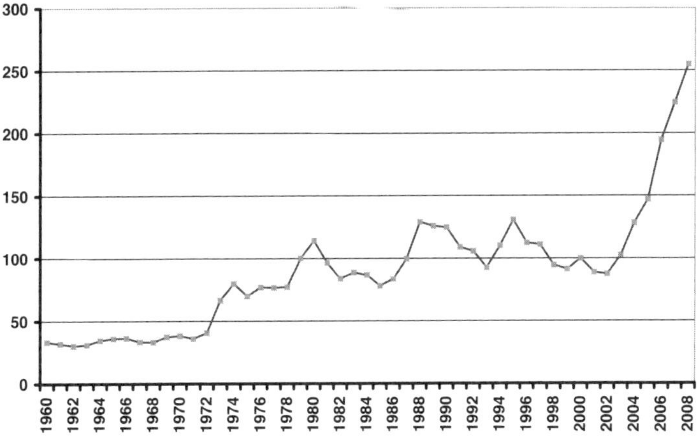

(2008: Januar bis Oktober)
Quelle: Hamburgisches Weltwirtschaftsinstitut (HWWI).

Preise für einige Industrierohstoffe tendenziell in die Höhe zu treiben. Vor fünf Jahren begann ein rasanter Preisanstieg, der den jahrzehntelangen »trendmäßigen Rückgang« der realen Rohstoffpreise umkehrte, so das Hamburgische Weltwirtschaftsinstitut (HWWI). Von den schwachen Realpreisen hatten die reichen Industrieländer des Nordens ausgiebig profitiert, auf Kosten des armen Südens.

Gepuscht wurden die Preise nicht allein von Knappheit, sondern auch vom jahrelangen Aufschwung der Weltwirtschaft, der wachsenden Hochtechnologie-Produktion in den Industriestaaten sowie vom Heißhunger der industriellen Nachzügler China und Indien nach Rohstoffen. Außerdem haben Finanzinvestoren die globalen Rohstoffmärkte für ihre Spekulationen entdeckt. Allerdings haben die Banken- und Finanzkrise sowie seit Herbst 2008 die weltweite Rezession die Preise gedämpft. Zeitweise! Über alle konjunkturellen Auf und Abs hinweg rechnen Ökonomen und Bankanalysten mittel- und langfristig mit einem Trend zu steigenden Preisen nicht nur bei Gas und Öl, sondern auch bei Kupfer, Nickel und anderen Industrierohstoffen. Denn die Industriegesellschaften sind auf solche Rohstoffe angewiesen. Computer, Handys und MP3-Player würden ohne

Metalle wie Kupfer oder Gold ebenso wenig funktionieren wie die meisten technischen Produkte in unserem Konsumreich. Deutschland ist daher weltweit einer der größten Konsumenten von Rohstoffen: Jeder Bundesbürger verbraucht im Laufe seines Lebens etwa 1000 Tonnen. Gut zwei Drittel davon entfallen auf Minerale, die zukünftig im Meer abgebaut werden könnten. Das birgt neue Gefahren. Wenn in Zukunft ein immer größerer Anteil der Rohstoffe im Meer gewonnen wird, dürften militärische Auseinandersetzungen wie der im 19. Jahrhundert zwischen Chile, Bolivien und Peru geführte »Salpeter-Krieg« in nicht allzu ferner Zeit auf hoher See ausgetragen werden. Auch darum wird die Kriegsmarine in vielen Ländern an Bedeutung gewinnen.

Die deutsche Industrie sieht sich technologisch seit dem frühen Preussag-Abenteuer als globaler Vorschwimmer und will ihren Wissensvorsprung nun endlich in der Praxis aktivieren. Zuerst ist ihr dies innerhalb der privaten Wirtschaft gelungen. Auf der Fünften Nationalen Maritimen Konferenz im Dezember 2006 widmeten sich erstmals zwei von fünf Workshops der Meerestechnik. So wurden zusammen mit Kanzlerin Merkel und mehreren Ministern nicht allein für Schiffbau, Seehäfen und Reeder forsche Zukunftspläne geschmiedet, sondern auch für die reichen Ressourcen im Meer. Dabei spielte die deutsche Meerestechnik, in der vornehmlich kleine und mittelständische Firmen tätig sind, international bereits eine wichtige Rolle, unbeachtet von der Öffentlichkeit. Die Lobby- und Medienarbeit der jungen Branche steckt, anders als in den Bereichen Schiffbau und Logistik, noch in den Kinderschuhen.

Die Schatztruhe Meer birgt nicht allein Buntmetalle, die zu entdecken und zu heben sind. Großbritannien holt sich inzwischen schon einen Großteil seiner Baustoffe, Sand und Kies aus dem Atlantik. Im Mittelmeer warten Erzschlämme auf ihre Ernte, Phosphorit für die Landwirtschaft und Chemieindustrie, Seifenlagerstätten mit Aluminium lagern im Ozean. Sogar Diamanten können gefischt werden. Die traditionsreiche Maschinen- und Bohrgerätefabrik Wirth tut dies zusammen mit De Beers, dem größten Diamantenhändler der Welt mit Sitz in London und Johannesburg. Das Unternehmen der Familie Oppenheimer besitzt fast ein Monopol auf das Diamantengeschäft.

Die Lagerstätten, die einst von den Kolonialingenieuren des

Kaisers in Deutsch-Südwestafrika (dem heutigen Namibia) entdeckt wurden, sind weitgehend ausgebeutet. Darum begann De Beers vor einigen Jahren, große Frachtschiffe aufzukaufen und sie zu Diamantensaugern umzurüsten. Seitdem werden unaufhörlich Edelsteine nach oben gepumpt. Das Know-how besitzt der Bohrgerätehersteller Wirth aus Erkelenz in der Nähe von Köln. Die Riesenrüssel der Wirth GmbH werden durch eine weite Öffnung am Rumpf bis zu 200 Meter tief in den Atlantischen Ozean abgesenkt, um die diamanthaltige Schicht auf dem Meeresboden zu lösen, zu zerkleinern und auf das Bohrschiff zu befördern. So verwundert es nicht, dass auch die Bohrfirma Wirth auf den Maritimen Konferenzen präsent ist.

An weiteren kühnen Plänen mangelt es nicht in den drei Verbänden, in denen die deutsche Meerestechnik organisiert ist – der Gesellschaft für Maritime Technik (GMT), dem Verband für Schiffbau und Meerestechnik (VSM) sowie der Arbeitsgemeinschaft Schiffbau- und Offshore-Zulieferindustrie im VDMA (Verband Deutscher Maschinen- und Anlagenbau e.V.). Beispielsweise denkt man an die Aufzucht von Seefischen in »Marikulturen« an Land oder an die »blaue« Biotechnologie, die Wirkstoffe aus dem Meer verwenden will. Sie könnte ein »Hauptwirtschaftszweig der Zukunft« werden, prognostiziert Ex-Wirtschaftsminister Dietrich Austermann, der bundespolitische Botschafter der Meerestechnik. Die Bundesregierung will auch dieses maritime Feld stärker beackern und entwarf im Gedankenaustausch mit Wirtschaft und Wissenschaft einen weiteren Meisterplan, den »Nationalen Masterplan Maritime Technologien«, für die Sechste Maritime Konferenz in Rostock im März 2009. Im Mittelpunkt steht neben der Gewinnung von Rohstoffen die Förderung von Energietragern aus dem Meer.

Energiereserven aus der Tiefsee

Im vergangenen Sommer begannen die Arbeiten für den ersten deutschen Windpark auf hoher See, 45 Kilometer vor der ostfriesischen Insel Borkum. Noch in diesem Jahr soll »Alpha Ventus« Windstrom an Land liefern. »Mit den ersten Kilowattstunden, die von Alpha Ventus kommen, beginnt für Deutschland ein neues Windenergie-Zeitalter«, jubelt Lutz Wiese, Pressesprecher des Bauherrn, einem Konsortium aus dem regionalen Energiekonzern EWE sowie Eon und Vattenfall.

In Großbritannien, Belgien, Dänemark und Schweden produzieren Windmühlen im Meer bereits ersten Strom. Die deutschen Offshore-Windparks sollen jedoch weit vor der Küste liegen, hinter der 12-Seemeilen-Grenze in der deutschen »Ausschließlichen Wirtschaftszone«, die bis zu 200 Seemeilen (rund 350 Kilometer) weit hinaus reicht. Umwelt, Tourismus und Schifffahrt sollen dadurch vor den Windparks geschützt werden. Dort draußen schlagen die Wellen hoch, und der Meeresboden ist tief. Nach Plänen der Bundesregierung sollen bis 2030 in der deutschen Nord- und Ostsee Windparks bis zu 25 000 Megawatt erzeugen – weit mehr Energie als alle Kernkraftwerke in Deutschland zusammen. Ein lohnendes Geschäft für die maritime Industrie, denn der Bau von Plattformen, der Seetransport der Rotoren oder die Wartung der Unterwasserleitungen ist ein Fall für Werften, für Meerestechniker und diverse maritime Dienstleister.

Andernorts wird derweil an schwimmende AKW gedacht: In Russland wurde das mobile Atomkraftwerk »Akademiker Lomonosow« auf Kiel gelegt. »Lomonosow« und seine Nachfolger sollen ab 2011 ferne Städte im hohen Norden und entlegene Regionen in Afrika, Meerwasserentsalzungsanlagen oder Ölförderprojekte mit Strom versorgen.

Neben den erneuerbaren Energien hat auch Erdgas seine politisch zugewiesene Nische verlassen und gilt zumindest Fachleuten als Kraftprotz der Zukunft. Dies ist, trotz anfänglicher Ausbremsversuche der Energiekonzerne und ihrer Politiklobbyisten, heute ein Fall für den Maritimen Komplex, mit dem nun Teile der Energiebranche punktuell zusammenarbeiten. Denn auch Erdgas wird immer häufiger aus dem Meer kommen. Die erste europäische Erdgas-Verflüssigungsanlage steht auf einer kleinen Insel, die vor der norwegischen Stadt Hammerfest am Rande des Nordpolarmeeres liegt. Die Produktion begann im September 2007, erst ein Vierteljahrhundert nachdem das Snøhvit-Feld in der Barentssee entdeckt worden war. Snøhvit bedeutet »Schneewittchen«, und nun ist die Zeit reif, Schneewittchen aufzuwecken. Transportiert wird das verflüssigte Erdgas aus der Tiefsee per Schiff, vorwiegend nach Großbritannien, aber auch nach Spanien oder Italien. »Ein phantastisches industrielles Abenteuer«, schwärmt der Betreiber, der norwegische Staatskonzern Statoil-Hydro.

Von solchen Abenteuern hält man in Deutschlands Energiewirtschaft bislang wenig. Die komfortable Lage zwischen den Hauptlieferländern Russland, Holland und Norwegen sowie das strategische Erdgas-Röhrengeschäft mit der Sowjetunion sorgen seit den siebziger Jahren für Nachschub, preiswerten Nachschub, mit dem Eon-Ruhrgas, RWE und Wintershall den oligopolen hiesigen Markt dominieren. Dieser abgeschottete Markt sichert den bundesdeutschen Gasgiganten seit Jahrzehnten Extragewinne und den Verbrauchern hohe Preise. So gibt es denn bis heute nicht eine einzige Anlandestelle in Deutschland für verflüssigtes Erdgas, für »Liquefied Natural Gas«, kurz LNG.

Ende der sechziger Jahre war in der Gasindustrie kurzzeitig die Idee aufgetaucht, in Wilhelmshaven eine riesige Anlandestation für LNG zu bauen. Gegründet wurde die »Deutsche Flüssigerdgas Terminal Gesellschaft« (DFTG), und es war bereits eine erste Fläche planiert, als das Erdgasröhrengeschäft zwischen Deutscher Bank, Mannesmann und Sowjetunion den LNG-Terminal unwirtschaftlich erscheinen ließ. Die Energieproblematik rutschte für Jahrzehnte auf der politischen Agenda und auf den Tagesordnungen der Konzerne ganz nach unten.

Indien, Korea, Taiwan und vor allem Japan haben es vorgemacht, dass es auch anders geht. Die Gasversorgung des Inselstaates Japan hängt fast vollständig von der Lieferung verflüssigten Erdgases (LNG) per Schiff ab. Dazu wird das Erdgas in einer Verflüssigungsanlage wie bei Hammerfest auf 162 °C abgekühlt und auf ein Sechshundertstel seines normalen Volumens verdichtet. Im Zielhafen wird das flüssige »Gas« dann wieder in einen gasförmigen Zustand zurück verwandelt.

Schon aus geographischen Gründen ist ein Inselstaat wie Japan über Pipelines schwer zu erreichen, und zudem – so das Hamburgische Weltwirtschaftsinstitut in einer Studie für den Gasverband – ist der Schiffstransport von Gas ab einer Strecke von 3000 Kilometern wirtschaftlicher als die wartungsintensiven Pipelines. »Je länger das Gas transportiert werden muss, desto größer die Chancen für LNG-Tanker«, sagt Max Johns vom deutschen Reederverband. Und die Strecken nach Europa werden länger, denn wichtige zukünftige Förderländer liegen wie Marokko am südlichen Mittelmeer oder wie Katar am Persischen Golf. Dort wird das geförderte Erdgas verflüssigt und in Tankern nach Frankreich, Spanien und Belgien transportiert, nach China oder in die USA. Und auch der Abtransport der gewaltigen, noch unerschlossenen Erdgasreserven im Nordpolarmeer wird mit LNG-Tankern erfolgen.

Die LNG-Schifffahrt ist eine Erfolgsgeschichte, die von den deutschen Reedern und Werften weitgehend verpasst wurde. »Der Bedarf ist gewaltig«, sagt Olaf Mager vom Germanischen Lloyd. Die weltweite Flotte von LNG-Tankern werde sich in wenigen Jahren verdoppeln. Erdgas wird durch die LNG-Tankerflotten mobil und »zunehmend internationaler«, analysiert der Energiekonzern British Petroleum (BP) in seiner Weltenergiestudie. Während viele Länder heute ihr Erdgas hauptsächlich per Schiff beziehen und sich ihre Lieferanten aussuchen können, haben sich Politik und Energiewirtschaft in Deutschland lange in die Abhängigkeit von Pipelines aus Russland begeben. Gerhard Schröder, der als Kanzler das Projekt mit angeschoben hatte, bessert bekanntlich seine Ruhestandsbezüge als Aufsichtsratsvorsitzender des Pipelinekonsortiums NEGP auf.

Erst der jüngste Energiepreisschock und die geopolitische Lage in diesem Jahrtausend haben die Briefkastenfirma DFTG wiederbelebt. Der erste Gasstreit zwischen Russland und der Ukraine hatte die Branche aufgeschreckt. Uwe Klaas von der Deutschen Vereinigung des Gas- und Wasserfaches: »Es geht um Diversifizierung der deutschen Gasquellen«, und auch der Bundesverband der deutschen Gas- und Wasserwirtschaft will neue Bezugsquellen erschließen: Denkbar wäre beispielsweise der Import von LNG aus Katar, das mit seinem »North Field« im persischen Golf und Reserven von 25 Billionen Kubikmetern über das größte zusammenhängende Erdgasvorkommen der Welt verfügt. Pläne der DFTG-Muttergesellschaft Eon-Ruhrgas wurden nun konkret. Ab 2008 sollte eine Anlandestation für LNG mit einem Investitionsvolumen von 500 Millionen Euro errichtet werden. Der Baubeginn musste jedoch auf unbestimmte Zeit »verschoben« werden. Die auf dem Weltmarkt gehandelten Flüssigerdgasmengen seien bereits vergeben, heißt es in Essen enttäuscht. Optimistischer ist man dagegen in Rostock und an anderen möglichen Standorten, dass dort noch 2009 der Startschuss für den Baubeginn eines LNG-Terminals fällt.

Die Europäische Kommission hofft, dass der Gasmarkt in Europa durch das maritime Flüssiggas vom Snøhvit-Feld in Bewegung gerät: »LNG kommt in der Gasversorgung der Europäischen Union eine immer wichtigere Rolle zu.« In seiner Energiestrategie macht sich auch EU-Präsident José Manuel Barroso für LNG stark. Um die Energiesicherheit zu fördern und die Abhängigkeit zu mindern, sollen »Projekte« für den Bau neuer Terminals für Flüssigerdgas entwickelt werden. Barroso zielt damit politisch auf Staaten wie Deutschland, die in hohem Maße von einem einzigen Gaslieferanten abhängig sind. Am technischen Wissen mangelt es nicht. Wachgeküsst wurde Schneewittchen in der Nordsee von der 900 Millionen Euro teuren Erdgas-Verflüssigungsanlage, die von der Münchner Firma Linde AG gebaut wurde.

Weitere neue Erdgasfelder werden unter dem Meeresboden erschlossen. Die maritimen Phantasien von Geologen und Energiebossen entzündeten sich auch an Gashydraten: Gashydrate ähneln Eis. Diese kühle Verbindung von Wasser und Gas entsteht unter hohem Druck und niedrigen Temperaturen in den arktischen Permafrostgebieten und im Meeresboden. Solche Gashydrate sind am Meeresgrund weit verbreitet und bilden eine gewaltige Energiereserve. Damit nicht genug: Zumindest in der Theorie könnten sie den Klimakiller Kohlendioxyd aufnehmen und binden. Chancen, das Klimagas zu bannen, sieht die Deutsche Gesellschaft für Meerestechnik (GMT) auch in einer Exploration der Erdgasfelder unterhalb des Meeresbodens. In die frei werdenden Hohlräume könnte Kohlendioxid in fester Form eingelagert werden. Dank des Meeres werden die globalen Reserven an Erdgas langfristig ausreichen, so die Bundesanstalt für Geologie und Rohstoffe, um den weltweiten Energiebedarf zu decken. »Langfristig« meint 500 Jahre und vielleicht auch noch länger. »Langfristig« heißt aber doch »endlich«.

Die deutsche Industrie sieht sich bei der maritimen Ölförderung auf Erfolgskurs. Die ersten Erdölclaims, die Anfang des 20. Jahrhunderts auf See ausgebeutet wurden, waren Wurmfortsätze der Felder an der Südostküste der USA. Inzwischen geht es selbst in der Tiefsee immer weiter hinab. In der Nordsee waren Ingenieure lange stolz, eine Wassertiefe von 75 Metern zu erreichen, heute wird die eiskalte Nordsee bis in 400 Meter Tiefe erschlossen. Im lauwarmen Golf von Mexiko betreibt

Exxon-Mobil eine schwimmende Plattform, die sogar noch in einer Wassertiefe von 1463 Metern den Meeresboden aufbohrt, und Fondsgesellschaften werben dreistellige Millionenbeträge von Anlegern ein, um eine Bohrplattform zu finanzieren, die gar in einer Wassertiefe von 3000 Metern nach Ölfeldern suchen kann und deren Bohrgestänge der Firma Wirth weitere 7000 Meter tief und horizontal eindringen werden. Mittlerweile stammt etwa ein Drittel des weltweiten Erdöls aus Offshore-Quellen in der See. Tendenz steigend. »Bedenkt man, dass die Offshore-Förderung erst wenige Gebiete der Welt erschlossen hat und dass fünf Siebtel der Erde von Wasser bedeckt sind, so wird deutlich, welches ungeheuere Potential hier noch schlummert«, sagt Karl-Heinz Schult-Bornemann. Er ist Herausgeber des von Exxon-Mobil finanzierten Branchenzentralorganes »Oeldorado«.

Noch schwieriger wird es im Eis, und auch hier wird auf deutsche Meerestechnik zurückgegriffen. Im Kaspischen Meer wird es im Sommer brennend heiß, im Winter mit bis zu 40 Grad minus bitterkalt. Schwierige Bedingungen für Joachim »Joe« Berger von der Impac Offshore Engineering in Hamburg, mit deren Hilfe das möglicherweise letzte riesige Ölfeld auf der Erde entdeckt wurde. Giftige Gase könnten bei unsachgemäßer Handhabung aus dem Bohrloch mitten im Eis strömen, und die schleimige Masse, die von einer auf den flachen Meeresboden abgesenkten Plattform aus gefördert wird, steht unter gefährlich starkem Druck. Die Plattform selbst wird vom Eis bedroht, das mit weit stärkerer Kraft drückt als Wellen und Strömung im stürmischen Atlantik. Berger und sein Team betraten hier maritimes »Neuland«, als die Ingenieure für Kasachstan diese erste Ölplattform im Eis entwarfen und bauen ließen. Beteiligt daran waren ein halbes Dutzend deutscher Firmen. »Bei Eistechnik und Polarforschung sind wir weltweit führend«, sagt Berger.

Auf zwanzig Prozent schätzt man bei Impac den Anteil, den sich deutsche Hochtechnologie-Firmen vom milliardenschweren Investitionskuchen abschneiden könnten. Impac, Wirth, Bornemann, Bauer, Deutag und viele andere weitgehend unbekannte Firmen zwischen Füssen und Flensburg gelten in vielen Bereichen der maritimen Explorations- und Fördertechnik als weltweite Branchenführer. Die Wachstumsraten sind enorm, denn die alten Energiequellen versiegen nach und nach, die einfachen Felder an Land und selbst in Küstennähe werden rar. So wird neben der Gewinnung von Erdgas auch die Rohölförderung immer weiter hinaus ins Meer drängen.

Die Erde unter Wasser steckt noch voller Geheimnisse. »Geologisch liegt noch vieles im Dunkeln«, sagt Hans Georg Babies von der Bundesanstalt für Geowissenschaft und Rohstoffe. Vieles ist Zukunftsrauschen, und nicht jede maritime Vision wird Realität werden. Die Stimmung unter Ingenieuren, Wissenschaftlern und Unternehmern schwankt zwischen Euphorie und Skepsis. In Bundeskanzlerin Angela Merkel hat die »weiche« Meerestechnik jedoch eine Unterstützerin gefunden, wie zuvor die »harte« Schifffahrt in Kanzler Schröder. Jahrzehntelang haben westdeutsche Regierungen keine stringente Energiestrategie gewollt und lieber auf Atomkraft-, RWE- oder Windkraftlobbys vertraut. Mit dem Energiekonzept 2008 und dem neuen »Masterplan Maritime Technologien« kann die Regierung Merkel eine geschlossene Energie- und Rohstoffstrategie vorweisen. Importquellen sollen weiter diversifiziert, die großen Verbraucherländer zu einer gemeinsamen Marktmacht gebündelt und multilaterale Kooperationen auch mit der OPEC gesucht werden. »Strategische Energiepartnerschaften« mit Russland und Ländern am Kaspischen Meer sollen helfen, dass die Quellen auch in Zukunft sprudeln.

»Der Schatz der Schätze ist das Meer.« Darauf richten unterdessen Außenminister, Geopolitiker und Militärs in Berlin, Washington und Moskau ihre Strategien aus. Nicht am Hindukusch wird die Bundeswehr die wirtschaftliche Freiheit Deutschlands verteidigen, wie der frühere sozialdemokratische Bundesverteidigungsminister Struck meinte, sondern in Zukunft wird die Marine dies vor dem Suezkanal, am Horn von Afrika oder in der Straße von Malakka versuchen.

Bundesdeutsches Flottenprogramm

Nationalhymne und ein dreifaches, kräftiges »Hurra!« der dreihundert Ehrengäste: Die Taufe der Korvette »Oldenburg« im trockenen Dock von Blohm & Voss klang stimmungsvoll aus. Draußen im Nieselregen, vor den Toren der hamburgischen Traditionswerft, verloren sich am 28. Juni 2007 nur wenige Friedensbewegte, um gegen die kostspielige Aufrüstung der Bundeswehr zu protestieren. Der Gleichmut, mit dem Öffentlichkeit, Medien und Friedensforschung das neue Flottenprogramm missachten, dürfte der weit verbreiteten Unkenntnis über die Bedeutung der Seemacht geschuldet sein. Immerhin wurde mit der Korvette »Oldenburg« an diesem regnerischen Sommertag ein klares Signal an die deutsche Außenpolitik ausgesandt: Zukünftig stehen euch qualitativ neuartige militärische Optionen zur Verfügung.

Alle großen Kampfschiffe der Deutschen Marine erhalten Länder- oder Städtenamen, verbunden mit einer Patenschaft. Schulbesuche, fernwehe Bordberichte in den regionalen Zeitungen oder bunte Events in der Stadthalle sollen die Akzeptanz in der Bevölkerung fördern und bringen den Mannschaften zu Weihnachten schicke Präsentpakete ein. Daher war auch Oldenburgs Bürgermeister Gerd Schwandner mit an Bord, als seine Gattin Anette die Korvette der Klasse K130 taufte. Der Mediziner und Management-Hochschullehrer galt in Baden-Württemberg als grünes Urgestein, kam aber als CDU-Kandidat an der Ems ins Bürgermeisteramt. Auch Braunschweig, Magdeburg, Erfurt und Ludwigshafen am Rhein unterhalten eine Korvetten-Patenschaft.

Unter Führung des Konzerns Thyssen-Krupp sind alle fünf der neuartigen Korvetten K130 vom Stapel gelaufen. Ab September 2009 werden die Besatzungen mit ihren Schiffen im britischen Flottenstützpunkt Devonport an der Südküste Englands nach und nach eine sechswöchige realitätsnahe »Einsatzausbildung« durchlaufen. Seit fünfzig Jahren bekommen die Einheiten der Bundesmarine, wie einst die Besatzungen der Schlachtschiffe des Kaisers, ihren letzten Schliff von der *Royal Navy*, »einer Marine im permanenten Kampfeinsatz«, lobt ein Fregattenkapitän. Die fünf Korvetten werden Ende 2010 erstmals kampfbereit sein. Die schnellen und wendigen – im Marinejargon – »Boote« der Klasse 130 haben es in sich. So verfügen sie über Tarnkappeneigenschaften, sind also für Radar- und Infrarotschirme nahezu unsichtbar. Die Korvetten wurden nicht mehr für die enge und flache Ostsee, sondern für weltweite küstennahe Kampfeinsätze geplant – und von ihnen könnten erstmals seit 1945 wieder Landziele von See aus be-

Hochtechnologie: F260 »Braunschweig«, das Typschiff der neuen Korvetten der Klasse K130, die über Tarnkappeneigenschaften verfügen.

schossen werden. Geschossen wird aber nicht mehr ausschließlich mit vergleichsweise wirkungsarmen Kanonen, sondern mit im Wortsinne gewaltigen Raketen. Marinesoldaten sprechen lieber verharmlosend von Flugkörpern und Lenkwaffen.

Die K130 werden »zur präzisen Bekämpfung von Landzielen befähigt sein«, so die Auskunft der Marine, die kein Geheimnis aus der neuen Qualität ihrer militärischen Möglichkeiten macht. Mehr als die Hälfte der Weltbevölkerung lebt, laut Flottenkommando, direkt an einer Küste, acht von zehn der größten Städte auf der Erde liegen am Meer. Die lenkbaren Raketengeschosse an Bord der Bundeswehr-Korvetten könnten nicht nur »präzise« treffen, sondern mit ihrer monströsen Feuerkraft diese Großstädte auch zerstören. Mit den Hochtechnologie-Korvetten beginnt die »Neuausrichtung der Deutschen Marine«, wie Marineinspekteur Wolfgang Nolting es nennt, von einer in engen Grenzen operierenden Küstenverteidigung zu einer global ausgerichteten Marine mit nahezu unbegrenztem Horizont auf allen sieben Weltmeeren.

Bemerkenswert ist auch der Preis für 90 Meter geballte Kampfkraft: 250 Millionen Euro pro Stück, plus Waffen alles in allem also weit mehr als 1,5 Milliarden Euro. Ideengebung, Konzeption und Bauauftrag fanden lange vor der Wende statt, die Peter Struck im Mai 2003 mit seinen »Verteidigungspolitischen Richtlinien« einläutete. Die Marine und wohl auch die Konzerne waren im Fall der Korvetten der Politik einige Schritte voraus. Das Primat der (Regierungs-)Politik wurde trotz Bundestagszustimmung faktisch den pragmatischen Interessen der Militärs und dem Profitstreben der Manager geopfert.

Die nächste Großbestellung der Marine wurde beim jährlichen Spargelessen der deutschen Schiffbauindustrie bekannt. Den »schönen Auftrag« hatte Ehrengast Dagmar Wöhrl bald nach ihrer Ernennung zur Maritimen Koordinatorin der Bundesregierung persönlich mitgebracht: Der Bundestag werde »kurzfristig« den Bau von vier Fregatten verabschieden. Und so geschah es. Eine übergroße Koalition aus CDU/CSU, SPD und FDP vergab im Haushaltsausschuss pünktlich zur Sommerpause – und dadurch nahezu unbemerkt von der Öffentlichkeit – den Auftrag für die vier neuen Kriegsschiffe an Thyssen Krupp Marine Systems (TKMS). Trotz Kritik des Bundesrechnungshofes beschloss der Bundestag am 20. Juni 2007 den Bau der Marathon-Fregatten. An den Details der Konstruktion wird mittlerweile gefeilt, 2011 wird der erste Rumpf auf Kiel gelegt werden, und zwischen 2014 und 2017 wird jedes Jahr eine Fregatte der Flotte *zulaufen*.

Die teuerste Waffe in der deutschen Geschichte kostet 650 Millionen Euro – pro Stück. Zum Vergleich: Der Preis nur einer Fregatte entspricht dem Gesamtpreis von einem Dutzend Mega-Containerschiffen. Die schwarz-rote Bundesregierung hat bei Thyssen-Krupp sogar vier dieser Kampfschiffe bestellt, macht zusammen 2 624 400 000 Euro. Plus X. Denn der Preis, so sieht es der Vertrag vor, darf jährlich um bis zu drei Prozent nach oben klettern. So dürfte die Beschaffung den Bundeshaushalt am Ende über drei Milliarden Euro kosten. Nicht nur in Zeiten knapper öffentlicher Kassen ein Batzen Geld.

Das Kürzel der neuen Wunderwaffe: »F125«. Die 150 Meter langen Fregatten werden, wie die fünf kleineren Korvetten, wieder Landziele bekämpfen und Städte verwüsten können, mit noch stärkerer Kampfkraft als die Korvetten. Obendrein werden die Fregatten ununterbrochen zwei Jahre lang auf allen Weltmeeren nonstop operieren können. Auch das ist eine neue

Qualität gegenüber den deutschen Schiffen, die sich seit September 2006 an der UNIFIL-Mission der Vereinten Nationen vor der Küste des Libanons beteiligen und deren Mandat der Bundestag bis Dezember 2009 verlängert hat. Die dort kreuzenden jungen Fregatten der Sachsen-Klasse – sie wurden 2004 bis 2006 in Dienst gestellt – können nur ein halbes Jahr im Einsatz bleiben. Nach Abzug der Reisezeiten und der zwischenzeitlichen Wartungen in Häfen bleiben lediglich zwei, drei Monate für den eigentlichen Kampfeinsatz vor fremden Gestaden.

Für die künftige Sicherheits- und Außenpolitik Deutschlands dürften die neuen Korvetten und vor allem die neuen Großkampfschiffe F125 martialische Leuchttürme werden. »Die neuen Fregatten dienen nicht der Landesverteidigung. Sie werden explizit für zukünftige Auslandseinsätze entwickelt«, kritisiert der nordrhein-westfälische Bundestagsabgeordnete Paul Schäfer von der Partei Die Linke. Die Kriegsschiffe könnten die Bundesbürger eines Tages nicht nur finanziell, sondern auch politisch teuer zu stehen kommen.

Für die privaten Werften und ihre Zulieferindustrien sind die Aufträge der Bundeswehr geradezu lebenswichtig. Sie sichern technische Entwicklungen, wie den neuartigen Antrieb von U-Booten durch Brennstoffzellen, und sie sorgen für den nötigen Auslandsabsatz. U-Boote und Überwasserschiffe »Made in Germany« verkaufen sich auf dem Rüstungsweltmarkt hervorragend. Die Deutsche Marine spielt dabei als »Parent Navy« eine Elternrolle. Von »Parent Navy« sprechen sowohl Offiziere wie Manager, und beide Seiten akzeptieren die gegenseitige Verknüpfung. Hervorragende Referenzen der Marine sind die notwendige Basis für ein erfolgreiches Exportgeschäft mit den Kriegsschiffen. Schließlich erwirtschaften die im Marineschiffbau tätigen deutschen Unternehmen rund zwei Drittel ihres Umsatzes im Export. Bei Atlas Elektronik in Bremen sind es sogar mehr als achtzig Prozent. 2005 hatte Berlin verhindert, dass Thales den deutschen Radar- und Torpedobauer kauft. Seit 2006 ist Atlas Elektronik eine Tochtergesellschaft von EADS/Airbus und dem größten deutschen Werftkonzern Thyssen-Krupp. Atlas rüstet Marineschiffe mit Waffensystemen aus.

Korvetten und U-Boote sollen zugleich für die anspruchsvollen, aber kostspieligen Handels- und Spezialschiffe, die auf deutschen Werften gebaut werden, Werbung machen. Ihrer

Elternrolle ist sich die Deutsche Marine durchaus bewusst, und sie passt genau zu der militärischen Umwälzung vom regionalen Küstenschützer zu einer »Expeditionary Navy«, die auf allen Meeren kreuzt, wie es die Bundesregierung in ihrem im Oktober 2006 herausgegebenen »Weißbuch zur Sicherheitspolitik« fordert.

Von dem Rüstungsboom profitieren nicht allein die norddeutschen Werften, sondern und vor allem Hochtechnologie-Firmen in ganz Deutschland, denn nur 20 bis 25 Prozent des Wertes eines Kriegsschiffes werden auf einer Werft geschaffen. So zählt die börsennotierte Tognum am Bodensee »die meisten Marinen dieser Welt« zu ihrer Kundschaft. Die frühere MTU Friedrichshafen stellt Antriebssysteme her. Und MAN in Augsburg gilt als Pionier des Turboantriebs von Schiffsdieselmotoren. Marineschiffe fahren schneller als Handelsschiffe.

Wurden beim Stapellauf der Korvette »Oldenburg« bewusst Fakten geschaffen für die künftige deutsche Außenpolitik? Anders als mancher Außen- und Sicherheitspolitiker in Berlin kämpft die Chefetage der Marine mit offenem Visier. Mit der Weiterentwicklung der Marine würden zwei Leitlinien verfolgt, heißt es aus dem Flottenkommando in Glücksburg an der Elbe.

Die internationale Krisenbewältigung werde zukünftig noch stärker auf gemeinsame Aktionen von Heer, Luftwaffe und Marine setzen. Und dabei soll die frei von Landesgrenzen und anderen Hemmnissen operierende Marine eine Schlüsselrolle spielen. Die See soll als Basis für zukünftige gemeinsame Operationen der Bundeswehr erschlossen werden. Der neue konzeptionelle Ansatz heißt »Basis See«. Gemeinsam mit den »Landratten« vom Heer arbeitet die Marineführung hinter verschlossenen Türen an ihrem Projekt »Führen von See«. Die Feuerunterstützung vom Meer aus gewinnt militärstrategisch zunehmende Bedeutung. Darum wird die Marine ihre Fähigkeiten ausbauen, so Admiral Nolting, »Kräfte an Land von See aus zu unterstützen«. Dazu werden zunächst neue Korvetten wie die »Oldenburg« mit Schiffskanonen und den schwedischen Allwetter-Flugkörpern RBS 15 MK3 ausgestattet.

Ihren zweiten Schwerpunkt sieht die Marine künftig im Schutz der Handelswege. Das klingt zunächst keineswegs originell. Aber fortan verteidigt die Marine nicht mehr allein den

Ostseeraum und die Deutsche Bucht, sondern will die globalen Handelswege absichern. Da Deutschland hochgradig auf den Außenhandel und den Import von Rohstoffen angewiesen ist, befindet sich die Nation in einer »maritimen Abhängigkeit«, hebt Marineinspekteur Nolting hervor. Weltweit! Der oberste Marinesoldat kann sich auch in diesem Fall auf das »Weißbuch« der Bundesregiering stützen. Deutschland habe infolge der Globalisierung »besonderes Interesse an ungehindertem Warenaustausch«, und die sichere Energieversorgung sei von »strategischer Bedeutung«. Darum müsse die Marine »in großer Entfernung vor fremden Küsten« operieren können, um Krisen und Konflikte »bereits am Ort ihres Entstehens einzudämmen und zu bewältigen«.

Mit der Neuausrichtung wird eine deutsche Marine erstmals seit dem kaiserlichen Flottenprogramm vor einem Jahrhundert wieder ins Zentrum der Militärstrategie rücken.

Politik im Kielwasser von Marine und Industrie

Die neuen militärischen Möglichkeiten werden neue Begehrlichkeiten bei Politikern und NATO-Partnern wecken, befürchtet Otfried Nassauer: »Das Kreuzen vor fremden Küsten könnte zur Standardaufgabe der Bundeswehr werden.« Ironisch setzt der Direktor des Berliner Informationszentrums für Transatlantische Sicherheit (BITS) hinzu, »und es könnte jemand auf die Idee kommen, verstärkt Rohstofflieferungen ›abzusichern‹«. Nassauer schätzt, dass für jedes Barrel Öl weltweit Militärausgaben in Höhe von mindestens 20 Dollar anfallen. Anderer Meinung ist Hans-Peter Bartels, Herausgeber der Zeitschrift »Berliner Republik«, Mitglied im Verteidigungsausschuss des Bundestages und Rüstungsexperte der SPD. Die neuen Marinesysteme »schaffen nicht Fakten für die Außenpolitik, sondern sind eine Vorsorgemaßnahme«. Das gelte auch für die geplanten Marathon-Fregatten der Klasse 125.

Allerdings scheint bei den neuen Fregatten die Marine der Politik Wind in die Segel geblasen zu haben und nicht umgekehrt, wie es zu einer guten Regierungsführung gehört. Dabei gilt selbst unter Militärs seit dem Militärphilosophen Carl von Clausewitz das Primat der Politik, eigentlich. Nichts anderes meint Clausewitz' berühmter, oft missverstandener Satz: »Der Krieg ist eine bloße Fortsetzung der Politik mit anderen Mitteln.« Den Verdacht auf entscheidende militärische Eigenmächtigkeiten nährt ein Blick in die Beschaffungsgeschichte. Die maritime Konzeption für die Marathon-Fregatte scheint schon zwei Jahre vor der politischen weitgehend fertig gewesen zu sein. Es dauerte noch bis zum Oktober 2006, als Bundeskanzlerin Merkel mit dem »Weißbuch zur Sicherheitspolitik Deutschlands und zur Zukunft der Bundeswehr« den neuen Kurs verbindlich festschrieb. Bis dahin gab es lediglich im Verteidigungsministerium einige Strategiepapiere. Erst das Weißbuch gab der »Transformation« der Bundeswehr und damit dem Wandel ihrer Seestreitkräfte zu einer »Expeditionary Navy« einen festen politischen Grund. Das letzte Weißbuch der Bundesregierung von 1994 war noch konventionell auf eine Landstreitmacht orientiert.

Weniger grundsätzlich kommt die Kritik von FDP und Grünen am Flottenprogramm der Großen Koalition daher: Sie lehnen Auslandseinsätze nicht rundherum ab. Der grüne Alexander Bonde ist Mitglied im Verteidigungs- und Haushaltsausschuss des Bundestages. Beide Ausschüsse haben die Fregattenbeschaffung bewilligt. Bonde kritisiert vor allem die Kosten. Der Schwarzwälder hält den Stückpreis der F125 für »inakzeptabel« und sagt: »Der Bund wurde übern Tisch gezogen.« Auch der Verteidigungspolitiker der FDP-Bundestagsfraktion, Rainer Stinner, bemängelt trotz seiner Zustimmung im Ausschuss zum Fregattenbau eine »Unbalance zwischen Verteidigungsministerium und Industrie«. Wie groß die Kluft wirklich sei, so Stinner, ließe sich aber aus den Unterlagen, die den Bundestagsausschüssen vorgelegt wurden, nicht ersehen. Wenn es um den Preis der Fregatten geht, klingt sogar SPD-Sprecher Bartels aus der Regierungskoalition skeptisch, obwohl auch er zustimmte: »Ich stecke nicht drin, was heute so etwas kosten muss.« Bartels wirbt, unter anderem wegen eines erhofften Mengenrabatts bei der Beschaffung, für eine gemeinsame europäische Armee. In der CDU will die Fraktionsspitze »zu Einzelmaßnahmen keine Stellungnahme abgeben«.

Das tut aber der Bundesrechnungshof in einer unveröffentlichten Stellungnahme. In Bonn befürchtet man für den Staat ein schlechtes Geschäft. Die Prüfer vom Rechnungshof wundern sich, warum der Vertrag – zur Freude der Industrie und der Marine – sehr schnell abgeschlossen wurde, und Kritik kommt auch an der »verdeckten Vorauszahlung«. Eine erste und hohe Rate wurde bereits mit dem Inkrafttreten des Vertrages bezahlt, sieben Jahre bevor das erste Schiff vom Stapel laufen wird. Bis zum Stapellauf, das Schiff ist dann noch ein Rohbau, müssen Verteidigungsminister Franz Josef Jung (CDU) und seine Nachfolger über 1,8 Milliarden Euro als Vorschuss an Thyssen-Krupp und dessen Juniorpartner beim Bau der Fregatten, der Lürssen Werft in Bremen, überweisen. Dass es außerdem nicht bei dem Gesamtpreis von 2,6 Milliarden bleiben wird, nimmt der Rechnungshof ebenfalls an. Die Inflationszugabe von jährlich drei Prozent halten die Wächter über die Staatsausgaben für einen Verstoß gegen die »Grundsätze zur Anwendung von Preisvorhaben bei öffentlichen Aufträgen« des Bundes. Diese sehen eine Begrenzung der Preissteigerungsrate auf nur zwei Prozent vor.

Aus Sicht der Sicherheitspolitiker ist jedoch alles mit rechten Dingen zugegangen. »Wir haben zu den Ausführungen des Bundesrechnungshofes umfassend Stellung bezogen«, rechtfertigt ein Sprecher des Verteidigungsministeriums den Deal. »Bei einer gesamtheitlichen Betrachtung ist die Beschaffung der Fregatten F125 aus Sicht des Ministeriums nicht allein militärisch sinnvoll, sondern auch wirtschaftlich.« Dennoch beklagt das Verteidigungsministerium in einer Stellungsnahme für die Bundestagsausschüsse, dass eine Regelung nach den für den Staat günstigeren öffentlichen Preisvorgaben »nicht durchsetzbar« gewesen sei. Die Industrie habe ein »starres Zahlungsschema« abgelehnt.

Thyssen-Krupp und der eingeschaltete Werftenverband saßen von Anfang an am längeren politischen Hebel. Verantwortlich dafür ist die Bundesregierung, die auf eine ernsthafte Prüfung von Alternativen verzichtete. So wurde die eigens für gemeinsame Rüstungsprojekte geschaffene Europäische Verteidigungsagentur (EDA) außen vor gelassen. Ein Sündenfall schon deshalb, weil Frankreich und Italien ebenfalls eine Marathon-Fregatte entwickeln wollen, und zwar gemeinsam. Eine solche haben die Dänen bereits vor fünf Jahren mit der »Absalon« in Dienst gestellt. Für etwa 250 Millionen Euro wäre das dänische Kriegsschiff auch für die Deutsche Marine zu haben. Pro Stück hätten der Bund also 400 Millionen Euro gegenüber der F125 einsparen können, beim gesamten Fregattenprogramm wären dies 1,6 Milliarden Euro. Politiker und Marine kontern mit dem Argument, dass die »Absalon« nicht die militärischen Anforderungen Deutschlands erfülle. Allerdings wäre selbst eine aufgepeppte Luxusversion der »Absalon« noch weit billiger als die F125.

Diese heiklen Umstände dürften auch Verteidigungsminister Jung und Bundeskanzlerin Merkel vor ihrer Entscheidung bekannt gewesen sein. Für den horrenden Preis der deutschen Marathon-Fregatte sprechen zwei industriepolitische Gründe. Zunächst dürfte der Aufschlag ein Dankeschön an Thyssen-Krupp gewesen sein, für die Schaffung eines deutschen Werftgiganten unter seinem Konzerndach. Daneben wird das technologische Know-how in Deutschland gesichert und so Thyssen Krupp Marine Systems für die anstehende Konsolidierung der europäischen Werftindustrie gestärkt. Aus diesem Blickwinkel betrachtet, könnte der Preis für die F125 hoch genug sein. Im November 2008 kam es zu ersten offiziellen Gesprächen zwischen TKMS und dem französischen Marinewerft-Konzern DCNS in Paris. Entsteht ein deutsch-französischer oder ein europäischer Maritimer Komplex? Ein Zusammenschluss großer Werften erscheint vielen Politikern jedenfalls notwendig, wenn Europa seinen technologischen Vorsprung im militärischen und zivilen Schiffbau absichern will.

Trotz allem sollte die wirtschaftliche Bedeutung der Marinerüstung nicht überschätzt werden. Mit einem Volumen von durchschnittlich vielleicht zwei Milliarden Euro pro Jahr macht die maritime Industrie mit Kriegsschiffen kaum mehr Umsatz als mit friedfertigen Segelbooten, Yachten und Surfbrettern zusammen. Im langfristigen Mittel entfallen laut Schiffbauverband VSM ein Fünftel des Werftgeschäftes auf U-Boote, Korvetten und Fregatten. Allerdings sind der Industrie viele Synergieeffekte wichtig. Hochtechnologie aus dem Kriegsschiffbau strahle in die ganze Wirtschaft aus. Zudem gilt der Marineschiffbau als besonders profitabel. So war die Freude über die Fregatten-Ankündigung von Dagmar Wöhrl während des alljährlichen Spargelessens groß.

Der Staat und seine Funktionen wandeln sich. Zur Hansezeit gab es weder »Nationen« noch einen Staat im modernen Sinne, mit einheitlichem Territorium, mit Staatsvolk und mit einem legitimen Gewaltmonopol nach innen und nach außen. Auf diesem staatlichen Gewaltmonopol basierte dann des Kaisers Flottenprogramm. Seine Handelsflotte unter einer einheitlichen deutschen Flagge folgte der Erfindung des Nationalstaates. Einem »National«-Staat, der wie in Deutschland meistens aus mehreren »Nationen« zusammengesetzt war.

Dieser Nationalstaat soll sich heute seit einiger Zeit in Auflösung befinden oder doch zumindest immer schwächer werden. »Die kapitalistische Akkumulation vollzieht sich nicht mehr in nationalstaatlich getrennten und geschlossenen Räumen« ist eine unter Neoliberalen und Linken populäre Auffassung, hier aus der Zeitschrift »Prokla« zitiert. Globale Finanzmärkte, ausländische Direktinvestitionen und fortschreitende »Transnationalisierung« der Unternehmen sowie ein weltweiter Zugriff auf Arbeitskräfte sorgten für einen »deterritorialisierten Charakter« der Ökonomie. Daneben hat der Soziologe Lord Ralf Dahrendorf eine »globale Klasse« entdeckt. Diese international agierende Elite der Globalisierung – Unternehmer, Manager, Wissenschaftler – habe den »stark von Sicherheitsbedürfnissen geprägten Status quo« aufgebrochen und schwimme auf einer »zukunftsträchtigen Woge«. Der begrenzte Nationalstaat habe folglich ausgedient.

Solche Beschreibungen wären schon einem aufgeklärten Zeitgenossen des Kaisers bekannt vorgekommen. Deswegen müssen sie nicht falsch sein, aber die historische Reminiszenz nährt den Verdacht, dass der Staat nicht abstirbt. So feierten die Nationalstaaten während der Banken- und Wirtschaftskrise ab Herbst 2008, als sie jeweils zuerst im Alleingang »ihre« deutschen, britischen oder amerikanischen Banken retteten, fröhliche Urständ. Und die Banken ließen sich, mehr oder weniger gern, von »ihrem« Staat wie selbstverständlich vor der Pleite retten. Prompt kündigte die besonders global operierende, aber stabile Deutsche Bank an, ihren »Heimatmarkt Deutschland« weiter ausbauen und 150 neue Filialen eröffnen zu wollen. Der Staat agiert wieder einmal als Reparaturbetrieb des Kapitalismus. Eine grundlegende Erfahrung, die der damalige Hamburger Bürgermeister und heutige Außenpolitiker der SPD, Hans-Ulrich Klose, in den siebziger Jahren machte und, im Gegensatz zu seinen Politikerkollegen, öffentlich anprangerte.

Selbstverständlich müssen die internationale Orientierung der Unternehmen, der Welthandel und die Ausdehnung des kapitalistischen Raumes über die Erde auch Folgen für den Staat haben. Doch der Staat hält nach wie vor an seinen klassischen Kernkompetenzen Innen-, Rechts- und Außenpolitik und auch an der Finanzpolitik fest. In anderen Bereichen wie der Geld- oder Fischereipolitik versucht er, eine internationale Ordnung zu schaffen, welche dem Handel und der Wirtschaft reibungslose Geschäfte ermöglichen. In der Gesellschaft ist dieser Etatismus – der Begriff stammt nicht zufällig aus dem staatsfreundlichen Frankreich – populär. Trotz gelegentlicher Eigenmächtigkeiten lösen selbst die Europäische Union und dessen Kern »Euroland« den Nationalstaat nicht auf. Die EU ist ein Bündnis von Nationalstaaten und teilweise eine Anpassung des nationalen Staatsmodells auf quasi höherer Ebene; etwa wenn Brüssel versucht, mit einer europäischen Außen- und Sicherheitspolitik die Interessen der Mitgliedsländer in einigen Punkten zu bündeln.

Auch in den Dienst seiner neuen, ausgedehnten ökonomischen Interessen stellt der Staat, wie ehedem, sein Militär. Allerdings gelten nicht mehr die unmittelbare Verteidigung des eigenen Landes und die Eroberung fremder Territorien als Hauptaufgaben, sondern die militärische Unterstützung der indirekten politischen und ökonomischen Macht. Militär werde zweckmäßigerweise nicht mehr wie noch im letzten Irak-Krieg eingesetzt, um einen direkten Zugriff auf Ölvorräte zu sichern, meint die US-amerikanische Politologin Ellen Wood. Ein Eroberungskrieg sei nicht mehr nötig, weil die ölproduzierenden Länder in den kapitalistischen Weltmarkt integriert seien. Die OPEC-Staaten würden an jeden ihren Rohstoff liefern, der dafür den gewünschten Preis zahle. Zukünftig werde Militär dafür eingesetzt, eine generelle Vorherrschaft, eine militärisch gestützte harte Hegemonie zu etablieren; Heide Gerstenberger, Politikwissenschaftlerin an der Universität Bremen, nennt das »eine Oberaufsicht über das globale System«. Für die alten imperialistischen Länder ist dies keine ganz neue Strategie.

Moderne Piraten

Tatort Hamburger Hafen. Nachts dringen unbekannte Einbrecher in das mahagonivertäfelte Kontor ein, in dem tagsüber eine der ältesten Reedereien der Welt ihren Geschäften nachgeht. Die Diebe stehlen nichts, jedenfalls kein Geld, keinen Computer und kein Faxgerät. Sie suchen stattdessen nach Fahrtrouten und Ladeplänen von Frachtschiffen, die den indischen Ozean befahren. Die Täter sind Piraten.

»Pirat«, das klingt nach Geschichten aus längst vergangener Zeit, nach wilden Abenteuern, Grog und Stevensons »Schatzinsel«. Seeräuberei ist jedoch brandaktuell: Erst kürzlich meldete der »Weekly Piracy Report« ein Dutzend Attacken auf Handelsschiffe in nur einer Woche. Seeräuber sind heute zum Teil Hochtechnologie-Kriminelle, die über exakte Kenntnisse von Schiffstypen und Fahrtrouten verfügen. »Piraten sind oft modern ausgerüstet, mit schnellen Booten und Navigationssystemen vom Feinsten«, berichtet der Verband Deutscher Reeder (VDR). Seit Jahren ist Seeräuberei für die maritime Wirtschaft »ein ständiges Thema«. Auch die Gewerkschaft Verdi sorgt sich seit langem um die Kriminalität auf hoher See: »Für uns Seeleute ist Piraterie eine Bedrohung.«

Jedes Jahr gibt es weltweit mehrere hundert Piratenangriffe, aber kaum ein Fall ist wie der andere:

- In der Meerenge von Malakka zwischen Malaysia und Sumatra überfielen schwer bewaffnete Piraten ein modernes Fischereischiff und »tauschten« es gegen ihr kleines Boot ein; der Kapitän des Fischtrawlers wurde durch Schüsse in die Brust getötet, zwei Matrosen wurden schwer verletzt.
- Das Containerschiff eines dänischen Reedereiriesens wurde vor der Küste Nigerias entführt, Mannschaft und Schiffssafe wurden ausgeraubt; für die Freilassung der 16-köpfigen Crew zahlte die Reederei ein Lösegeld, über dessen Höhe nichts an die Öffentlichkeit drang.
- Gekapert wurde ebenfalls ein malaysischer Tanker; mit Maschinenpistolen bewaffnete Räuber kidnappten Kapitän und Chefingenieur; später wurden die Entführten unverletzt freigelassen, nachdem die Reederei 100 000 US-Dollar bezahlt hatte.

- Beim Überfall auf ein vor Anker liegendes Tankschiff genügten den Räubern Messer, um die Crew einzuschüchtern. Andere Gangster setzten Maschinengewehre und Panzerfäuste ein. Meist blieb es jedoch bei Drohungen, und wenn es zu einer Entführung kam, wurden die Opfer nach Zahlung eines Lösegeldes freigelassen. Doch in einigen Fällen töteten die Piraten die Mannschaft und nahmen das Schiff in Beschlag, um es als sogenanntes Phantomschiff unter anderem Namen weiterfahren zu lassen.

Schiffe werden keineswegs nur in küstennahen Seegebieten überfallen, sondern selbst am Kai im Hafen, auf Reede oder weit draußen während der Fahrt auf hoher See. Die Räuber kommen im flinken Speedboat angerast oder segeln in einer beschaulichen Dhau. Nichtsahnend fuhr zum Beispiel ein deutsches Containerschiff durch einen Pulk von segelnden Fischerbooten. Zwischen zwei Schaluppen war ein Unterseekabel gespannt, das sich um den Kiel legte und die beiden Boote mittels Schereneffekt an die Bordwand drückte. Von da an war es ein Leichtes, das Schiff zu entern.

Die Statistiker des International Maritime Bureau (IMB) im englischen Essex ermittelten lange Zeit einen klaren Trend: Die Piraterie nimmt zu! So waren noch 1993 erst 103 Überfälle gezählt worden, ein Jahrzehnt später waren es bereits 445. Danach ging die Zahl der gemeldeten Attacken jedoch zurück, bis auf jährlich 250 bis 300 Angriffe. Selbst im Jahr 2008, in dem sich die Industriestaaten zu einem massiven militärischen Eingreifen entschlossen, verharrte die weltweite Seeräuberei mit 293 Überfällen auf diesem Niveau.

Zu diesem Rückgang hatten vornehmlich die Anrainerstaaten der Straße von Malakka beigetragen. Durch diesen schmalen Engpass von neun Seemeilen verläuft die blaue Autobahn zwischen dem ölreichen Nahen Osten und dem ölarmen Südostasien. Bis vor kurzem lag hier das Eldorado der Seeräuberei. Inzwischen sind die Gewässer vor der Küste Somalias im Golf von Aden zum bevorzugten Aktionsgebiet von Piraten geworden. Im Zusammenhang mit dem Zerfall der Staatsgewalt in dem kriegsgebeutelten Küstenstaat nahm die maritime Kriminalität zu, und es kam an der

Ostküste Afrikas zu einigen spektakulären Fällen, wie der Entführung des saudischen Großtankers »Sirius Star« unter liberianischer Flagge und des ukrainischen Frachtschiffes »Faina« auf der Fahrt nach Kenia. An Bord der »Faina« befanden sich 33 russische T-72-Panzer.

Doch solche aufsehenerregende Aktionen können nicht darüber hinwegtäuschen, dass nur wenige Seeräuber professionelle Hochtechnologie-Piraten sind, die etwa für ihre Informationsbeschaffung bis in Hamburger Reederei-Kontore eindringen. Zwei von drei Überfällen sind eine Art von Mundraub, bei denen nur Farbeimer oder Taue, die Bordkasse oder die Notration aus den Rettungsbooten gestohlen werden. Es ist vor allem die Armut in den Entwicklungsländern, die Piraten heranwachsen lässt. Das legale Abfischen durch die Industriestaaten und die soziale Hoffnungslosigkeit an den Küsten Indiens, Bangladeschs oder Nigerias machen die Piraterie für viele Globalisierungsverlierer zu einer attraktiven Einnahmequelle.

Kleinteiligere Erfahrungen mit einem System der harten Hegemonie konnten sie in ihren Kolonien machen.

Dieser Wandel der globalen militärischen Funktion verschafft der Deutschen Marine ein weit umfangreicheres Aufgabengebiet als bislang. Dessen Ausdehnung können selbst die führenden Akteure erst erahnen. Klar ist, Deutschlands Interessenzonen dehnen sich international aus, und sie gehen in die Tiefe der Meere. Dabei operieren die Aufseher des globalen Kapitalismus im arbeitsteiligen Bündnis. Vor dem Horizont dieser Teilglobalisierung des deutschen Staates bestellte der Bundestag für die Marine die neuartigen Großkampfschiffe, die im kommenden Jahrzehnt vor allen Küsten der Erde aufkreuzen können.

Neu ist es nicht, dass die deutsche Marine im westlichen Bündnis mit den USA und der NATO zusammen operiert. Das tat sie schon seit dem Ende des Zweiten Weltkrieges bzw. seit ihrer Aufnahme in die NATO. Neu ist die Globalisierung ihres Operationsgebietes, neu ist die Qualität ihrer Waffen, und neu ist auch die aktive und offensive Strategie.

Vor diesem Hintergrund wirkt die deutsche Beteiligung am Kampf gegen die Piraterie wie das Üben für neue, größere Aufgaben. Die zunehmende Gewalt vor dem Horn von Afrika nahm die Staatengemeinschaft zum Anlass, erstmals seit den achtziger Jahren wieder gegen die Piraterie energisch vorzugehen. Die Resolution 1816 des Sicherheitsrates der Vereinten Nationen hob im Sommer 2008 faktisch die Hoheitsrechte Somalias auf: Marinesoldaten fremder Länder dürfen seither Piraten bis in die Küstengewässer und sogar an Land verfolgen. Außerdem wurde Mitte Oktober ein NATO-Flottenverband, mit Zustimmung Bundesverteidigungsministers Franz Josef Jung, durch den Suezkanal vor die Küste Somalias verlegt. Zu dem Verband gehören auch die deutsche Fregatte »Karlsruhe« und das Versorgungsschiff »Rhön«. Im November folgten die Außenminister der Europäischen Union und beschlossen die zusätzliche Entsendung einer europäischen Marinemission für 2009 ans Horn von Afrika – mit dabei wiederum die Deutsche Marine. Im Dezember stimmte schließlich die Bundesregierung einer machtvollen Teilnahme an der Anti-Piraten-Mission der EU »Atalanta« – benannt nach einer Jägerin in der griechischen Mythologie – zu, kurz vor Weihnachten folgte der Bundestag. Am Horn von Afrika hatte die Deutsche Marine bereits bei der Operation »Enduring Freedom« militärische Erfahrungen gesammelt. Dieses politisch heikle sogenannte Anti-Terror-Mandat wurde von der schwarz-roten Koalition vorzeitig bis Dezember 2009 verlängert, um es aus dem Bundestagswahlkampf herauszuhalten.

Das gewaltige Medienecho auf die Piraterie vor Somalia spielt den Marinestrategen in Ost und West in die Hände. Die USA, die Europäische Union und Russland können dadurch ihre militärische Präsenz in der geostrategisch brisanten Öl- und Gasregion dezent ausweiten. Die Bundesmarine sieht zudem eine Chance, ihren Einsatzbereich auszudehnen und die Schwelle für den Waffengebrauch herabzusenken. Denn sowohl im Kampf gegen vermeintliche Terroristen als auch gegen Piraten gibt es aus Sicht der Marine ein entscheidendes rechtliches Handicap: Die Kriegsschiffe dürfen nicht »hart« eingreifen und Piraten jagen oder gefangen nehmen. Geschossen werden dürfte nur in höchster Notwehr. Der Bundeswehrverband und der Marineinspekteur Wolfgang Nolting fordern daher eine Änderung des

Grundgesetzes, um der Marine im Einsatz gegen Piraten und Terroristen freie Hand zu geben. Diese freie Hand würde nicht allein vor Somalias Küste greifen, sondern notfalls auch auf der Elbe. Beispielsweise wenn Terror-Piraten einen Gastanker kapern würden, um ihn im Hamburger Hafen, mitten in der Metropole, zur Explosion zu bringen. Ein Klassiker unter den maritimen Horrorszenarien und von interessierten Fachpolitikern, die für eine Einsatzmöglichkeit der Truppe im Innern plädieren, gern als Argument eingesetzt. Ein Scheinargument, denn ein solcher Gasangriff wäre aus technisch-physikalischen Gründen nicht machbar.

Die von Politikern und Militärs geforderte »Lex Piraten« würde ein grundlegendes Prinzip des Grundgesetzes verletzen, die Trennung der Aufgaben der Bundeswehr von den Aufgaben der Polizei. Piraten sind nun mal Gesetzesbrecher und fallen daher in den Kompetenzbereich der Polizei. Um den Ehrgeiz der Militärs zu bremsen, wurde ein Kompromiss denkbar: Bundespolizisten könnten zukünftig an Bord einer Marine-Fregatte ihre Aufgaben wahrnehmen.

Wettrüsten zur See

Die kurze Phase der »Friedensdividende« nach dem Zusammenbruch der sozialistischen Staatengemeinschaft ist vorbei. Seit 1945 hatte ein bipolares Gleichgewicht zwischen den USA und der UdSSR auf den Weltmeeren geherrscht und die dominierende Seemacht England abgelöst. Nach 1990 gewann die amerikanische Marine zeitweilig die Seehegemonie auf dem Globus. Durch den Aufstieg Chinas zur Fabrik der Welt, durch das Wiedererstarken des energiereichen Russlands und auch durch das neue Selbstbewusstsein Westeuropas wurde die amerikanische Hegemonie auf den Weltmeeren gebrochen. Die Folge ist ein labiles Ungleichgewicht mehrerer Seemächte, das Deutschland und andere EU-Länder, aber auch Russland, China und die USA zum Anlass genommen haben, ihre Militärdoktrin zu ändern, sich noch stärker als bisher maritim auszurichten und ihre Seestreitkräfte zu vergrößern.

Die USA – für Teile der Bundesmarine liebster Bündnispartner – sehen ihre maritime Überlegenheit bedroht oder realistischerweise sogar im Schwinden. China habe nach der Einführung des Kapitalismus »seinen neuen Wohlstand zügig in die Entwicklung einer Marine investiert«, analysiert James Winnefeld, Chef der 6. US-Flotte. Peking sei bereits eine »ernsthafte Herausforderung« im Westpazifik, also im Viereck zwischen China, Japan, Indonesien und Vietnam.

Wie der Maritime Komplex in der Bundesrepublik fährt die Volksrepublik eine Doppelstrategie, die eine Expansion der maritimen Wirtschaft, vom Schiffbau bis zur Logistik, mit einer Aufrüstung der Marine der Volksbefreiungsarmee kombiniert. China ist nicht allein vom Handel abhängig, sondern zunehmend auch von Ölimporten aus dem Persischen Golf. Die Regierung in Peking reorganisiert zu diesem Zweck die maritime Wirtschaft. Den Kern bildet der ihr direkt unterstellte, 1999 gegründete Werftkonzern China State Shipbuilding Corporation (CSSC), der 100 000 Menschen beschäftigt. CSSC ist ein Konglomerat aus Dutzenden von Firmen, mit Forschungseinrichtungen, Technologiezentren und Laboren, mit Finanzdienstleistern und Logistikfirmen. Die schwachen Gewerkschaften und die lokale Politik sind ebenfalls in diesen Maritimen Komplex Pekings integriert.

Das riesige chinesische Reich verfügt nur über wenige gute Überlandverbindungen. So ist ein Ziel des maritimen Aufbaus, die Regionen an der über 14 000 Kilometer langen Küste, am Großen Kanal und an den Flussläufen, die tief ins Land hineinreichen, zu versorgen. Zudem sollen durch den Export von Schiffen Devisen beschafft werden. Seit kurzem wird ein Großteil der von deutschen Reedern und Fonds finanzierten Schiffe nicht mehr in Südkorea, sondern in China hergestellt. An Kooperationen deutscher Firmen wie MAN, EADS oder HDW mangelt es daher selbst im Rüstungsbereich nicht, und auch der internationale Schiffs-TÜV aus Hamburg, der Germanische Lloyd, ist mit Ingenieuren in China überaus präsent.

Aber es geht der Regierung in Peking um mehr. Unter einer »Vorwärtsstrategie« mit dem Namen »5–3–1 goal« stieg CSSC und damit das frühere Entwicklungsland im Schiffbau zunächst zur Nummer fünf (hinter Deutschland) und dann zur Nummer drei (vor Deutschland) auf. Geplant ist, 2015 weltweit der größte Schiffbauer zu sein. Darüber hinaus soll der Schiffbau als »Motor der industriellen Entwicklung und des Baus komplexer industrieller Systeme dienen«, berichtet eine Delegation der IG Metall nach einer China-Rundreise. Peking weist der maritimen Wirtschaft damit eine ähnliche Schlüsselrolle für die Volkswirtschaft zu wie Berlin.

Von der Olympiametropole aus gesteuert, sind Shanghai an der Ostküste und Guangzhou nahe Hongkong an der Südküste mit ihrem weiten Hinterland sowie Jiujiang im Binnenland für die Eroberung des Weltmarktes auserkoren. Auf einer Insel vor Shanghai wird die weltgrößte Werft errichtet. Entlang einer Kailänge von acht Kilometern werden sich Dock an Dock reihen. Hier werden Frachter, Tanker und Kriegsschiffe entstehen. Interessanterweise sieht auch CSSC die chinesische Marine als eine »Parent Navy«, die mit ihrem Flaggezeigen auf den Weltmeeren Werbung für die hauseigenen Produkte macht. Bislang werden chinesische Korvetten und Fregatten nur an wenige Staaten in Afrika und Asien, darunter den Iran, verkauft.

Neben dem langfristigen Kurs des frühkapitalistischen Chinas sorgt sich US-Admiral Winnefeld um den »autoritären Kapitalismus« Russlands: Nach dem Beispiel Chinas dürften Gewinne aus dem Energiehandel in die Modernisierung der Flotte fließen.

Moskaus Marine wurde allerdings in den vergangenen zehn Jahren halbiert, heißt es wenigstens in offiziellen russischen Quellen. Erst der frisch gewählte Präsident Medwedew hat einen Ausbau der Flotte angekündigt. Aufgrund der langen Planungs- und Bauzeiten rechnet er mit »ersten Resultaten« ab 2012. Bis 2020 sollen dann bis zu 900 Atomsprengköpfe auf hoher See stationiert werden. Dass aber auch Russland auf eine Doppelstrategie, vielleicht sogar auf einen Maritimen Komplex wie Deutschland und China setzt, der über den klassischen militärisch-industriellen Komplex, wie ihn US-Präsident Eisenhower kritisierte, hinausreicht, belegt beispielsweise die Übernahme zweier Werften an der deutschen Ostseeküste durch einen russischen Staatsfonds.

Für die US-Armee rücken neben den beiden politischen Dauerbrennern Iran und Korea mögliche »Krisenszenarien« um China und Russland ins Zentrum ihrer strategischen Überlegungen. Damit geraten Europa, das Mittelmeer und auch Afrika wieder stärker in den Blick der amerikanischen Militärs. Zu diesen machtpolitischen Überlegungen gehört traditionell der Schutz der Handelsströme, der vor allem an seinen neuralgischen Engpässen wie dem Suezkanal, dem Horn von Afrika oder der Straße von Malakka verwundbar ist. Als ein Nadelöhr der Weltwirtschaft gilt auch die Straße von Hormuz, dem einzigen Zugang zum Persischen Golf. Durch die Meerenge laufen die Routen der Tanker zu den Ölhäfen Kuwaits, Bahrains, des Iraks, der Vereinigten Arabischen Emirate, des Iran und Saudi-Arabiens. Mehr Aufmerksamkeit wollen die US-Militärs zudem Energieressourcen und -infrastruktur in dem »fragilen Korridor« zwischen dem Kaspischen Becken, dem Kaukasus und dem Schwarzen Meer widmen. Der Konflikt Russlands mit Georgien im Sommer 2008 hat als Kollateralschaden die Schwäche der US-Marine im Schwarzen Meer offenbart. Dort, im Hafen von Sewastopol auf der ukrainischen Krim, ist nach wie vor eine russische Flotte stationiert.

Die Eliten in Russland, meint US-Admiral Winnefeld, verstünden nur die »Sprache der Stärke«, gemeint ist im Besonderen die Stärke der US-Kriegsmarine. Zugleich soll Amerika mit einer »werteorientierten Kooperation« mit Freund und Feind die politische Basis der russischen Regierung aufweichen. Ähnlich hatte einst US-Präsident Ronald Reagan die Sowjetunion im Kalten Krieg bezwungen.

Am 17. Oktober 2007, rechtzeitig vor den Abendnachrichten, veröffentlichten die drei amerikanischen Teilstreitkräfte Marine, Marineinfanterie und Küstenwache erstmals eine gemeinsame Strategie, die »Cooperative Strategy for 21st Century Seapower«. Die alte Marine-Strategie stammte noch aus der Zeit des Kalten Krieges. Der ständige Wandel in einer unsicheren Welt habe die Entwicklung einer solchen Strategie nötig gemacht. Die Verteidigung der »vitalen Interessen« Washingtons sei nur auf hoher See möglich: »70 Prozent der Welt ist Wasser, 80 Prozent der Welt lebt nur wenige hundert Meilen vom Meer entfernt und 90 Prozent unseres Handels führt über das Meer.« Für die Sicherheit und Stabilität der Welt sei daher die amerikanische Seemacht notwendig. Die »Gemeinsame Strategie für das 21. Jahrhundert« wertet die Seestreitkräfte innerhalb der amerikanischen Armee und der US-Sicherheitspolitik erheblich auf und wird in den nächsten zwei Jahrzehnten, egal wie die Präsidenten heißen werden, gewaltige finanzielle und materielle Anstrengungen bei der Beschaffung neuer Kriegsschiffe auslösen. Die erhoffte Folge: »Die Seemacht der Vereinigten Staaten wird weltweit präsent sein, um unser Heimatland und seine Bürger vor direkten Angriffen zu schützen und um unsere Interessen auf der ganzen Welt zu fördern.«

Eine wichtige Maßnahme zum »Schutz der Freiheit« war aus Sicht der *United States Navy* die Rückkehr der 4. Flotte. Jahrzehnte nach ihrer Auflösung stellte Präsident Bush in einer seiner letzten Amtshandlungen diese Flotte wieder in den Dienst. Fünf weitere Flotten kreuzen über die Ozeane und Meere. Die amerikanische Seemacht verfügt nach eigenen Angaben über 283 Kampfschiffe, mehr als 3700 Hubschrauber und Jets sowie über 332 436 aktive Soldaten. Eine beeindruckende Streitkraft, die in jedem Jahr etwa 150 Milliarden Dollar kostet, ein Drittel des Militäretats. Die neue 4. Flotte wird zuständig sein für Südamerika und soll auf ihrer ersten Rundreise dreißig Häfen besuchen. Kritiker sehen darin eine Drohung an das linke Amerika, Befürworter dagegen die Wahrung nationaler Interessen. Etwa die Hälfte der Wareneinfuhr und der Energieimporte der USA stammt aus dem Süden des Kontinents.

Auch kleinere Marinen aus der zweiten und dritten Reihe rüsten auf. So baut die Türkei das »Nationale Schiff«, eine Korvette, sowie U-Boote und Minenkampfschiffe auf eigenen Werften und mit technischer Unterstützung von Thyssen-Krupp und Abeking & Rasmussen an der Weser. Die Werft ist spezialisiert auf die Minenabwehr. Für die NATO ist der islamisch geprägte Staat am Bosporus der strategische Außenposten am Schwarzen Meer, das von Russland dominiert wird.

Wie immer man die Interessen und Motive der chinesischen oder russischen Marine, der Deutschen Marine oder der *US-Navy* im Einzelnen bewertet, sie alle laufen in dieselbe Richtung: ein neues Wettrüsten! Wie um 1900 und wie während des Kalten Krieges nach 1945 droht wieder ein internationaler Rüstungswettlauf.

Schaulaufen vor fremden Gestaden

Wo sonst Hubschrauber starten und landen, fand mitten im bulgarischen Hafen Varna eine Verkaufsmesse der deutschen Schiffbauindustrie statt: auf dem Achterdeck eines der modernsten Kriegsschiffe. Die Deutsche Marine fuhr auf Tingeltour durch das Schwarze Meer. Flaggschiff war die erst Ende 2004 in Dienst gestellte Fregatte »Sachsen«. Der sonnige Marktplatz fern der Heimat dürfte sich für die Schiffbauindustrie auszahlen. Horst Witschel, Manager der Lürssen-Marinewerft, lobte die Messe. Lürssen mache bereits gute Geschäfte mit Bulgarien, liefere Polizeiboote und Hochtechnologie-Komponenten für deren Marine. Die bulgarischen Offiziere an Bord der »Sachsen« wirkten erfreut, die Amerikaner hatten ihnen gebrauchte Kreuzer andrehen wollen. Der deutsche Großverband mit vier Schiffen lief auch Sewastopol auf der Krim an, das im Sommer 1942 von der Wehrmacht verwüstet worden war.

Flottenbesuche haben eine lange Tradition in allen Marinen der Welt. Das 4. Fregattengeschwader der Deutschen Marine lief 2008 in nur einem halben Jahr vierzehn Häfen in neun Nationen an. Nach dem Zweiten Weltkrieg hatte die westdeutsche Bundesmarine mit dem eindrucksvollen Segelschulschiff »Gorch Fock« international geglänzt. Auch die DDR war nicht untätig und entsandte das Motorschulschiff »Wilhelm Pieck« in den Ostseeraum. Nach der Wende und der Auflösung der DDR-Volksmarine ging es wieder militaristischer zu. Seither schickt die Bundesrepublik hochgerüstete Kriegsschiffe in fremde Häfen, um die Werbetrommel für Deutschlands Seemacht zu rühren. Anderseits versucht die Marine mit Militärkapellen und weißen Paradeuniformen, Cocktailempfängen für Politiker und Manager, Fußballturnieren und Gottesdiensten des Militärpfarrers in den gastgebenden Ländern um Sympathien und Vertrauen zu werben. »Flagge zeigen« zahlt sich wirtschaftlich und ideologisch aus. Davon scheint man im Bundesverteidigungsministerium und im Flottenkommando überzeugt zu sein. Dazu setzt man im Ausland auf die Technikbegeisterung der Jugend, auf Abenteuerlust und den Mythos des Meeres – und die Demonstration militärischer Macht beeindruckt zumindest die Soldaten kleinerer Flotten wie die Bulgariens.

Mit Flottenbesuchen und der Teilnahme an NATO-Großübungen spielt die Deutsche Marine zudem eine militärpolitische Rolle. Die Zurschaustellung der militärischen Macht ist eine Kundgebung zugunsten nationaler und westeuropäischer Interessen, für (eigenen) freien Welthandel und für eine ungehinderte Rohstoffversorgung der Industriestaaten. »Das Kräftespiel vollzieht sich im Frieden«, lautete ein Kernsatz des Marinestrategen und Vizeadmirals Edward Wegener, der Krieg müsse dabei jedoch immer mitgedacht werden. »Potentielle Seeherrschaft ist gleichsam der politische Kredit, den die Nationen dem zukünftigen Seeherrn einräumen.« Um den politischen Kredit zu erhöhen, sollte daher über die Seeherrschaft im Falle eines Krieges keinerlei Unklarheit bei den Adressaten zurückbleiben. Wie die Kaiserliche Marine erfüllt auch die Bundesmarine »ununterbrochen politische Aufgaben«.

Die deutsche Expeditions-Marine wird in Zukunft nicht allein durch die Weltmeere pflügen und, wenn politisch gewünscht, »unter Bedrohung« Konflikte militärisch »bewältigen«. Die Verbündeten in Europäischer Union und NATO verfolgen eigene nationale Interessen, aber ähnliche hegemoniale Vorwärtsstrategien. Operiert und trainiert wird ohnehin regelmäßig im Bündnis. Laut »Jahresbericht 2008« der Deutschen Marine finden über 75 Prozent ihrer Vorhaben im bi- oder multinationalen Rahmen statt.

Zwei Operationen der früheren Marine, die eigentlich nur für eine Kriegführung am Rande der untergeordneten Nordflanke der NATO konzipiert war, bezeichnet das Militärgeschichtliche Forschungsamt als »Meilensteine« des neuen maritimen Denkens in der Bundesrepublik. Beide brachen ein sicherheitspolitisches Tabu. Im Frühjahr 1994 evakuierte ein Marine-Einsatzverband im Rahmen der Operation »Southern Cross« Heereskräfte in Mogadischu und fuhr sie ins kenianische Mombasa. Die 1400 Heeressoldaten hatten das Engagement der Vereinten Nationen in Somalia (UNOSOM II) logistisch unterstützt und »humanitäre Hilfe« geleistet. Mit der Räumung durch die Marine endete der erste militärische Einsatz der deutschen Armee nach 1945.

Der zweite Meilenstein wurde Jahre später gesetzt. Kurz nach den Terroranschlägen am 11. September 2001 auf das World Trade Center in New York beauftragte der Bundestag die Streitkräfte, die gemeinsame Reaktion auf terroristische Angriffe gegen die USA zu unterstützen. Die bis heute laufende Anti-Terror-Operation »Enduring Freedom« sollte angeblich Terroristen am geostrategisch zentralen Horn von Afrika aufspüren und ihnen den Weg versperren. Im Januar 2002 übernahm die Bundeswehr dann erstmals seit Gründung der Bundesrepublik Deutschland die Führungsverantwortung in einem scharfen militärischen Einsatz. Später wurde in den Medien der Vorwurf laut, die Bundesmarine habe den amerikanisch-britischen Aufmarsch gegen den Irak unterstützt.

Seither kreuzen deutsche Kriegsschiffe im Arabischen Meer und geleiten Handelsschiffe durch ein weiteres Nadelöhr des Welthandels, die Straße von Gibraltar zwischen Europa und Afrika; im Mittelmeer patrouillieren deutsche U-Boote. Marineflieger starten in Djibouti zur Seefernaufklärung, und Fregatten, U-Boote und Minensucher gehören der maritimen »Task Force« der Europäischen Union und mehreren »Standing NATO Groups« an. Dies sind ständig einsatzbereite multinationale Marineverbände, die überall auf dem nahezu grenzenlosen Meer schnell und flexibel operieren können. Im Jargon der Marine: Aufklärung, Überwachung und Lagebilderstellung auf See, Kontrolle des Seeverkehrs, temporäre Führung maritimer Operationen von NATO und Vereinten Nationen, Lufttransport zur Unterstützung maritimer Operationen, Eigensicherung und Nothilfe. Die Praxis der Deutschen Marine hat inzwischen viele Facetten.

Humanitäre Einsätze folgen der militärischen Zielvorgabe des Wandels zu einer Expeditions-Marine, die auch an Land Wirkung erzeugt. Als ein Tsunami die Küste Sumatras zerstörte, wurde der Einsatzgruppenversorger »Berlin«, aus dem laufenden Einsatz der Operation »Enduring Freedom« heraus, in das von der Flutkatastrophe verwüstete Krisengebiet entsandt. Das Versorgungsschiff mit einem »Marineeinsatzrettungszentrum«, 84 Containern, 7600 Tonnen Schiffsdiesel, Trinkwasser, Tonnen Proviant und Kriegsgerät an Bord fungierte als Befehlszentrale und koordinierte den Einsatz von Schiffen, Hubschraubern und Heereskräften an Land. Erfolgreich, meinen die Strategen in der Einsatzzentrale in Potsdam.

Das Aktionsspektrum der Marine erstreckt sich mittlerweile von der Überwachung von Seegebieten über die Durchsetzung von Embargomaßnahmen bis hin zur maritimen Unterstützung von Heer und Luftwaffe in sogenannten Kriseneinsätzen. Die Marine ist überproportional an den Auslandsaktivitäten der Bundeswehr beteiligt, und der Bedarf wird weiter steigen. »Das Zeitalter der Globalisierung ist ein maritimes Zeitalter«, sagt Marine-Boss Nolting auf einer Taktiktagung, »der Bedarf an maritimen Fähigkeiten steigt dadurch ständig.«

Den Meilensteinen folgte der Krieg. Der erste Aufmarsch der Deutschen Marine in einem Kriegsgebiet begann am Morgen des 21. September 2006. »Die deutsche Marine ist zu ihrem Einsatz im Libanon aufgebrochen«, meldete der Deutschlandfunk. Mit »robustem Mandat«, im Ernstfall dürfe geschossen werden. Zuvor hatte der Sicherheitsrat der Vereinten Nationen in seinen Resolutionen 1701 und 1773 festgestellt, dass der Libanon-Krieg eine Bedrohung des Weltfriedens und der internationalen Sicherheit darstelle, und forderte die Konfliktparteien Israel und Hisbollah zur vollständigen Einstellung der Feindseligkeiten auf. Bis zu 15 000 Blauhelmsoldaten der UNIFIL (United Nations Interim Force in Lebanon) versuchen seither, den Waffenstillstand zu bewahren, und Marineeinheiten, den Waffentransport über See zu unterbinden. Für Bundeskanzlerin Angela Merkel hat dieses erste Schaulaufen der Deutschen Marine mit robustem Mandat vor einer Küste im Mittelmeer eine »historische Dimension«. Mit dieser Bewertung dürfte sie recht behalten.

In der Bundesrepublik Deutschland haben sich Industrie und Staat, Reedereien und Gewerkschaften, Finanzdienstleister und Flotte, Wissenschaftler und Ministerien zu einem Maritimen Komplex verbunden. Damit folgen sie ihren egoistischen Interessen, aber auch einer Vorstellung von nationalen Interessen im Zeitalter der modernen Globalisierung.

Zwei Mal in seiner Geschichte war »Deutschland« eine Seemacht, während der Hanse-Epoche und während der Herrschaft von Kaiser Wilhelm II. Heute ist Deutschland zum dritten Mal eine Seemacht. In allen drei Fällen haben Akteure ein dichtes formelles und informelles Netz aus Beziehungen von Institutionen und Menschen geknüpft, das über die unmittelbare Seefahrt weit hinausreicht und dem jeweiligen Maritimen Komplex gesamtgesellschaftliche Bedeutung verschaffte und verschafft. Zeitweilig hatte und hat dieser Komplex sogar eine Führungsrolle in Gesellschaft und Politik inne.

Es gibt weitere Gemeinsamkeiten, aber auch Unterschiede zwischen den drei Komplexen, deren Vergleich über die anderen Zeiten und geändertem Umfeld hinweg sinnvoll ist. Geschichte wiederholt sich eben doch manchmal, wenngleich in neuem Gewand. Der aktuelle Maritime Komplex ist eine Kopfgeburt, die in der dominierenden politischen und wirtschaftlichen Elite heranwachsen konnte und die ihr Konzept »top-down« durchzusetzen vermochte. In seiner Eliteorientierung ähnelt es dem kaiserlichen Flottenprogramm. Die Hanse hatte sich dagegen »bottom-up« entwickelt, vom unteren Mittelfeld nach oben.

Ähnlichkeiten zwischen dem historischen Flottenkomplex und dem aktuellen Maritimen Komplex gibt es – selbst wenn das heute öffentlich in weit geringerem Maße wahrgenommen wird – auch bei der medialen Popularisierung, beim politischen Marketing und bei der politischen Durchschlagskraft in Regierung und Parlament. Teile von Regierung, Parlament und Parteien gehörten beziehungsweise gehören selbst dem Komplex an.

Der Maritime Komplex in unserer Zeit weist weit über den klassischen militärisch-industriellen Komplex hinaus, vor dessen politischem Einfluss in den sechziger Jahren der US-Präsident Dwight D. Eisenhower eindringlich warnte. Das macht ihn möglicherweise friedlicher, aber auch politisch und gesellschaftlich einflussreicher.

Es gilt noch einen weiteren wichtigen Aspekt zu beachten. Jedes Mal, wenn »Deutschland« eine Seemacht war – und darin unterscheidet es sich nicht von anderen Seemächten –, existierte ein handelspolitischer Pol und ein militärischer Pol. Nun bedeutet Militär nicht automatisch »kriegerisch« und Handel nicht automatisch »friedlich«, aber trotzdem zeigt sich der wichtigste Unterschied zwischen den drei Maritimen Komplexen in der Richtung und in der Weite, mit der das Pendel zum einen oder zum anderen Pol ausschlägt. Wie der Hanse-Komplex ist der aktuelle Maritime Komplex zuallererst auf den Handel ausgerichtet. Der militärische Pol zieht allerdings gegenwärtig ungleich stärker an als in der Hanse-Zeit (die trotzdem erfolgreich Krieg führte). Gleichwohl ist der heutige Maritime Komplex bei weitem nicht so militärlastig wie einst der Flotten-Komplex des Kaisers.

Globalisierung ist Welthandel und Welthandel ist Schifffahrt. Diese Regel galt zur Zeit der Hanse zwischen dem 12. und 17. Jahrhundert, sie galt um 1900 im wilhelminischen Kaiserreich, und sie gilt heute, ein weiteres Jahrhundert danach. Politiker und Staatschefs versuchen, statt auf das Eintreffen neoliberaler Versprechungen zu warten, Globalisierung aktiv zu gestalten. Ein Versuch ist der Maritime Komplex.

Der moderne Maritime Komplex ist für Deutschlands Wirtschaft und Gesellschaft insgesamt eine erfolgreiche strategische Antwort, die Staat und Politik in der kurzen rot-grünen Ära der Regierung Schröder auf die weltweiten Herausforderungen gefunden haben. Die Große Koalition hat diesen Kurs fortgesetzt. Der Maritime Komplex wird noch an wirtschaftlicher und perspektivisch an politischer Bedeutung gewinnen. Am politischen Horizont zeichnet sich ein zukunftsfähiges Modell für Europa ab. Aber diese an sich überzeugende Antwort der Akteure birgt zugleich militärische Gefahren in sich. Ungebremst drehen deutsche Politiker und einige Konzernführer wieder an einer Rüstungsspirale, wie zu Kaisers Zeiten. Damals endete die maritime Begeisterung im Großen Krieg.

Anhang

Literaturverzeichnis

Achten, Udo/Kamin-Seggewies, Bernt: Kraftproben, Hamburg 2008.
Aczel, Amir D.: Der Kompass, Reinbek 2005.
Alfred-Wegener-Institut (Hg.): Zweijahresbericht 2006/2007, Bremerhaven 2008.
Ambrosius, Gerold: Regulativer Wettbewerb und koordinative Standardisierung zwischen Staaten, Wiesbaden 2005.
Amenda, Lars: »Welthafenstadt« und »Tor zur Welt«. Selbstdarstellung und Wahrnehmung der Hafenstadt Hamburg 1900–1970, in: Deutsches Schiffahrtsarchiv 29, Bremerhaven und Hamburg 2007, S. 137–158.
Archiv der Hansestadt Hamburg (Hg.): Hamburg und die Deutsche Hanse – Ausstellung zur Hundertjahrfeier des Vereins für Hamburgische Geschichte und zur 750-Jahrfeier des Hamburger Hafens, Hamburg 1939.
Barthelmess, Klaus: Das erste gedruckte deutsche Walfangjournal, Amsterdam/Bremerhaven 2003.
Beckert, Jens: The Great Transformation of Embeddedness – Karl Polanyi and the New Economic Sociology, Köln 2007 (Max-Planck-Institut für Gesellschaftsforschung Discussion Paper 07/1).
Beckert, Jens: Die soziale Ordnung von Märkten, Köln 2007 (Max-Planck-Institut für Gesellschaftsforschung, Discussion Paper 07/6).
Behörde für Wirtschaft, Verkehr und Landwirtschaft (Hg.): Hafen Hamburg – Dienstleistungszentrum mit Zukunft. Entwicklungen, Ziele, Chancen, Hamburg 1989.
Bellec, François: Unterwegs auf den Weltmeeren – Die Geschichte der großen Handelsrouten, München 2005.
Berghoff, Hartmut/Sydow, Jörg (Hg.): Unternehmerische Netzwerke – Eine historische Organisationsform mit Zukunft?, Stuttgart 2007.
Bernstein, Arnold: Ein jüdischer Reeder, Hamburg 2001.
Beyer, Jürgen: Primat der Finanzmarktorientierung – Zur Logik der Auflösung der Deutschland AG, in: Berliner Debatte Initial, 4-5/2007, S. 56–64.
Bidlingmaier, Gerhard: Seegeltung in der deutschen Geschichte, Darmstadt 1967.
Biermann, Werner/Klönne, Arno: Kapital-Verbrechen – Zur Kriminalgeschichte des Kapitalismus, Köln 2005.
Bismarck, Otto von: Die Bedeutung des Nord-Ostsee-Canals, in: Ulla Küster (Hg.), Kleine Geschichten aus Schleswig-Holstein, Stuttgart 1988, S. 23–26.
Blickle, Peter: Das Alte Europa – Vom Hochmittelalter bis zur Moderne, München 2008.
Blunck, Hans Friedrich: Hein Hoyer, in: Werdendes Volk – Die Romane der niederdeutschen Trilogie, Hamburg o. J.
Bote, Hermann: Till Eulenspiegel, Frankfurt am Main 1981.
Bracker, Jörgen (Hg.): Die Hanse – Lebenswirklichkeit und Mythos, 2 Bde., Museum für Hamburgische Geschichte, Hamburg 1989.
Brandt, Ahasver von: Die Hanse und die nordischen Mächte im Mittelalter, Köln/Opladen 1962.

Brant, Sebastian: Das Narrenschiff, Stuttgart 2005.
Braudel, Fernand/Duby, Georges/Aymard, Maurice: Die Welt des Mittelmeeres, Zur Geschichte und Geographie kultureller Lebensformen, Frankfurt am Main 1990.
Braudel, Fernand: Die Dynamik des Kapitalismus, Stuttgart 1986.
Braudel, Fernand: Sozialgeschichte des 15.–18. Jahrhunderts, Bd. 2: Der Handel, München 1986.
Bredel, Willi: Die Väter, Leipzig 1977.
Bredel, Willi: Die Viktualienbrüder, Hamburg 1981.
Broelmann, Jobst: Schiffbau, hg. vom Deutschen Museum, München 1996.
Brommy, Rudolf/Littrow, Heinrich von: Die Marine – Eine gemeinfassliche Darstellung des gesammten Seewesens für die Gebildeten aller Stände, Leipzig 2000.
Bülow, Bernhard von: Deutsche Politik, Berlin 1916.
Bundesministerium der Verteidigung (Hg.): Weißbuch zur Sicherheitspolitik Deutschlands und zur Zukunft der Bundeswehr 2006, Berlin 2006.
Capus, Alex: Eine Frage der Zeit, München 2007.
Cipolla, Carlo M.: Allegro ma non troppo – Die Rolle der Gewürze (insbesondere des Pfeffers) für die wirtschaftliche Entwicklung des Mittelalters und die Prinzipien der menschlichen Dummheit, Berlin 2001.
Carnap-Bornheim, Claus von/Radtke, Christian: Es war einmal ein Schiff – Archäologische Expedition zum Meer, Hamburg 2007.
Cassis, Youssef: Metropolen des Kapitals – Die Geschichte der internationalen Finanzzentren 1780–2005, Hamburg 2007.
Cervantes, Miguel de: Der sinnreiche Junker Don Quijote von der Mancha, Düsseldorf/Zürich 2001.
Chiari, Bernhard: Von der Escort Navy zur Expeditionary Navy: Der deutsche Marineeinsatz am Horn von Afrika, in: Militärgeschichtliches Forschungsamt (Hg.): Wegweiser zur Geschichte – Horn von Afrika, Paderborn 2007, S. 127–140.
Cipolla, Carlo M.: Geld-Abenteuer, Berlin 1995.
Cipolla, Carlo M.: Segel und Kanonen – Die europäische Expansion zur See, Berlin 1999.
Conrad, Sebastian: Globalisierung und Nation im Deutschen Kaiserreich, München 2006.
Conybeare, John: Trade Wars: A Comparative Study of Anglo-Hanse, Franco-Italian, and Hawley-Smoot Conflicts, in: World Politics, 38 (1985) 1, S. 147–172.
Cordes, Albrecht: Wie verdiente der Kaufmann sein Geld? Hansische Handelsgesellschaften im Spätmittelalter, Lübeck 2000.
Creveld, Martin van: Aufstieg und Untergang des Staates, München 1999.
Creveld, Martin van: Die Zukunft des Krieges, München 1998.
Deggim, Christina: Hafenleben in Mittelalter und Früher Neuzeit – Seehandel und Arbeitsregelungen in Hamburg und Kopenhagen vom 13. bis zum 17. Jahrhundert, Hamburg 2005.
DEGI Research (Hg.): Logistikimmobilien, Frankfurt am Main 2006.

Deist, Wilhelm: Flottenpolitik und Flottenpropaganda. Das Nachrichtenbüro des Reichsmarineamtes 1897–1914, Stuttgart 1976.
Denzer, Jörg: Die Konquista der Augsburger Welser-Gesellschaft in Südamerika 1528–1556, München 2005.
Deutsche Marine: Flottenkommando Jahresbericht 2008, Glücksstadt 2008.
Deutsche Stiftung Denkmalschutz (Hg.): Lübeck: Die Hanse – Macht des Handels, Bonn 2004.
Deutsches Heerwesen (Kriegsmarine), in: Brockhaus Conversations-Lexikon, 14. Aufl., Bd. 4, Leipzig 1920 (Nachdruck der Ausgabe von 1913).
Deutsches Marine Institut (Hg.): Die Seeinteressen der Bundesrepublik Deutschland, Herford 1979.
Deutsches Museum (Hg.): »Maria« HF 31, München 1992.
Deutsches Salzmuseum (Hg.): Meer – Salz – mehr Macht, Lüneburg 1998.
Deutsches Schiffahrtsmuseum (Hg.): Schlachtschiff Bismarck, Bremerhaven 2001.
Deutsches Schiffahrtsmuseum (Hg.): Deutsches Schiffahrtsarchiv, fortlaufend, Bremerhaven.
Deutsches Zollmuseum (Hg.): Handelswege, Grenzen, Zoll in Schleswig-Holstein, Hamburg 2002.
Die Renaissance in Italien 1300–1560, Hamburg 2005 (GEO Epoche, 25).
Diercks, Herbert: Der Hamburger Hafen im Nationalsozialismus, Hamburg 2008.
Doepgen, Peter: Die Washingtoner Konferenz, das Deutsche Reich und die Reichsmarine – Deutsche Marinepolitik 1921 bis 1935, Bremerhaven 2005.
Dolata, Ulrich/Werle Raymund (Hg.): Gesellschaft und die Macht der Technik: Sozioökonomischer und institutioneller Wandel durch Technisierung, Frankfurt am Main 2007 (Schriften aus dem Max-Planck-Institut für Gesellschaftsforschung, Bd. 58).
Dollinger, Philippe: Die Hanse, Stuttgart 1966.
Domzal, Robert: Mittelalterliche Häfen, Schifffahrt und Schiffer von Marienburg (Malbork), in: Deutsches Schiffahrtsarchiv 29, Bremerhaven/Hamburg 2007, S. 115–136.
DSN: Zukunft Meer – Studie für die Staatskanzlei des Landes Schleswig-Holstein, Kiel 2004.
Dudszus, Alfred/Köpcke, Alfred u. a.: Das große Buch der Schiffstypen, Augsburg 1995.
Duppler, Jörg: Germania auf dem Meere – Bilder und Dokumente zur Deutschen Marinegeschichte, Hamburg 1998.
Duppler, Jörg: Prinz Adalbert von Preußen – Gründer der deutschen Marine, Herford 1986.
Eckoldt, Martin (Hg.): Flüsse und Kanäle – Die Geschichte der deutschen Wasserstraßen, mit Kartenband, Hamburg 1998.
Eilers, Reimer: Das neue Tor zur Welt – Vierzig Jahre Container im Hamburger Hafen, Hamburg 2009.
Elias, Norbert: Über den Prozeß der Zivilisation – Soziogenetische und

psychogenetische Untersuchungen, Erster Band: Wandlungen des Verhaltens in den weltlichen Oberschichten des Abendlandes, Frankfurt am Main 1976.
Ellmers, Detlev: Frühmittelalterliche Handelsschiffahrt in Mittel- und Nordeuropa, Neumünster 1972.
Elsmann, Thomas: Flottenpropaganda 1848. Johann Georg Kohls »Für eine deutsche Flotte« in: Deutsches Schiffahrtsarchiv 29, Bremerhaven/Hamburg 2007, S. 307–316.
Ems, Rudolf von: Der guote Gêrhart, Tübingen 1971.
Engels, Friedrich: Zur Urgeschichte der Deutschen, in: Marx, Karl/Engels, Friedrich: Werke, Bd. 19, Berlin 1973, S. 425–473.
Epkenhans, Michael/Groß, Gerhard P. (Hg.): Das Militär und der Aufbruch in die Moderne 1860–1890, München 2003.
Epkenhans, Michael: Großindustrie und Schlachtflottenbau 1897–1914, in: Militärgeschichtliche Mitteilungen 43, 1988, S. 65–140.
Epkenhans, Michael: Tirpitz: Architect of the German High Seas Fleet, Dulles 2008.
Europäische Kommission: Die künftige Meerespolitik der EU, Luxemburg 2006.
Ewert, Ulf Christian/Selzer, Stephan: Netzwerkorganisation im Fernhandel des Mittelalters: Wettbewerbsvorteil oder Wachstumshemmnis?, in: Berghoff, Hartmut/Sydow, Jörg (Hg.): Unternehmerische Netzwerke – Eine historische Organisationsform mit Zukunft?, Stuttgart 2007.
Ewerth, Hannes/Neumann, Peter/Watson, Christopher: Deutsche Marine. The German Navy, Hamburg 2007.
Fischer, Fritz: Griff nach der Weltmacht – Die Kriegszielpolitik des kaiserlichen Deutschland 1914/18, Düsseldorf 1984.
Fischer, Hans-Richard: Keysers Taschenatlas der Seefahrt, Heidelberg 1959.
Fock, Gorch: Seefahrt ist not!, Hamburg 1917.
Forester, Cecil Scott: Das Schiff, Gütersloh o. J.
Förster, Stig/Pöhlmann, Markus/Walter, Dierk: Schlachten der Weltgeschichte – Von Salamis bis Sinai, München 2001.
Fossier, Robert: Das Leben im Mittelalter, München 2008.
Freie und Hansestadt Hamburg: Im Focus dynamischer Wachstumsmärkte – Chancen und Entwicklungspotentiale des Hamburger Hafens, Hamburg 2005.
Fremdenverkehrsverband Teutoburger-Wald e.V. (Hg.): Die Hanse in Ostwestfalen-Lippe, Bielefeld 1994.
Fricke, Dieter u.a. (Hg.): Lexikon zur Parteiengeschichte – Die bürgerlichen und kleinbürgerlichen Parteien und Verbände in Deutschland (1789–1945), 4 Bde., Leipzig/Köln 1984.
Fritze, Konrad/Krause, Günter: Seekriege der Hanse, Berlin 1989.
Fuchs, Gerd: Die Auswanderer, Hamburg 2000.
Fühmann, Franz: Kabelkran und Blauer Peter, Rostock 1962.
Fulcher, James: Kapitalismus, Stuttgart 2007.
Galeano, Eduardo: Die offenen Adern Lateinamerikas – Die Geschichte eines Kontinents, Wuppertal 2003.

Gelder, Roelof van: Das ostindische Abenteuer – Deutsche in Diensten der Vereinigten Ostindischen Kompanie (VOC), 1600–1800, Deutsches Schiffahrtsmuseum, Bremerhaven 2004.
Germanischer Lloyd (Hg.): Technische Horizonte und Meer, Hamburg 2007.
Gerstenberger, Heide/Welke, Ulrich (Hg.): Zur See? Maritime Gewerbe an den Küsten von Nord- und Ostsee, Münster 1999.
Gerstenberger, Heide: Fixierung und Entgrenzung. Theoretische Annäherung an die politische Form des Kapitalismus, in: Prokla 147, S. 173–198.
Gerstorff, K. L.: Frankreichs Gold, in: Die Weltbühne, 27 (1931), II. Halbjahr (Nachdruck, Königstein/Ts. 1978), S. 389–392.
Geschichtswerkstatt Wilhelmsburg (Hg.): Neuhof – Das andere Hafenleben. Vom Verschwinden eines Ortes. Hamburg 1995.
Gimpel, Jean : La révolution industrielle Du Moyen Age, Paris 1975.
Görtemaker, Manfred: Deutschland im 19. Jahrhundert – Entwicklungslinien, hg. von der Bundeszentrale für politische Bildung, Bonn 1989.
Graichen, Gisela/Gründer, Horst: Deutsche Kolonien, Berlin 2005.
Greif, Avner: Institutions and the Path to the Modern Economy: Lessons from Medieval Trade, Cambridge 2006.
Greif, Avner: Self-Enforcing Political Systems and Economic Growth: Late Medieval Genoa, in: Richard Swedberg (Hg.): New Developments in Economic Sociology, Vol. I, Cheltenham 2005, S. 404–443.
Greif, Avner: The Fundamental Problem of Exchange: A Research Agenda in Historical Institutional Analysis, in: European Review of Economic History, 4/2000, S. 251–284.
Gretzschel, Matthias/Zapf, Michael: Was die Menschheit dem Meer verdankt – Ein Rundgang durch das Internationale Maritime Museum, Hamburg 2008.
Griephan Global Security (Hg.): Basis See – Das Zukunftskonzept der Deutschen Marine, Hamburg 2008.
Grobecker, Kurt: Hafen Hamburg, Hamburg 2004.
Groeningemuseum (Hg.): Exotische Primitiven, Brügge 2007.
Groppe, Hans-Hermann/Wöst, Ursula: Über Hamburg in die Welt, Hamburg 2007.
Grüttner, Michael: Arbeitswelt an der Wasserkante, Göttingen 1984.
Gutberlet, Ronald: Der Freihafen – Geschichte, Fakten und Geschichten, Hamburg/Wien 2000.
Hamann, Andreas: Die ostasiatische Küstenschifffahrt des Norddeutschen Lloyd und der Hamburg-Amerika Linie von 1900 bis 1914, in: Deutsches Schiffahrtsarchiv 29, Bremerhaven/Hamburg 2007, S. 159–180.
Hamburg Port Authority: Hamburgs neues Hafenmanagement, Hamburg o. J.
Hamburger Werftarbeiter: Was der Mensch Wert ist, Hamburg 1990.
Hamburgisches Weltwirtschaftsinstitut/Berenberg Bank (Hg.): Strategie 2030: Maritime Wirtschaft und Transportlogistik, Hamburg 2006.
Hamburg-Messe und Congress GmbH (Hg.): Schiffahrt und Kunst aus Deutschland, Hamburg 2004.

Hammel-Kiesow, Rolf: Die Hanse, 3. akt. Auflage, München 2004.
Hammel-Kiesow, Rolf: Europäische Union, Globalisierung und Hanse, in: Hansische Geschichtsblätter, 125 (2007), S. 1–44.
Hammel-Kiesow, Rolf: Schoßeinnahmen in Lübeck (1424–1811) und Hamburg (1461–1650), in: Hammel-Kiesow, Rolf/Hundt, Michael (Hg.): Das Gedächtnis der Hansestadt Lübeck, Lübeck 2005, S. 301–312.
Hammel-Kiesow, Rolf: Silber, Gold und Hansehandel – Lübecks Geldgeschichte und der große Münzschatz 1533/37, Lübeck 2003.
Handelskammer Hamburg (Hg.): Vierhundert Jahre Hamburger Börse 1558–1958, Hamburg 1958.
Hanke, Helmut: Männer, Planken, Ozeane – Das sechstausendjährige Abenteuer der Seefahrt, Leipzig 1976.
Hansische Arbeitsgemeinschaft der Historiker-Gesellschaft der DDR (Hg.): Hansische Studien, fortlaufend (seit 1990 hg. vom Hansischen Geschichtsverein).
Hansischer Geschichtsverein (Hg.): Hansische Geschichtsblätter, fortlaufend.
Hapag-Lloyd AG (Hg.): Der Norddeutsche Lloyd – Reedereigeschichte im Plakat, Hamburg 2007.
Hapag-Lloyd AG (Hg.): Unser Feld ist die Welt 1847–1997, Hamburg 1997.
HCI: Schiffsworkshop, Hamburg 2007.
Hecht, Heinrich/Pawlik, Thomas: Containerschifffahrt, Bremen 2007.
Heine, Heinrich: Sturm, in: Heine, Heinrich: Werke, Wiesbaden o.J., S. 153.
Heitzmann, Christian: Europas Weltbild in alten Karten – Globalisierung im Zeitalter der Entdeckungen, 2 Bde., Wolfenbüttel 2006.
Hertz, Paul: Unser Elternhaus, in: Clasen, Georg (Hg.): Heimat Hamburg – Ein Gedenkbuch, Hamburg 1946, S. 91–100.
Herwegh, Georg: Die deutsche Flotte, in: Herwegh, Georg: Werke, Bd. 1, Berlin 1909, S.108–111.
Herwegh, Georg: Wiegenlied, in: Herwegh, Georg: Werke, Bd. 1, Berlin 1909, S. 130–131.
Herzfeld, Hans: Der Erste Weltkrieg, München 1968.
Higgs, Henry (Hg.): Palgrave's Dictionary of Political Economy, Vol. II: Hanse of London/Hanse, New York 1963.
Hildebrand, Hans/Röhr, Albert/Steinmetz, Hans-Otto: Die deutschen Kriegsschiffe – Ein Spiegel der Marinegeschichte von 1815 bis zur Gegenwart, Ratingen o. J.
Hirschfelder, Gunther: Kölner Fernhandel im Spätmittelalter, hg. von der Gesellschaft für Rheinische Geschichtskunde, Köln 1996.
Hobson, Rolf: Maritimer Imperialismus – Seemachtideologie, seestrategisches Denken und Tirpitzplan 1875 bis 1914, München 2004.
Hochhaus, Karl-Heinz/Glandien, Holger: Cool-Reefer: Technik mit Zukunft, Hamburg 2006.
Hoffmann, Dieter: Die deutsche Marineschiffbauindustrie, in: Marine Forum, (2008) 10, S. 14–19.

Homer: Die Odyssee, Stuttgart 1986.
Höpner, Martin/Lothar Krempel: Ein Netzwerk in Auflösung: Wie die Deutschland AG zerfällt, Manuskript, Max-Planck-Institut für Gesellschaftsforschung, Köln 2006.
Höpner, Martin: Wer beherrscht die Unternehmen? – Shareholder Value, Managerherrschaft und Mitbestimmung in Deutschland, Frankfurt am Main 2003 (Schriften des Max-Planck-Instituts für Gesellschaftsforschung, Bd. 46).
Hotopp, Albert: Fischkutter H.F. 13, Hamburg 1986.
HSH Nordbank: Betriebskosten 2008 – Untersuchung der Betriebskosten deutscher Containerschiffe, Hamburg o. J.
IG Metall: Schiffbaunation China – Mit aller Macht nach vorn, Hamburg 2004.
IG Metall: Schiffbaunation Vietnam – Ein Land sucht seinen Weg, Hamburg 2007.
International Monetary Fund/IWF: World Economic Outlook, fortlaufend, Washington.
Internationaler Seegerichtshof: Der Internationale Seegerichtshof, Hamburg 2002.
Jahnke, Carsten: Geld, Geschäfte, Informationen – Der Aufbau hansischer Handelsgesellschaften und ihre Verdienstmöglichkeiten, Lübeck 2007.
Jenssen, Bruno (Hg.): 50 Jahre Deutsche Seerederei Rostock, Schriften des Schifffahrtsmuseums der Hansestadt Rostock, Rostock 2002.
Jerchow, Friedrich: Vom Sextanten zur Satellitennavigation. 1837–1987. 150 Jahre C. Plath, Hamburg 1987.
Joll, James: The Origins of the First World War, London 1984.
Kaiser, Ritter, Hanse, Hamburg 2007 (GEO Epoche, 19).
Kaulisch, Baldur: Alfred von Tirpitz und die imperialistische deutsche Flottenrüstung, Berlin 1988.
Kennedy, Paul: Aufstieg und Fall der großen Mächte – Ökonomischer Wandel und militärischer Konflikt von 1500 bis 2000, Frankfurt am Main 1991.
Kennedy, Paul: The Rise of the Anglo-German Antagonism 1860–1914, London1982.
Keynes, John Maynard: Allgemeine Theorie der Beschäftigung, des Zinses und des Geldes, Berlin 1994.
Kieser, Alfred/Ebers, Mark (Hg.): Organisationstheorien, 6. Aufl., Stuttgart 2006.
Kieser, Alfred/Walgenbach, Peter: Organisation, 5. Aufl., Stuttgart 2007.
Kinau, Rudolf: Unsere Küsten- und Seefischerei unter Segel, in: Clasen, Georg (Hg.): Heimat Hamburg – Ein Gedenkbuch, Hamburg 1946, S. 25–31.
Klemm, Friedrich: Geschichte der Technik, Reinbek 1983.
Kohler, Alfred: Columbus und seine Zeit, München 2006.
Kölnisches Stadtmuseum (Hg.): Hanse in Europa, Kunsthalle Köln 1973, Köln 1973.
Krämer, Felix/Fass, Martin: Seestücke, Hamburg 2005.
Krieg, Eberhard: Tangermünde – Stadt am Strom, Tangermünde 1997.

Krieger, Martin: Geschichte Hamburgs, München 2006.
Krünitz, Johann Georg: Oeconomische Encyclopädie oder allgemeines System der Staats-, Stadt-, Haus- und Landwirthschaft, 242 Bde., Berlin 1773–1858.
Kunsthalle Rostock (Hg.): Aqua Triumphalis. Maritime Kostbarkeiten, Herford 1991.
Laak, Dirk van: Über Alles in der Welt – Deutscher Imperialismus im 19. und 20. Jahrhundert, München 2007
Landeszentrale für politische Bildung Baden-Württemberg (Hg.): Flandern – Eine europäische Region, Stuttgart 1998.
Lange, P. Werner: Seeungeheuer – Fabeln und Fakten, Leipzig 1979.
Le Goff, Jacques: Der Mensch des Mittelalters, Frankfurt am Main/New York/Paris 1989.
Le Goff, Jacques: Kaufleute und Bankiers im Mittelalter, Berlin 2005.
Lenin, Wladimir Iljitsch: Der Imperialismus als höchstes Stadium des Kapitalismus, in: Lenin, W. I.: Werke, Bd. 22, S. 189–309.
Liliencron, Detlev von: Trutz, Blanke Hans, in: Liliencron, Detlev von: Ausgewählte Werke, Hamburg 1964.
Lindner, Erik: Die Herren der Container – Deutschlands Reeder-Elite, Hamburg 2008.
List, Friedrich: Das natürliche System der Politischen Ökonomie, Berlin 1961.
Litvin, Daniel: Weltreiche des Profits, München 2003.
Lloyd Werft Bremerhaven GmbH (Hg.): 100 Jahre Kaiserdock I – 1899–1999, Bremerhaven o. J.
Lloyd Werft Bremerhaven GmbH (Hg.): 2+1=1, Bremerhaven 1999.
Lorenz, Jürgen: 20 Jahre Containerverkehr in der DDR, in: Panorama maritim, 25/1989, S. 12–16.
Luxemburg, Rosa: Die Krise der Sozialdemokratie (Junius-Broschüre), in: Luxemburg, Rosa: Politische Schriften, Leipzig 1969, S. 227–372.
Luxemburg, Rosa: Flottenvermehrung und Handelspolitik, in: Leipziger Volkszeitung vom 10. November 1899.
Mahan, Alfred Thayer: Der Einfluss der Seemacht auf die Geschichte 1660–1812, Herford 1967.
Maritimes Cluster Schleswig-Holstein (Hg.): Zukunft Meer. Maritimes Jahrbuch 2006, Hamburg o. J.
Marx, Karl: Das Kapital – Kritik der politischen Ökonomie, 3 Bde., Berlin 1962.
Marx, Karl: Rede über die Frage des Freihandels, in: Marx, Karl/Engels, Friedrich: Werke, Bd. 4, Berlin 1977, S. 444–458.
Marx, Karl/Engels, Friedrich: Manifest der Kommunistischen Partei, in: Marx, Karl/Engels, Friedrich: Ausgewählte Werke, Moskau 1971, 29–63.
Mayntz, Renate/Scharpf, Fritz W.: Der Ansatz des akteurzentrierten Institutionalismus, in: Mayntz, Renate/Scharpf, Fritz W.: Gesellschaftliche Selbstregelung und politische Steuerung, Frankfurt am Main 1995 (Schriften des Max-Planck-Institut für Gesellschaftsforschung, Bd. 23), S. 39–72.

Merzweiler, Heinz H./Vogt, Rolf M.: 100 Jahre moderne Rheinschifffahrt bis Basel, Basel 2004.
Michelet, Jules: Das Meer, Frankfurt am Main 2006.
Mick, Elisabeth: Köln im Mittelalter, Köln 1990.
Militärgeschichtliches Forschungsamt (Hg.): Deutsche Marine im Wandel, München 2005.
Militärgeschichtliches Forschungsamt (Hg.): Deutsche Militärgeschichte 1648–1939, 6 Bde., Herrsching 1983.
Militärgeschichtliches Institut der DDR (Hg.): Der erste Weltkrieg – Dokumente, Berlin 1983.
Möllering, Guido: Das Aufheben von Ungewissheit als Kern des Vertrauens: Just do it?, Köln 2006 (Max-Planck-Institut für Gesellschaftsforschung, Working Paper 06/5).
Montgomery, Bernard Law: Kriegsgeschichte – Weltgeschichte der Schlachten und Kriegszüge, Frechen o. J.
Mottek, Hans: Wirtschaftsgeschichte Deutschlands – Ein Grundriss, Von den Anfängen bis zur Zeit der Französischen Revolution, Berlin 1960.
Möwe, Friedrich: Tamm-Tamm – Eine Anregung zur öffentlichen Diskussion über das Tamm-Museum, Hamburg 2005.
Münchener Rückversicherungs-Gesellschaft (Hg.): Piraterie – Bedrohung auf See, München 2006.
Naumann, Klaus: Wozu benötigt Europa Seestreitkräfte?, Vortrag November 2005, in: Marine-Forum (Internetausgabe).
NDR Info (Hg.): Streitkräfte und Strategien, www.ndrinfo.de, fortlaufend.
Nerlich, Michael: Abenteuer oder das verlorene Selbstverständnis der Moderne, München 1997.
Nissen, Nis R.: Kleine Geschichte Dithmarschens, Heide 1999.
Nizan, Paul: Das Leben des Antoine B., Köln 2005.
Nolting, Wolfgang E.: Die Neuausrichtung der Deutschen Marine, in: Europäische Sicherheit (2006) 9, S. 20–28.
Nolting, Wolfgang E.: Maritime Sicherheit im Fokus der konzeptionellen Überlegungen, in Marine-Forum (2008) 3 (Internetausgabe).
Nord/LB: Analyse zur Situation und den Perspektiven in der internationalen Containerschifffahrt, Hannover 2008.
North, Douglass C.: Institutions, in: Journal of Economic Perspektives, 5 (1991) 1, S. 97–112.
Orsenna, Érik: Lob des Goldstromes, München 2006.
Ossendorf, Karlheinz: »Sancta Colonia« als Weinhaus der Hanse, Teil 1 und 2, Wiesbaden 1996.
Otto, Helmut/Schmiedel, Karl: Der erste Weltkrieg – Dokumente, Berlin 1983.
Otto, Helmut/Schmiedel, Karl: Der erste Weltkrieg – Militärhistorischer Abriß, Berlin1983.
Paschen, Joachim: Menschen im Hamburger Hafen, Gudensberg-Gleichen 2001.
Pawellek, Günther: Produktionslogistik, München 2007.
Pepys, Samuel: Tagebuch aus dem London des 17. Jahrhunderts, Stuttgart 2004.

Peters, Dirk J.: Deutsche Werften in der Zwischenkriegszeit, in: Deutsches Schiffahrtsarchiv 28, Bremerhaven/Hamburg 2006, S. 94–134.
Petretto, Kerstin: Die Renaissance der Piraterie, in: Blätter für deutsche und internationale Politik, (2008) 5, S. 71–78.
Pfeiffer, Hermannus: Aus der Krise in die goldene Zukunft?, in: Staatspolitische Gesellschaft (Hg.): Hafen Hamburg – Hafen mit Zukunft, Hamburg 1991, S. 7–9.
Pfeiffer, Hermannus: Deutschland AG, in: Gillen, Gabriele/Rossum, Walter van (Hg.): Schwarzbuch Deutschland – Das Handbuch der vermissten Informationen, Reinbek 2009, S. 182–193.
Pfeiffer, Hermannus: Die Macht der Banken – Die personellen Verflechtungen der Commerzbank, der Deutschen Bank und der Dresdner Bank mit Unternehmen, Frankfurt am Main 1993.
Pfeiffer, Hermannus: Wirtschaftsinformation: Der Maritime Komplex, in: Blätter für deutsche und internationale Politik, (2005) 4, S. 501–503.
Pigafetta, Antonio: Mit Magellan um die Erde – Ein Augenzeugenbericht der ersten Weltumsegelung 1519–1522, Stuttgart 2001.
Pirenne, Henri: Sozial- und Wirtschaftsgeschichte Europas im Mittelalter, Bern o. J.
Polanyi, Karl: The Great Transformation – Politische und ökonomische Ursprünge von Gesellschaften und Wirtschaftssystemen, Wien 1977.
Port of Hamburg Marketing (Hg.): Handbuch 2008, Hamburg 2008.
Preuß, Olaf: Eine Kiste erobert die Welt, Hamburg 2007.
Projektbüro Fahrrinnenanpassung (Hg.): Fahrrinnenanpassung Unter- und Außenelbe, Hamburg 2007.
Rahn, Werner: Von Gehorsamsverweigerungen zur Revolution – Der Zusammenbruch der Kaiserlichen Marine 1918, in: Militärgeschichte (2008) 3, S. 8–13.
Reineke Fuchs. Das niederdeutsche Epos, Stuttgart 1967.
Reinhard, Wolfgang: Geschichte des modernen Staates, München 2007.
Rodenbach, Georges: Das tote Brügge, Stuttgart 2004.
Röhr, Albert: Bilder aus dem Museum für Meereskunde in Berlin 1906–1945, Deutsches Schiffahrtsmuseum, Bremerhaven 1981.
Rörig, Fritz: Hanse, in: Handwörterbuch der Sozialwissenschaften, Bd. 5, Göttingen 1956, S. 59–63.
Rörig, Fritz: Hanseatic League, in: Encyclopaedia of the Social Sciences, Vol. VII, New York 1937, S. 261–267.
Rörig, Fritz: Vom Werden und Wesen der Hanse, Leipzig 1940.
Rosa, Hartmut (Hg.): Fast Forward – Essays zu Zeit und Beschleunigung, Hamburg 2004.
Rostock Port (Hg.): Chronik Hafen Rostock 1960–2005, Rostock 2006.
Rübner, Hartmut: Konzentration und Krise der deutschen Schiffahrt. Maritime Wirtschaft und Politik im Kaiserreich, in der Weimarer Republik und im Nationalsozialismus, Bremerhaven 2005.
Ryckaert, Marc/Vandewalle, André: Brugge – De geschiedenis van een Europese stad, Brügge1999.
Salewski, Michael: Die Deutschen und die See, Teil I/II, Stuttgart 1998 und 2002.

Sarnowsky, Jürgen (Hg.): Verwaltung und Schriftlichkeit in den Hansestädten, Trier 2006.
Sarnowsky, Jürgen: Der Deutsche Orden, München 2007.
Sartre, Jean-Paul: Die Eingeschlossenen, Reinbek 1971.
Sassen, Saskia: Die entfesselte Exekutive, in: Blätter für deutsche und internationale Politik, (2005) 4, S. 413–424.
Say, Léon M.: Nouveau Dictionnaire d'Economie Politique, A–H, Paris 1891, S. 1116–1119 (Stichwort Hanse).
Scharnweber, Jürgen: Elbehafen Dömitz – Zur Geschichte der Binnenschiffahrt zwischen Elbe und Elde, Schwerin 1990.
Schelzel, Manfred: Hansehandel, Rostock 2003.
Schiffahrtmuseum Rostock (Hg.): Schiffahrt Journal, Rostock 1989.
Schiffbaumuseum Rostock (Hg.): Das schwimmende Museum, Rostock 1988.
Schildhauer, Johannes/Fritze, Konrad/Stark, Walter: Die Hanse, Berlin 1974.
Schildhauer, Johannes: Die Hanse – Geschichte und Kultur, Leipzig 1986.
Schmidt-Walther, Peer: Wikinger und Hanse – neue Hinweise aus Avaldsnes?, in: Witthöft, Hans Jürgen (Hg.): Köhlers Flottenkalender 2007/08, S. 176–179.
Schmitt, Carl: Land und Meer, 4. Aufl., Stuttgart 2001.
Schreiber, Ingbert: Seehafen Rostock, Rostock 1984 (Rostocker Hefte, Nr. 11).
Schröder, Karsten (Hg.): In deinen Mauern herrsche Eintracht und allgemeines Wohlergehen, Rostock 2003.
Schubert, Dirk/Harms, Hans: Wohnen am Hafen, Hamburg 1993.
Schurek, Paul: Das Leben geht weiter, Stuttgart 1940.
Schwerdtfeger, Hartmut: Die Hanse und ihre Städte, Delmenhorst/Berlin 2004.
Seaports of Niedersachsen GmbH (Hg.): Seaports Handbook 2007/2008, Hamburg 2007.
Selzer, Stephan/Ewert, Ulf Christian: Verhandeln und Verkaufen, Vernetzen und Vertrauen – Über die Netzwerkstruktur des hansischen Handels, in: Selzer, Stephan/Ewert, Ulf Christian: Ordnungsformen des Hofes, Kiel 1997.
Shakespeare, William: Der Kaufmann von Venedig, München 2003.
Siegloff, Eicke: Archäologie der kleinen Dinge – Sinteln und Niete als Schlüsselfunde des Koggenbaus, in: Carnap-Bornheim, Claus von/Radtke, Christian (Hg.): Es war einmal ein Schiff – Archäologische Expedition zum Meer, Hamburg 2007, S. 220–250.
Sienkiewicz, Henryk: Die Kreuzritter, Berlin 1991.
Sindbad der Seefahrer, Eine Geschichte aus Tausendundeiner Nacht, Stuttgart1995.
Smith, Adam: Der Wohlstand der Nationen, München 1993.
Stadt Köln (Hg.): Die Hanse und Köln – Ausstellung des Historischen Archivs zum 8. Hansetag der Neuzeit, Köln 1988.
Stadt Wilhelmshaven (Hg.): Küsten-Museum Wilhelmshaven, Wilhelmshaven 1979.

Stadtarchiv Münster und Stadtmuseum Münster (Hg.): Der Kulturkampf im Bismarckreich, Münster o. J.
Stadtarchiv Münster und Stadtmuseum Münster (Hg.): Die Gilden, Münster 1988.
Stadtarchiv Münster und Stadtmuseum Münster (Hg.): Die Hansestadt, Münster 1988.
Stamm, Andreas: Bedeutung von Distanzen und Transportwegen in Entwicklungsländern, in: Geographische Rundschau (2007) 5, S. 60–65.
Steltzer, Hans Georg: Die Deutschen und ihr Kolonialreich, Frankfurt am Main 1984.
Stevenson, Robert Louis: Emigrant aus Leidenschaft, Zürich 2005.
Stoob, Heinz: Die Hanse, Graz/Wien/Köln 1995.
Stückelberger, Christoph: Ethischer Welthandel, Wien 2001.
Sydow, Jörg/Möllering, Guido: Produktion in Netzwerken – Make, Buy & Cooperate, München 2004.
Tahon, Eva: Brugse kunstenaars uit de zestiende eeuw, Brügge 1998.
Tangermünder Anzeiger (Hg.): Chronik der Stadt Tangermünde – Einst und Jetzt, Tangermünder 1993.
Technische Universität Hamburg-Harburg und Internationale Bauausstellung Hamburg/IBA (Hg.): Hafen – Logistik – Stadt, Hamburg 2007.
Tirpitz, Alfred von: Erinnerungen, Berlin/Leipzig 1927.
Toussaint, Birgit/Toussaint, Frank/Hünsch, Matthias: Deutsche Leuchtfeuer, Hamburg 2005.
Tucholsky, Kurt: Kurzer Abriss der Nationalökonomie, in: Die Weltbühne, 27 (1931), II. Halbjahr (Nachdruck, Königstein/Ts. 1978), S. 393 f.
Uhle-Wettler, Franz: Alfred von Tirpitz in seiner Zeit, Graz 2008.
United Nations Conference on Trade and Development/Unctad: Trade and Development Report 2008, New York/Genf 2008.
United Nations Conference on Trade and Development/Unctad: Review of Maritime Transport 2008, New York/Genf 2008.
United Nations Conference on Trade and Development/Unctad: Handbook of Statistics 2008, New York/Genf 2008.
Vandewalle, André: HANZE @ M€DICI – Brügge, Marktplatz der europäischen Kulturen, Brügge 2002.
Veckinchusen, Hildebrand: Briefwechsel eines deutschen Kaufmanns im 15. Jahrhundert, Leipzig 1921.
Verband Deutscher Reeder (Hg.): 100 Jahre, Hamburg 2007.
Verband für Schiffbau und Meerestechnik e.V. (Hg.): Leidenschaft: Schiffbau, Hamburg 2002.
Vermeersch, Valentin: Brugge, Antwerpen 2002.
Vogel, Walther: Geschichte der deutschen Seeschiffahrt, Bd. 1: Von der Urzeit bis zum Ende des XV. Jahrhunderts, Berlin 1915.
Volbehr, Klaus: Gesundheit an Bord, Deutsches Schiffahrtsmuseum, Hamburg 1987.
Walkenhorst, Peter: Nation – Volk – Rasse. Radikaler Nationalismus im Deutschen Kaiserreich 1890–1914, Göttingen 2007.
Warnier, Bob: Brügge, Ubstadt-Weiher 2006.
Weber, Max: Wirtschaft und Gesellschaft, 5. Aufl., Tübingen 1985.

Wehrgeschichtliches Museum Rastatt (Hg.): Aus dem Zeitgeschehen 1805–1914, Rastatt 2001.
Weinfurter, Stefan: Das Reich im Mittelalter. Kleine deutsche Geschichte von 500 bis 1500, München 2008.
Wende, Peter: Das britische Empire – Geschichte eines Weltreichs, München 2008.
Westerdahl, Christer: The Relationship between Land Roads and Sea Routes in the Past, in: Deutsches Schiffahrtsarchiv 29, Bremerhaven/Hamburg 2007, S. 59–114.
Westermann, Ekkehard: Silberrausch und Kanonendonner – Deutsches Silber und Kupfer an der Wiege der europäischen Weltherrschaft, Lübeck 2001.
Wiechmann, Gerhard: Die preußisch-deutsche Marine in Lateinamerika 1866–1914. Eine Studie deutscher Kanonenbootpolitik, Dissertation, Universität Oldenburg, 2000.
Winkler, Heinrich August: Der lange Weg nach Westen – Deutsche Geschichte 1806–1933, Bonn 2006.
Winkler, Heinrich August: Der lange Weg nach Westen II – Deutsche Geschichte 1933–1990, Bonn 2005.
Winter, Henning/Hennig, Christian/Gerhard Markus (Hg.): Grundlagen der Schiffsfinanzierung, Frankfurt am Main 2007.
Witthöft, Hans Jürgen: Köhlers Flottenkalender, fortlaufend, Hamburg.
Wolf, Friedrich: Die Matrosen von Cattaro, in: Wolf, Friedrich: Dramen, Frankfurt am Main 1979.
Wollschläger, Hermann Maria: Hansestadt Köln – Die Geschichte einer europäischen Handelsmetropole, Köln 1988.
Zentralinstitut für Geschichte der Akademie der Wissenschaften der DDR (Hg.): Mit Morgenstern und Regenbogenfahne, Berlin 1978.
Zimmerling, Dieter: Der Deutsche Ritterorden, Düsseldorf/Wien/New York 1988.
Zweig, Stefan: Magellan – Der Mann und seine Tat, Frankfurt am Main 2007.

Abbildungsnachweis

bigstockphoto/Diego Cervo: S. 131
Bildarchiv Preußischer Kulturbesitz, Berlin: S. 41, Umschlag hinten
Bundesarchiv Berlin: S. 86 (134-B2595)
Groeningemuseum, Brügge: S. 13
iStockphoto/Dan Prat: Umschlag vorn
Marineschule Mürwik, Wehrgeschichtliches Ausbildungszentrum: S. 57, 107
picture-alliance/dpa/Kay Nietfeld: S. 157
Presse- und Informationszentrum Marine, Glücksburg: S. 175
Günther Todt, Hamburg: S. 81

Zeittafel: Etappen deutscher Seemacht

Um 1100
Das Netzwerk der Hanse entsteht.

1259
»Offizielle« Gründung der Hanse: 200 Städte werden »Mitglied«, darunter Köln, Dortmund und Magdeburg.

1370
»Stralsunder Frieden«. Nach dem Sieg im Seekrieg gegen Dänemark ist die Hanse die führende Großmacht in Europa.

1438–1441
Die Hanse besiegt Holland.

1469–1474
Siegreiche Seeschlachten gegen England.

1534
Die hansische Kriegsflotte erobert Kopenhagen.

1669
Im Juli letzter Hansetag in Lübeck. Hamburg. Bremen und Lübeck bezeichnen sich nach Auflösung des Bundes weiterhin als Hansestädte.

1848
Die Nationalversammlung in Frankfurt am Main beschließt die Gründung einer deutschen Marine. Die Kriegsflagge ist erstmals schwarz-rot-gold.

1849
Das einzige Gefecht der Reichsflotte findet vor Helgoland gegen dänische Kriegsschiffe statt.

1852
Versteigerung der deutschen Reichsflotte in Bremerhaven.

1888
Thronbesteigung Kaiser Wilhelms II. Sein Motto lautet: »Deutschlands Zukunft liegt auf dem Wasser«.

1897
Admiral Alfred von Tirpitz wird Marineminister.

1898–1912
Deutschland rüstet auf und baut Dutzende Großkampfschiffe. Das ehrgeizige Flottenprogramm trägt entscheidend zum Ausbruch des Ersten Weltkrieges bei.

1914–1918
Während des Krieges liegt die zweitgrößte Kriegsflotte der Welt untätig im Hafen. Nach Kriegsende versenkt sie sich selbst.

1918
Meuternde Matrosen der Kaiserlichen Flotte lösen die Novemberrevolution aus. Kurz darauf entsteht die erste Republik auf deutschem Boden.

2000
Auf der Ersten Nationalen Maritimen Konferenz am 13. Juni verkündet das Kabinett Gerhard Schröder die »Leitlinien zur Förderung der maritimen Wirtschaft«.
Aufbau der größten Containerflotte der Welt.

2001
Im Dezember bestellt die Bundesregierung fünf neuartige Kriegsschiffe K130, die erstmals seit 1945 wieder Landziele beschießen können.

2004
Unter dem Konzerndach von Thyssen-Krupp entsteht der führende europäische Werftkonzern TKMS. Deutschland wird Weltmarktführer bei Mega-Yachten für Milliardäre und bei U-Booten mit Brennstoffzellen-Antrieb.

2006
Erster »robuster« Auslandseinsatz der Deutschen Marine. Bundesweit hängen am maritimen Sektor mittlerweile die Arbeitsplätze von etwa drei Millionen Menschen.

2007
Der Bundestag beschließt am 20. Juni den Bau von vier Marathon-Fregatten F125, die zwei Jahre ununterbrochen vor jeder Küste kreuzen können.

2009
Ende März findet die Sechste Nationale Maritime Konferenz in Rostock statt. Thema: Rohstoffgewinnung aus dem Meer.

2014–2017
Geplanter Stapellauf der Marathon-Fregatten. Es werden die teuersten Waffensysteme in der deutschen Militärgeschichte sein.

Personenregister

Kursiv gesetzte Seitenzahlen verweisen auf eine Bildunterschrift.

Danksagung

Fachleute wie namentlich Dr. Ulrich Fischer in Köln, Dr. Christian Gotthardt in Harburg und Trutz Schadt in Darmstadt haben ihr Wissen und ihre Zeit in ganze Kapitel dieses Buches gesteckt. Zuvor hatte Frank Strickstrock aus Hamburg manchen Abend mit am Konzept gefeilt, zu dem auch Dr. Kurt Gossweiler, Berlin, seinen Beitrag leistete. Als Erwiderung bleibt mir nur ein herzliches Dankeschön!

Besonders bedanken möchte ich mich außerdem bei den Beschäftigten des Historischen Archivs der Stadt Köln, dem angenehmen Hort wichtiger Hanse-Dokumente, und den Mitarbeiterinnen und Mitarbeitern des Max-Planck-Instituts für Gesellschaftsforschung (MPIfG) in Köln, die mir neue Pfade der Wirtschaftssoziologie eröffneten. Dank gilt auch der Volkswagenstiftung, die den fruchtbaren Aufenthalt am MPIfG als »Journalist in Residence« förderte.

Zum Autor

Hermannus Pfeiffer
Jahrgang 1956; Dr. rer. pol.; Soziologe und Wirtschaftswissenschaftler; freier Mitarbeiter verschiedener Zeitungen und Zeitschriften.

Zahlreiche Buchveröffentlichungen, u. a. »Das Imperium der Deutschen Bank«, Frankfurt/M. 1987; »Die Macht der Banken«, Frankfurt/M. 1993; »Der Kapitalismus frisst seine Kinder. Der Standort Deutschland, seine Gegner und seine glorreiche Zukunft«, Köln 1997; »Die Zähmung des Geldes. Finanzplatz Deutschland gegen den globalen Crash«, Reinbek bei Hamburg 2000.